城市研究系列

Urban Studies

城市研究系列

主　　编　周　宪　［加］罗伯·希尔兹

项目总监　王瑞书

项目执行　任　晖

LOFT LIVING

阁楼生活

城市变迁中的文化与资本

CULTURE AND CAPITAL
IN URBAN CHANGE

【美】莎伦·佐京（Sharon Zukin） 著
何淼 译

江苏凤凰教育出版社
Phoenix Education Publishing, Ltd

图书在版编目(CIP)数据

阁楼生活：城市变迁中的文化与资本 /（美）莎伦·佐京著；何森译. —南京：江苏凤凰教育出版社，2020.9

（城市研究系列）

ISBN 978-7-5499-8656-9

Ⅰ.①阁… Ⅱ.①莎… ②何… Ⅲ.①城市文化—研究 Ⅳ.①K901.6

中国版本图书馆CIP数据核字(2020)第052065号

书　　名	阁楼生活:城市变迁中的文化与资本
作　　者	[美]莎伦·佐京
译　　者	何　森
责任编辑	李明非
监　　印	杨赤民
出版发行	凤凰出版传媒股份有限公司 江苏凤凰教育出版社(南京市湖南路1号A楼　邮编210009)
苏教网址	http://www.1088.com.cn
照　　排	南京紫藤制版印务中心
印　　刷	江苏凤凰通达印刷有限公司(电话025-57572508)
厂　　址	南京市六合区冶山镇(邮编211523)
开　　本	787毫米×1092毫米　1/16
印　　张	19.75
版　　次	2020年9月第1版
印　　次	2020年9月第1次印刷
书　　号	ISBN 978-7-5499-8656-9
定　　价	48.00元
网店地址	http://jsfhjycbs.tmall.com
公 众 号	苏教服务(微信号:jsfhjyfw)
邮购电话	025-85406265,025-85400774,短信02585420909
盗版举报	025-83658579

苏教版图书如有印刷、装订等质量问题，请与印刷厂联系调换
提供盗版线索者给予重奖

出版说明

城市研究领域很深广，涉及多学科内容。经济、政治、文化、环境、资源、规划、可持续发展等主题，都与城市有关。这些主题大致涵盖了实体的物质空间和抽象的文化空间，也许在一定程度上与当代生活有关的问题大多是城市问题。

“城市研究系列”即是对中国城市化进程中可能遭遇的各种问题在理论上的一种回应。“系列”以经典性与前沿性为导向，理论研究与实证研究并重。在内容方面重点关注与城市主题有关的经典性著作、各学术流派的代表作、当代前沿问题研究、城市研究新理论、城市文化现象与发展方向的探讨等。这些内容不仅追溯了城市发展的历史进程中诸多富有影响力的节点，也契合了当前社会的热点和趋势。

“城市研究系列”既重视国外先进的城市研究著作的引入，也重视国内城市研究领域中优秀的原创著作的出版。我国的城市研究起步较晚，引入国外先进的学术理论，其目的是丰富我们认识城市的路径，建立更加科学的观照体系，从而形成并完善我们本土的城市理论系统建构。

作为中国城市化进程的目击者、参与者、解释者、引领者，我们有责任告诉世界这个历史悠久的农业大国在这一巨大的城市化转型中所发生的一切。而城市本身所具有的多样性与复杂性，也值得我们去探究，去呈现，去引领。

我们期待“城市研究系列”这一高水准的中外城市理论研究出版平台所带来的新角度和新方法，所开启的新视野，所探讨的新问题，能为我国新型的城市化进程提供充分的学术支持。

江苏凤凰教育出版社

致我的父母

他们从来不能理解为何我希望住在纽约

目　录

序

大卫·哈维

在过去的二十年中，城市经济的运行似乎出现了翻天覆地的变化。之所以说“似乎”，是因为我们仍旧无法确立这些变化是否，或者在何种程度上如此重要，以至于代表了资本主义城市化的新阶段——一个可能被称作“后工业化”或“后现代”的阶段（这是两个最为常见的表述）——或者，是否我们只是见证了保证城市生活历史延续性的强大基础性动力在表面状况上的另一个转变。

当然，我们已经拥有了大量用于描述已发生的变迁的词汇，并且我们也了解其中的地理差异。现在，大型都市区域持续发生的去工业化，住房市场的重新组织（围绕“绅士化”），以及永久性失业的下层阶级不断增加的贫民窟已经在诸多城市中受到关注，如洛杉矶、纽约、巴尔的摩、利物浦、布里斯托和伦敦。然而，我们依旧需要确立这些历史的共通之处（如果确实存在），或者，搞清某一特定城市中可能连接着人口、政治、文化和社会变迁的复杂联系。这类研究的缺失，使得我们在基础问题上哑口无言，依旧无法辨别是变化样式的表面泡沫，还是最为基础的城市过程中的深层变迁。

在如此背景下，我被莎伦·佐京这一杰出研究《阁楼生活：城市变迁中的文化与资本》（以下简称《阁楼生活》）深深地吸引了。在过去的数年中，出现在我书桌上的、放置于书架上的大量城市化研究著作中，这本特别让人印象深刻。从我第一次读到书稿的那一刻起，我便意识到了它的独创性。然而，仅凭这一点还远不能使一本书令人难忘，还需要更多的要素。要解释清楚这些“更多的要素”并非易事，因为里程碑式的著作往往包含着指向新见解，并常常以神秘的方式吞噬掉个人自身想法的隐藏意义与线索。不过，让我做一次事后诸葛亮，指出佐京研究中持续吸引我注意力的三个方面。

首先，我将此书视作令人尊敬的历史唯物主义传统的典范之作。佐京很好地把握了 20 世纪 60 年代与 70 年代纽约苏荷区的各类具体事件的复杂性，并以全新的方式呈现一般性概念。与此同时，她的分析所蕴含的大量珍贵的清晰性与穿透性来源于她切入历史唯物主义方法的新路径。其结果便是这是一本探索由相互关系构成的复杂世界的著作。作者灵巧熟练的笔触使得这本著作读起来富有吸引力与愉悦感。因此，我已经开始将此书作为城市研究新方向的典范之作推荐给学生以及对城市过程感兴趣的一般读者。并且，从资深地理学者与“门外汉”对此书的积极反馈中，我对此书的信心也得到了极大增强。

此外，该书也从它所着力的特定题材中汲取了力量。长期以来，资本投资与各种地产开发商的角色，相互竞争或合作的房地产利益主体，以及形塑城市空间的各种社会团体，都是受到严密监督的对象。上述过程已经在充分的城市环境中被深入地论证与研究了，这让我们知道这些结果并不可能轻易地被预测，即便力量和资源已经如此不平衡，以致很有可能使特定利益联盟占据上风。因此，手边有一个针对运行中的上述过程而精心准备的个案研究始终是有用的。然而，佐京这一著作尤为吸引人的地方是，她在这一较为传统的框架中融入了一整套全新的思考，使其立足于城市研究未知的前沿地带。这一增加的维度涉及了大型/规模化的都市经济体中文化生产者这一特殊阶层的作用与力量。

正如曲折的现代主义(以及当下的后现代主义)历史所示，文化和经济的关系、艺术和资本主义的关系一直以来都是存在问题的。在组成资本主义的阶级力量结构中，艺术家长期占据着模糊且神秘的位置。自 19 世纪早期以来，艺术家就不得不屈从于艺术市场变幻莫测的种种情况，但是他们在市场体系中的位置(比如工匠？比如依照统治阶级利益集团要求办事的文化生产者？比如追求新见解的反叛分子？比如社会革命的先行者？一条纯粹的波西米亚流苏?)却从未如占据了马克思称之为“意识形态阶级”较大比重的专业人士(学者、法官、医生等)那般牢固稳定。在对苏荷区房地产市场转型的研究中，佐京触及了这一过程与现代社会中文化生产者再定位之间的联系。并且，如果不考虑高通货膨胀时期文化产品市场正在发生的变迁的方式——如艺术变成一种“收藏品”，这是资本投资的一种主要形式——就无法理解这一再定位。在建立城市空间形构研究和文化生产者不断变化的社会位置之间的联系中，佐京开辟了一条道路，即着眼于值得严思细审的关于城市进程的一系列问题。

这将我带到了佐京著作值得广泛关注的第三个方面。因为，如果城市经济的运行在过去的二十年中确实出现了翻天覆地的变化，那么变化中的文化生产的角色和意义可能与之相关。举例而言，曼德尔（Mandel）和詹姆逊（Jameson）均主张文化生产与市场资本主义的整合以及随之而来的文化生产者与中产阶级的融合都是“晚期资本主义”演化和稳定性的十分重要的一个方面。如果情况确实如此——自20世纪60年代以来，在诸如建筑业、广告业、时尚业、电影业、多媒体事件、大型展览和汇展、政治运动和无处不在的电视等领域中，文化产品的生产者和广大公众的关联点确实已经以一种惊人的方式在成倍地增加——那么，各种结果也就必然随之而来。布迪厄（Bourdieu）的“文化资本”或鲍德里亚（Baudrillard）的“符号政治经济学”等概念颇为可信，这或许绝非偶然——至少就表象而言——在某种程度上，这绝不是像以前那样是一种不言自明的普遍现象。然而，我们依旧不太清楚如何理解这些表象（如果它们确实如此），我们也确实缺少大量优秀的关于文化生产的复杂多样的形态是如何以及为什么以这样的方式融入市场资本主义的比较研究。

在直接阐明上述问题的研究中，佐京的研究是其中之一。正因为如此，我将《阁楼生活》一书视作具有重大意义的开拓性成果。与所有的开拓性成果一样，该书解决了多少问题就开启了多少问题。而这么做是为了促成对总体城市过程中文化生产的作用和重要性进行富有成效的调查。这在伦敦、利物浦、巴黎、柏林，以及纽约、洛杉矶、芝加哥和旧金山，都是一个重要问题。长期以来，大城市一直就是文化生产的重要竞技场、文化创新的温室以及时尚和创造“品位”的中心。在一个大城市已经丧失大量传统制造功能、转变品味和时尚的帝国主义变得愈发重要的世界里，大城市的这一传统角色倒很有可能是关乎城市存续的紧要策略的组成部分。

围绕城市空间形塑与文化生产变化状况的斗争随后转移到了定义资本主义及其独有的城市形式的重大斗争的中心位置（如现已取消的大伦敦市议会的文化政策所示）。

然而现在，我们进入了只能通过佐京的研究所明确诉求的那种比较研究类型来解决的投机领域。我相信，我们处于理解发达资本主义城市的新思想浪潮之尖。我为让英国读者关注《阁楼生活》一书的决定而拍手称赞，因为该书预示着一个工作阶段，其中对工业血汗工厂向“美丽空间”转变等话题的详细检视将帮助我们更为精准地确定“城市变迁中的文化与资本”之间的复杂关系。

前言:读者,请注意!

最初,作为一名阁楼居民,我对用作起居的阁楼产生了兴趣。1975 年,我搬进了格林威治村一个阁楼的“空地”中。大约在 20 世纪快结束时,这里是服装业的血汗工厂。不久前,这个阁楼曾是某位艺术家的工作室,这位艺术家每日通勤于这里和她位于曼哈顿其他地方的公寓之间。那时,这栋楼里的其他楼层依旧被从事“轻制造业”的小本经营者所占据:一位刀模工、一位丝印工、一位女帽工、两名制作销售员样品箱的老人、两名年轻的木工。然而,另有一层也被用作艺术家工作室,还有两层也已经被改建为“混合用途”——一位摄影师和一位木匠分别使用——更侧重于居住功能而非工作。

整个街区和这些楼层与这栋楼一样,都是混合使用的。实际上从事售卖仿制品和小摆件批发业的古玩商占据了商铺。一栋老化且年久失修的砖楼位于街区一角,这里曾经是个旅馆,后来成为一小群年迈者和穷人的单人房式的住所。它面对着一个宗教教派的普通居住区，曾经有一家外百老汇剧院在那里上演过淫秽剧目。在街区的另一头，停车场的对面，有两栋中上等收入群体的公寓大楼。街区的其他空间则由阁楼建筑构成。其中一些依旧用于制造业，然而，有两栋已经被改建为用作起居的阁楼，并且已经被一层一层地作为"合作公寓"出售了。在白天，男人们往货车里装货，从货车里卸货，要不然街道就是安静的。古玩商在店铺前和他们的顾客以及公寓管理员聊天。午饭的时候，公寓管理员和楼上阁楼里做小生意的工人们在人行道边休息。晚上，街区是如此的宁静，以至于我可以听见半个街区外路过的地铁低低的轰鸣声。

在两年内，这个街区的性质无可挽回地"倒"向了居住功能。楼宇业主提高了租金，并且拒绝与从事制造业的住户续约。单人房式的宾馆"开发"为昂贵的阁楼公寓。周末的时候，新的住户会在他们的阳台上晒太阳。更多的阁楼建筑从制造业工厂变为住宅，并且从租赁房变为合作公寓。1979 年，我住的那栋楼"变成合作公寓"。我购买了我居住的阁楼，并和那些制造商、一名艺术家以及一些住户道别，这些人无力承担用于出售的阁楼的市场价格。新的主人包括两名律师和一名会计师。一名店主买下了一间阁楼用于居住，另一间用于出租。两个男人买下了一些楼层仅仅用于投资，并在一年之内出售了。我们街区的市场价格是高昂的。房地产经纪人把这里称作阁楼的黄金海岸(Gold Coast of Lofts)。

这一经历使我在看待阁楼生活的整个现象时抱有一定的怀疑态度。尤其是，持续出现在由城市官员、地产开发商和《纽约时报》所倡导的阁楼生活支持论中的三个未经证实的论调激怒了我：一是阁楼生活的蔓延促进了混合使用；二是将制造业空间改建为住宅空间有益于城市；三是城市长期的社会与经济收益证明对承担大型改建工程的开发商进行大幅补贴是合理的。1977 年 2 月，我在《纽约时报·周日版》房地产板块的头版发表了一篇题为“保卫良性忽视和多样性”的文章。在这篇文章中，我试图反击这些论调。随后，我开始着手能够支持我观点的研究。

在研究过程中，我动用了许多资源，其中只有一些可以点名致谢，而赞同我的框架或分析的人就更少了。大多数听说我正在写一本关于阁楼生活的书的人都认为我在写一本包含大量图片的指南，即便能够理解我是从一个高度批判的视角看待阁楼生活的兴起，但那些正确猜到我的兴趣点是更为“社会学”的人原本也是困惑的。大体来说，我关心的是这一种未经检验且未必靠谱的居住空间——阁楼——如何成为一种热门商品，哪些社会力量从阁楼市场的崛起中获利，以及房地产市场的此种发展如何与当代资本主义的一般模式相适应。

然而，与其说这是一个对纽约极不寻常的房地产市场的研究，不如说是对社会变迁一般过程的学术尝试。许多老城市正试图超越过往并通过建立如白领之都的新认同来拼贴当下。它们致力于使用源自服务业的财富来替换夕阳产业的传统基地。不可避免地，它们也替换了传统人口。以高租金、高阶级的使用夺回市中心，城市中产阶级的再创造，以及通过使用艺术和文化来推进改建——这些去工业化的地方特色反复出现在资本主义世界的主要城市中。因此，这也是一本关于伦敦和巴黎、伯明翰和里尔、费城、波士顿、巴尔的摩、旧金山等城市的书。

我仍然希望向接受我访问的纽约市合作公寓开发商和小型制造商表示感谢。我还希望感谢曼哈顿 2 号社区委员会的干事、街道主任、全体员工与成员——我参加了这里 1977—1979 年的见面会——特别是琼·斯旺(Joan Swan)、艾德·戈德(Ed Gold)、雷切尔·沃尔(Rachele Wall)和丽塔·李(Rita Lee)。对于前国家文学艺术顾问奥古斯特·赫克歇尔(August Heckscher)、纽约市立大学的副校长朱利叶斯·C.C.埃德尔斯坦(Julius C.C. Edelstein)、纽约城市规划委员会的桑迪·霍尼克(Sandy Hornick)、州参议员曼菲瑞德·奥瑞斯坦办公室的梅格·瑞德(Meg Reed)、纽约房地产委员会的前研究主任爱德华·波特(Edward Potter)、律师保罗·拜厄德(Paul Byard)、律师迈克尔·巴尔金(Michael Balkin)、律师S.皮特金·马歇尔(S. Pitkin Marshall)、画廊老板与非官方"苏荷区长"查尔斯·莱斯利(Charles Leslie)、作家吉米·斯特拉顿(Jim Stratton)、苏荷艺术家"租客"协会前会长格哈特·利布曼(Gerhardt Liebmann)、曼哈顿下城阁楼租客协会会长恰克·德拉尼(Chuck Delaney)、建筑师沙尔·夏皮罗(Shael Shapiro)、格林威治街艺术家合作公寓经理芭芭拉·费歇尔(Barbara Fisher)、经济发展市长办公室的兰斯洛特·弗莱彻(Lancelot Fletcher)、音乐人弗兰克·费鲁奇(Fracnk Ferrucci)、音乐人瑞克·梅里尔(Rick Merrill)、音乐人马克·摩根内里(Mark Morganelli)以及梅·赖克勒(Mel Reichler)、比尔·多姆霍夫(Bill Domhoff)、卡罗尔·科登(Carol Corden)、切斯特·拉普金(Chester Rapkin)、鲍勃·费奇(Bob Fitch)与麦特·埃德尔(Matt Edel)等城市道路专业同学分享的信息,我十分感谢。由我所提供的对他们经历的解读,我负全责。

本研究的很大一部分由纽约市立大学一项小型但必不可少的教职员奖励提供资助。这一奖金使我能够聘请一系列研究助手,其中我特别希望感谢凯文·艾德森(Kevin Anderson)、菲利普·卡斯涅兹(Philip Kasinitz)、费利西娅·里科(Felicia Leal)与安德鲁·罗思(Andrew Roth)。他们凭借辛勤努力开展研究任务,在菲利普身上甚至可以说是激情。

最后，我想和理查德·罗森(Richard Rosen)一同分享开启这一项目的荣誉。他的工作需要使我得以居住于混合用途的阁楼之中，并且在他的推动下，我开始研究本土议题。结果证明，这是迈向新方向的关键推动力。

1. 作为地带与市场的生活阁楼

20世纪70年代初，在美国和西欧的一些老旧工业城市中，居住在原先用于制造业、后被改建为居住用途的空间成为一种时尚。这一新型居住方式出现在阿姆斯特丹的运河、伦敦码头周边以及纽约过去的血汗工厂地区。很快，这便蔓延到了波士顿、费城、加尔维斯敦与波特兰等城市，这些城市建于19世纪的工厂和仓库都已处境艰难。这渐渐成为一种影响内陆地区较小城市重建计划的趋势，这些城市的地区制造业基地已被郊区蔓延所侵蚀。有宣传意识的城镇渴望达到曼哈顿被改建的制造业街区的状态。比如，《纽约时报》1979年的一个头条写道，"诺沃克致力于成为康涅狄格的苏荷[①]"。改作住宅这一趋势也影响了甚至没有这种建筑物的城市的住房市场。到了1980年，巴黎的楼宇业主就为"阁楼"(les lofts)打出广告。远至贝尔格莱德的一个艺术家协会在1979

① 苏荷，SoHo，是South of Houston Street的缩写，是指纽约市休斯敦街以南、运河街以北的区域，地处曼哈顿岛的西南端。——译者注

年要求将未使用的阁楼和顶楼出租给需要工作空间的艺术家。但是，阁楼确确实实是一个美国现象。根据《牛津英语词典》的释义，“阁楼”是指美国多层工业建筑和仓库中每一楼层里相对较大且普遍开放的空间。更为扼要地说，正是在美国，阁楼居住方式对城市住房市场产生了最大的影响，因为正是美国城市对中产阶级居民和投资资本的撤离与回归最为敏感。

阁楼地带

起初，阁楼里宽敞的楼层面积和临窗空间吸引了艺术家，他们创造了用于工作和居住的生活型工作室。他们发现，工业地区相对低廉的租金可以弥补一些不便之处（尤其是和杂货店以及其他设施的距离）与一定程度的吵闹和脏乱。然而，20 世纪 70 年代左右，随着这些“艺术家聚落”的抛光后的光地板、外露的红砖墙体以及铸铁门脸赢得了越来越多的公众注意，“阁楼生活”的经济与美学价值被转换为了中产阶级的时尚。大量中产阶级、中上层阶级居民也开始搬进阁楼。像艺术家一样，一些新房客自己动手修缮阁楼，而另一些则付款给建筑师和设计师，由他们进行大量翻新。与艺术家不同，这些居民仅仅将阁楼用作起居。

虽然阁楼建筑建造规模相对较小，但它们的面积都很大。一般来说，它们有 5 至 10 个楼层，每层有 2 000 至 10 000 平方英尺的空间。传统的阁楼建筑只有一部货梯，但新一点的还有一部客梯。天花板很高（12 至 15 英尺），由拱门（在较小的楼栋里）或者立柱支撑。建筑细部通常是古典的，反映出 19 世纪晚期对意大利文艺复兴的喜好。阁楼建筑里的立柱通常带有凹槽纹饰，并且建筑门脸一般都是铁铸的，标志着施工技术工业化时期的一项重要创新。相较于现代建筑所使用的建造材料，用于阁楼建筑的建造材料更为结实（砖和铁），也更值钱（通常是橡木地板和平滑的铜窗盘）。由于阁楼空间确实很“气派”，这就为在日常生活中上演戏剧提供了潜在的可能性。阁楼适宜展出大型艺术作品，适宜使用专业火炉和冰箱，适宜尽情享受巨大的漩涡浴以及尝试先锋派“场面调度和舞台布景”。简而言之，阁楼为 20 世纪晚期的高尚生活提供了理想设定。

由于美国各地的城市政府和媒体都赞美阁楼生活为 20 世纪 70 年代城市复兴不可分割的组成部分，将阁楼改建为住宅开始引起另一类型赞助商的兴趣。这类赞助商主要是投资者而非业主型居住者，或是房地产开发商和建造商而非房客。鉴于他们优先考虑的事项，这一改建过程的本质以及这些被改建空间的特性发生了改变。面向居住功能的改建吸引了那类更为专业的开发商，被他们改建的建筑比早前用于居住的阁楼建筑更为宽大，然而，他们创造的空间却变小了，不太像生活阁楼，反倒像“阁楼—公寓”(loft-apartments)。在纽约，一栋建筑里从商业用途改建而来的一套公寓的平均大小为 610 平方英尺，而生活阁楼的平均大小为 2 100 平方英尺[1]。一个生活阁楼里的房地产市场得以出现并发展，部分是通过这些房地产开发商的行动，部分是通过开发商响应的事件。

随着阁楼生活中这一市场的诞生，基本房地产商品——阁楼空间——的用途被完全改变了。阁楼从从事生产的地点转变为文化消费的商品。这一过程使轻制造业活动化为乌有。被改建为居住用途的阁楼再也不能被用作机械工厂、印刷厂、服装厂或模切车间。用于制造业的阁楼向居住功能的改建证实了也象征着城市制造业中心的“死去”。就空间而言，阁楼也代表着为各自用途而竞逐的不同社会群体的冲突地带。随着实践的推移，这些群体包括小型制造商、艺术家、中产阶级房客与潜在房客、房地产开发商、城市的富裕上层阶级与贵族精英以及通常由精英控制的银行与市政厅里的政客。

在这场竞争中尤为重要的是，开发商和城市官员之所以赞许用作居住的阁楼是因为它不需要直接的政府补贴。这一论点包括两个部分。第一，如果将用于制造业的阁楼改建为居住用途不会使城市付出税收减少的代价，或不需要联邦政府支付建设基金，那么阁楼生活就是国家财政危机的一剂解药。第二，如果阁楼生活带来了中产阶级向城市中心的回归，那么城市将从阁楼生活的人口与文化影响中获取社会与金融收益。而且，这样的盘算适用于资本主义城市的逻辑。因为自 20 世纪初期起，它们就是这样被规划与运行的。事实上，阁楼生活的蔓延在两重意义上索取代价。一方面，国家对阁楼向居住用途改建的温和接受象征着城市去工业化这一长期战略的最后一步；另一方面，阁楼生活从一个不太重要的社会与文化现象（或者说“非主流城市生活方式”）扩张为一种受欢迎的，甚至是令人渴求的栖居形式，靠的不仅仅是价值取向的变化，还有住房市场里的国家干预。这一干预创造了房地产利润所依赖的复杂的金融与法律环境。阁楼空间中住宅市场的发展也反映了贷款机构如银行的优先事项。将阁楼生活的蔓延赞扬为自发市场力量的结果，是对房地产开发商世界观的接受，是对国家和银行在构建这个世界中的共谋的忽视。

在 20 世纪 70 年代初，纽约成为阁楼生活的先驱和样板。纽约之所以成为领头羊，其中一个原因在于曼哈顿下城和中城与布鲁克林滨水地带有大量的 19 世纪中晚期的用于生产的楼宇。然而，仅仅拥有这一物质性基础设施还不足以解释这些阁楼的居住用途是如何形成的，或者说为何这一用途在那个特定时期得到发展。更广义地说，生活阁楼市场的增长，和其他现代产品市场的增长一样，需要三个条件：产品的“可用性”或生产商品的方法；对预期消费者而言的产品的“可接受性”以及推广产品用途的模型的“可接近性”。当然，这些都是大规模生产和大规模消费时期对市场的要求。关键点在于，这些要素与由它们互动而创造出的商品一样，是被社会地生产出来的。它们反映了特定时期和地点的社会关系和文化价值。

在纽约生活阁楼市场的案例中，阁楼空间的存在——尽管未必是空置的——提供了最低程度的可用性。长期以来对阁楼建筑经济价值的低估——表现在它们低廉的出售价、用于制造业的阁楼的低租金以及涉及通过银行重组其抵押贷款的种种困难——导致了一种使阁楼工厂表面的物质性老化得以强化的“金融废弃”。此外，对与纽约去工业化相关的长期与短期要素的操控创造出一个物质空间——艺术家的阁楼街区苏荷——这充当了将持续被从事制造业的租户所占据的阁楼清空出来的起因。换句话说，进行住宅开发的阁楼的可用性是部分地被纽约的产业生态、部分地被经济与政治力量所形塑的。

然而，阁楼作为更加传统的城市住房市场产品的选择，其可接受性则依赖于一套新兴的社会与文化价值的出现。其中，尤为重要的是 20 世纪 60 年代艺术和艺术家处于变化之中的地位。不断上升的生态意识浪潮，提升了人们对小规模建造和再利用的认识，也对阁楼市场起到了推进作用。不断壮大的历史保护支持者及其学术“女仆”——工业考古学，各司其职。最后，纽约在 20 世纪全世界艺术生产中的支配地位保证了阁楼生活的纽约模式之于广大公众的可接近性。除了艺术品经销商、博物馆馆长以及造访位于阁楼中的纽约艺术家的收藏家，越来越多的宣传唤起了对这些艺术家式的生活与工作的关注。[①] 讽刺的是，随这一宣传而来的房地产发展致使许多艺术家无力负担而被赶出了阁楼市场。到了20世纪80年代初，原本60年代末开始在苏荷阁楼聚集的艺术家纷纷搬出。租金的上涨把他们赶向了布鲁克林、泽西城、霍博肯，甚至更远的海岸地带。

从某种意义上说，阁楼生活看起来似乎与现代“绅士化”过程有关。绅士化通常发生在一个较高阶层的人群搬进了一个街区，对房产进行修缮而导致市场价格和征税估值上涨，由此驱逐了先前较低阶层的居民的时候。然而，在阁楼的案例中，老（艺术家）居民和新（非艺术家）居民之间的社会阶层差别多少有些模糊不清。并且，通过阁楼生活而绅士化的真正受害者根本不是居民。在一些艺术家因上涨的租金而被赶出阁楼之前，他们已经置换了小型制造商、经销商、承销商、批发商和零售商。基本上，这些都是衰退经济部门里的小本生意。从历史上看，它们都是经济中具有竞争力的领域的组成部分，这些领域已被垄断资本的巨型企业过量生产和过度操纵。这些生意中任意一种的雇员数量都是小型的——可能少于10人，通常少于50人。自19世纪末开始，几乎没有工人阶级的邻里社区遗留在曼哈顿的心脏地带。因此，这一劳动力不再靠着他们的工作地点居住，而是从布鲁克林、布朗克斯等外围卫星城通勤至曼哈顿。最常见的是，到1960年，是从那里的少数民族和种族聚居区通勤过来。在20世纪60年代与70年代，这些工人中的一部分招聘自大量非法移民——海地人、多米尼加人、中

① 比如，基尔伯特·米尔斯坦：《阁楼时代的肖像画》(*Portrait of the Loft Generation*)，《纽约时报》，1962年1月7日；《波西米亚最后的前沿地带：苏荷的艺术家和画廊》(*Bohemia's Last Frontier: Artists and Galleries in SoHo*)，《时代》，1970年5月25日；S.科赫：《前卫派在哪里工作得最卖力》，《时尚先生》，1975年4月。

国人——他们是“未登记”且不受工会保护的劳工。他们的雇主也经常从布鲁克林和布朗克斯通勤至他们的阁楼，并且有时候，在更为成功的行业里，从长岛或韦斯特切斯特县过来。

这些企业主选择留在曼哈顿有多重原因。第一，他们企业的生存能力依赖于商业街区的地理集群：位于中城的外衣、套装、女装的制衣中心；20 街和 30 街之间的针线交易；26、27、28 街附近的毛皮制品街区；下西区的印刷业；曼哈顿下城中部、百老汇大道两侧的服装配件和纺织品交易——内衣、袜子、帽子和边角料；坚尼街的电子设备和剩余电子零件生意；印刷业街区和华尔街金融街区之间的鸡蛋、黄油和奶酪的批发商。通过依靠邻居的供给和服务，这些企业得以节省开支。这些企业留在曼哈顿的第二个原因和其他生产开支相关。一直到 20 世纪 60 年代晚期，阁楼的租金都是便宜且稳定的。城市劳动力供给，尤其针对低技能的工作，是充足且廉价的。只要这些生意能够承受住国家经济的猛击以及工业生产的去工业化，它们就会留在曼哈顿。

通过阁楼生活而实现的绅士化的主要受害者是这些企业主和他们的劳工，前者基本上是中产阶级中的下层。过了一段时间后，许多在 1970 年前搬进阁楼的“第一代”艺术家、工艺师、表演者、摄影师和木匠也成为了绅士化的受害者。随着时间的流逝，没人知道阁楼居民的确切数量。在 20 世纪 60 年代初，在阁楼中生活、工作的艺术家数量在 3 000 人至 5 000 人之间。到了 70 年代末，有超过 50 000 名的艺术家和非艺术家住在被改建为居住用途的阁楼中。一个数量上大很多但仍不确定具体数目的人群居住在从以往阁楼建筑修建而来的相当标准的公寓楼里。

就社会阶层而言，在通过不同手段被改建成标准或“另类”住房空间的阁楼里的居民中，或者在和其他居住在曼哈顿典型的新公寓楼的居民中，几乎没有差别。与纽约市其他人群进行比较，总体上来说，这一群体受过高等教育和职业培训且生活处境较好。就社会经济地位而言，曼哈顿阁楼居民在纽约市全部人群中处于顶部的 20%至 25%。[2]

阁楼市场一览

尽管专业化程度很高，生活阁楼看起来代表了一种典型的房地产市场。阁楼市场经历了两个阶段，以传统智慧来看，这两个阶段都见证了供给和需求之间的相互作用。首先，本世纪大多数时间里持续占据阁楼的小企业的衰落，加之那些维持至 20 世纪 60 年代的企业向更为现代的工业厂房的扩张，导致阁楼建筑中出现空置。这构成了供给的要素。随着这些空置空间的增加，新的租户——主要是寻求租金便宜且生活和工作空间大的艺术家——出现并声称空置空间为他们自己所用。这表明供给创造出了需求。和平常一样，新的居住租金高于现存的制造业租金，并且，居住型租户对阁楼日益增长的需求进一步推动了租金的上涨。在缺少制造业租户的情况下，房东开始宣传“艺术家的阁楼”。一个小市场诞生了。当对生活阁楼的需求扩张至和艺术没什么关系的中产阶级群体时，阁楼市场的第二个阶段形成了。中产阶级群体的需求鼓励房东增加供给，就像他们在基于新建建筑的传统住房市场中的运作一样。

到了 1975 年，阁楼租金就可以和公寓租金一较高下了。作为独立的单元，阁楼不再必然比传统公寓便宜。当时，一个一室到三室的公寓——提供给曼哈顿中产阶级居民——的可接受的市场租金为 350 到 450 美元。1977 年，生活阁楼的平均租金略低于 400 美元。[3]但是，阁楼也需要额外的投资以使其适于居住。它们需要

图 1.1

图 1.2　格林威治村的一个阁楼整修前后的局部视图。上图，第一代居民面临了整修“空地”的痛苦与狂喜。下图，整修之后，这一空间呈现出和“阁楼生活方式”相配的形态。

图 1.3　百老汇走廊上的阁楼建筑，R.M.莱乌摄于 1910 年。（感谢纽约历史学会的支持，纽约）

图 1.4　阁楼建筑改建为公寓楼，1982 年。

有热水管和热水器、煤气管和取暖器、浴室和厨房。那些精细的木地板需要抛光和修理。大面积的墙体、天花板,以及立柱需要重新平整和上漆。当然,整修所需要的投入差别很大。到 20 世纪 70 年代末,平均开销大约为一个阁楼 7 000 美元,尽管《纽约》《纽约时报》等光鲜的杂志所特写的生活阁楼可能需要花费 5 万到 10 万美元进行整修。时间的花费——一方面在于使阁楼勉强可以居住,另一方面在于使阁楼居住得舒服甚至雅致——差别也很大。两个月至六个月代表了进行整修的合理时长。显然,时间和金钱都依赖于个人的预算。较低收入的阁楼居民不是自己进行整修,就是雇佣夜间工或非工会工。更为富有的居民聘请专业设计师和建筑工就可以很快地完成整修。或者,租赁或购买一套已经被第一代居住型租户整修好的阁楼也是可行的。在那种情况下,先前的租户往往会要求一笔"固定费用"以用于抵扣他/她的投入。这笔费用的差别也很大。20 世纪 70 年代中期的报纸广告提到该费用从 1 500 美元到 10 万美元不等。

尽管存在这些开销,但由于其中包含的空间,20 世纪 70 年代的阁楼租金依旧是合算的。一栋新建建筑中和阁楼空间一般大的公寓——可能是五个、六个或七个房间的公寓——租金至少要 600 或 800 美元一个月。在更为奢华的街区,这般大小的空间租金在 800 到 1 000 美元一个月。在房产测算中,这意味着一个传统曼哈顿公寓的居民一年为每平方英尺付出了至少 7 美元。和真正的阁楼居民相比,被改建的阁楼-公寓的租户所支付的也多于"市场"租金。1977 年的一项私人研究发现,生活阁楼中每平方英尺的平均租金为 2.28 美元一年,然而一般的被改建的阁楼-公寓中的租户支付的是每平方英尺 7.68 美元一年。[4]

直到 1975 年左右,纽约的生活阁楼一直被模糊的法律地位所困扰。对生活阁楼产生不利影响的法令——基本上是地方建筑法规与区划条例——并没有实施，但是尽管如此，这些依旧得到了书面保留。这阻止了银行——不管怎样，对于冒险进入未经检验的房地产市场，银行并非出了名的胆大——就购买或整修阁楼发放贷款。因而，阁楼建筑业主通常缺少资金来做出成为合法居住地的结构性改进。机构融资的低水平为阁楼市场创造了奇特的扭曲。虽然这一市场所基于的居住性用途仍旧在多数情况下是“非法的”，[①]阁楼和阁楼建筑的市场价格却越涨越高。

但是，专业开发商对市场的进入要求终结这一状况。阁楼生活必须被制度化。一方面，开发商对用于购置成本与建造成本的银行投资的依赖，要求阁楼改建的法律地位被认定；另一方面，这些开发商承担的较大投资以及由此而来的更大的风险，要求城市当局对这一类型的开发做出一致承诺。如果租户面临着被驱逐出他们的阁楼-公寓的风险，那么没有一个市场能够稳固建立起来。如果城市政府从对中产阶级住房的支持重回对制造业的支持，那么没有专业的开发商会深入涉足居住功能改建。与之类似，除非城市能够保证不再重回一直实行至20世纪60年代早期的刀耕火种式的大规模城市更新政策。否则，开发商不会想要为改造旧建筑而放弃更赚钱的新建筑的可能性。最后，到了1970年，随着开发商对任何种类的房地产活动的国家补贴习以为常，他们就更不愿意独自冒着金融风险而进入阁楼市场。[②]

---

① 纽约城市规划协会1977年的一项研究发现，曼哈顿所有的改建阁楼中有91.5%都是不合法的，仅有8.5%是合法的。

② 在1963年，纽约市全部新住房单元中有23.2%接受了某种类型的国家补贴；到1970年，这一比例上升至74.0%，到1971年，高达82.5%；到1974年，这一比例下降至64.6%，这仍比1970年之前的任何一年都高，见乔治·斯特恩列波、伊丽莎白·罗斯泰彻尔、詹姆斯·W.休斯：《税收补贴与住房投资：财政成本—效益分析》(*Tax Subsidies and Housing Investment: A Fiscal Cost-Benefit Analysis*)，新布伦瑞克：城市政策研究中心，1976年，第63页。

对于这些需求，纽约市政府并不以为然。民主党组织——“忠诚拥护者”和“改革派”——和一向大力资助地方政治运动的房地产大亨的紧密联盟，确保了市政厅对房地产利益的关注。不管哪位政治家坐在市长的位置上，情况都是如此。[①] 此外，领头的官方报纸《纽约时报》，以极为赞同的态度大写特写了阁楼市场。鉴于沙兹贝格(Sulzberger)家族自 20 世纪早期的头十年以来就致力于将工业用途清理出曼哈顿的个体努力，这一立场是完全可以理解的。在 1975 至 1977 年间，《纽约时报·周日版》的房地产板块和纽约房地产委员会——一个房地产业的行业协会——接二连三地发布了支持阁楼开发的宣传。

房地产委员会 1975 年关于阁楼建筑的报告戏剧性地证明了如下论点：这些建筑在制造业的使用中难以存活下去。它们遭受了空置、税收滞纳、丧失抵押品赎回权等问题。阁楼建筑的弊病证明了通常意义上的“制造业衰退对房地产的剧烈影响”。虽然这一“疾病”被诊断为是长期的——“该地区的制造业活动未显现出复苏的迹象，并且其税基正受到侵蚀”——然而，房地产委员会依旧在住宅用途的改建中发现了有利的预测：“对公寓的需求，尤其是对已经改建后的住宅楼的需求极其强烈……可以期望成为巨大的居住空间扩张的支撑。”的确，次年《时代周刊》就对再开发可能性持相当乐观的态度。1976 年的一篇文章引用了一个久负声望的法律事务所的合作伙伴——曾担任过纽约州助理检察官，掌管合作社和共管式独立产权公寓——的预测：“到 1985 年将出现的流

① 杰克·纽费尔德、保罗·杜布鲁尔：《权力的滥用：永久性政府与纽约的衰败》(*The Abuse of Power: The Permanent Government and the Fall of New York*)，纽约：维京出版社，1977 年。该书记录了房地产业对政治竞选做出的巨大贡献，以及政府对房地产交易做出的同样巨大的让步。

行的且有艺术感的项目和综合体会使得(曼哈顿下城的)该地区位列纽约最值钱的房地产区域之中。”

同样,谈及在市中心开发手工艺基地,数年前曾与居住于下东区阁楼里的艺术家共事过的市长市中心行动办公室主任热情洋溢。“这里有10万名手艺人,”他说道,“但是城市却没有给他们提供一个中心。这可以是每年吸引5万名百货商场买手的制衣中心的自然延伸。那些商场都在逐渐开设提供编织、墙饰、木制品、皮制品、珠宝和其他手工艺品的精品店。我们可以在城市里创造一个全新的产业。”此外,这一再开发带来的利益由城市和新居民所共享。据纽约最大的房地产企业的副总裁所言,阁楼居民占到了“城市中最大的便宜”。“在美国的什么地方,”他问道,“你可以得到平均家庭或三室公寓两倍至三倍这样大的空间?”

在整个20世纪70年代中期,艺术家继续对向居住功能改建和将传统制造业街区“活化”为新的艺术中心持赞许态度。在这一点上,苏荷异常成功,但包厘街上存留的别致阁楼,以及布鲁克林高地一家女修道院、上西区一家私人疗养院和其他大量的工厂和写字楼向居住功能的改建仍有待详述。终于,《时代周刊》的两位建筑评论家中的一位总结道:“可能对于20世纪70年代后期而言,对老旧建筑的‘再利用’是一个新城市运动的基调,这与‘褐石建筑复兴’对该十年早期的意义一样——一种引导投资回到中心城市,支持在许多城市直到最近依旧完全萧条的房地产市场的方法。”[5]

阁楼生活以一种趋势而兴起,随后变成一项“运动”,并最终改变了市场。简而言之,《时代周刊》和房地产委员会推动的城市活化要求阁楼建筑从制造业用途改建为居住用途。工业已死;位于其空间内的——阁楼生活万岁。在整个20世纪70年代,房地产业用《时代周刊》的版面来讨要公众对扩张和补贴阁楼开发提案的关注。在1970—1971年，这些提案开始于些许的不确定之中，那个时候，拆除曼哈顿下城阁楼并代之以全新的高层公寓乃至体育中心的计划，与将苏荷打造成连续的艺术家地带和地标性的历史街区的计划相互竞争。在1974—1975年，开发商提议解除对可以改建为居住用途的街区、楼层尺度和建筑法律限制。他们还建议打破禁止非艺术家群体在阁楼居住的法律壁垒。也许最为重要的是，他们提议扩大税收补贴范围，即被通俗称作“J－51”的计划，用于补贴大型居住功能的改建。

1975年，市议会修订了纽约行政法规第J－51－2.5条，从而为从事大型商业和制造业建筑向居住功能改建的开发商或业主提供长期税费减免。最终，正是这一法规使得居住阁楼市场对专业房地产开发商而言是稳妥的。随着J－51有案可查，这些开发商使得银行放心地给购置与建造成本提供资金。由于J－51提供的补贴，这些开发商收取被他们称作“低于市场价格”的租金。虽然大多数阁楼建筑的居住改建依旧是“不合法的”，并因此不适用于J－51税收补贴；数量稳步上升的居住阁楼——以及所有由大型专业开发商承担的用于出租市场的阁楼改建——适用于这些税费减免。[1] 更为重要的是，比起适用于这些补贴的数量相对较小的阁楼改建，J－51的存在向阁楼市场施加了一种“示范效应”。在J－51的作用下，城市政府表明了其摧毁纽约传统制造业阁楼的不可逆转的决心。

---

① 到1977年，即J－51扩展条款生效后的一年，由城市规划委员会盘点的1 023个阁楼改建中仅有43个有资格获得J－51优惠政策。这一数据代表了全部改建中的4%，却近乎是全部合法改建中的50%（城市规划委员会：《居住再利用》）。

对供需的质疑

有关阁楼市场的概览对几乎所有通常用于解释阁楼生活兴起的主要假设提出了疑问。首先是供给的基本要素。常理以及常识均表明,阁楼市场始于对空置或未充分使用的阁楼的其他用途的探求。显然,现代经济中小企业的非特权地位,既有城市中心制造业活动的日益扩散,1965 年后美国东北部地区加速的资本外流,以及 1973—1974 年间国家工业经济的低迷促成了阁楼供给的增加。尽管一些地区拆除阁楼建筑以用于建设新的办公空间,但大多数阁楼街区依旧保持完整。事实上,缺少现代化的阁楼驱使许多成功的制造业企业在曼哈顿以外的地方,如长岛、布鲁克林和布朗克斯等地寻找用于扩张和重整的空间。

然而,研究 20 世纪 60 年代与 70 年代巴黎城市更新的法国社会学者发现,建筑和土地表面上的使用模式可能是被伪造出来的,而且是被操纵的。即便是依旧被频繁使用的土地,也可以被"解放出来"——或者强行出让——以改变其用途而更具盈利性。直到最近,看起来未使用或未充分使用的空间或许已经在不缺少需求和过剩供给的情况下被使用了,但在某种情况下,房地产开发商可能会发现这一土地或土地上的建筑,代表了建设新办公设施、公寓楼,甚至公园的好地方。开发商们调动起了那些发现这一地点能够极好地满足集体需求的城市官员的热情。土地在拥有或没有公众赞同、帮助和补贴的情况下被征用了。现存建筑被拆除,从前的住户被驱散,并被更高租金的用途所取代。如果巴黎具有历史意义的工人阶级街区可以以这一方式被摧毁,那么,纽约的阁楼街区可能也会被有意地空出来。[6]

接下来便是需求的要素。为什么在 20 世纪 70 年代，人们都竞相奔赴用于居住的租赁阁楼呢？起初，阁楼生活看起来吸引了两类居民：孩子已经长大且独自生活的居住于郊区的父母；那些长大了的、组建自己第一套公寓的孩子。任一案例均牵涉两个假设。其一，人们设想，作为非传统住宅的阁楼生活方式吸引了非传统的人群，或者至少是寻找种种非传统事物的人群——“私下里的嬉皮士”，寻找“边缘化的时髦”。其二，人们设想，正规公寓失败的地方阁楼就能有所作为，将郊区居民拉回城市中心，否则他们是没有迁入想法的。然而，这些设想都是错的。大多数研究表明，只有极小比例的中产阶级群体从郊区搬回城市，无论这个城市是纽约、费城、芝加哥还是旧金山。并且，正如我们已经看到的，阁楼居民的职业和收入都是中产阶级的而非“边缘的”。那些搬进改建后的阁楼—公寓的人群甚至是更加彻底的“传统的”。此外，搬进阁楼所需的时间和金钱投入，以及楼宇和街区中大量传统便利设施的缺少，可能阻碍了一些中产阶级群体搬入阁楼。当然，改建后的公寓楼所拥有的那些便利设施吸引了愿意居住于新公寓的人群——如果他们能付得起租金的话。

然而，对于需求要素来说，可能存在一个审美成分——一种从栖居于老旧工厂空间找到表达方式，并就此以某种实在主义的方式认同一个古老的过去或一种艺术的生活方式的“时代思潮”。如果这是真的，那么时机的问题就变得至关重要。血汗工厂存在了许多年，也没有人会认为迁入一家血汗工厂是时髦的。并且，至少自 20 世纪 30 年代起艺术家就已经在阁楼居住，除了他们的情妇或情郎之外，也没人认为这些未经修饰的空间是浪漫的。既然在 20 世纪 70 年代人们觉得阁楼有魅力，那么价值观上的一些变化必须在 20 世纪 60 年代就已经“一起出现”了。一场“审美危机”必然已经存在。一方面，艺术家的生活方式成为中产阶级的文化模板；另一方面，老旧工厂变成“后工业”文明的一种表达方式。更加浓烈的艺术和历史感、空间和时间感，被营造品位的大众媒体所渲染。这表明，阁楼的供给并没有创造出阁楼生活的需求。相反，需求是对其他社会和文化变迁的危机反应。

正如同供给和需求都受到外在于阁楼空间的因素的影响，居住阁楼的市场也被投资资本的需求所形塑。当金钱因为更大的利润机会从一个地区或部门流向别处时，这些需求就会影响资本外流或资本撤离的趋势。这一过程分几步发生。随着一个地区的投资利润出现下降，土地和建筑的价值下跌；流动资金被撤离，并向别处投资；实际与潜在投资资本的这一撤离造成了这一地区未来脆弱不堪的感觉，也使得物质性基础设施逐渐残破或陈旧；这反过来又导致“衰落中”的地区的价值和价格进一步下跌，而相应地，新兴地区的价值和价格将会“上涨”。因此，在资本外流之后，旧城区或旧街区的房产就“被贬值”了。它的市场价格被压低，这既和其过去或未来的用途有关，也和其他地区可比较的房产有关。因此，投资者可以以便宜的价格购入。即刻收益并不会是个天文数字。但是，投资于“建成环境”中的资本从来不会完全耗尽。在城市基础设施中，某些坚固的建筑可以留存数年。交通和通讯线路可以重构或改造。临近金融中心的中心城区土地保有一些长期性价值。当投资环境发生变化，这一房产可供再开发之用，作为建筑存量，它可以被改造，它的用途可以更改，当周边的市场价格再次上涨，它所代表的资本可以被“重新赋值”。在许多案例中，贬值房产的低价格吸引了那些无力承担或无法继续承担而将金钱投入其他地区或活动的投资者。在那时，投资资本就以新的方式回归传统地区。[7]

除曼哈顿下城房产的长期贬值以外，短期经济周期也导致投资资本从纽约的一个房地产市场转向另一个。1960—1965 年间，房地产业得益于资本的流入，尤其是曼哈顿中城新建的上层阶级和中上层阶级的公寓楼。从 1965—1970 年，投资被传送到新的写字楼建设中，大多数也是在中城。到了 70 年代初，这些模式造成了办公空间的供给过剩和住房空间的供给不足。中城也存在新投资的集聚。与这个再开发活动的汇聚点不同，曼哈顿下城呈现为一块令人惊讶的资本投资的“白板”。对于金融界——其华尔街上的总部横跨于该地区的南端——而言，这一潜力是显而易见的。

1956—1972 年间，为了再开发曼哈顿下城，金融界和以下城的公司总部为基地的贵族精英提出了数个不同的计划。漫长的酝酿期表明了再开发战略的重要性，以及这些权力人士对这一战略所持有的坚定态度。尽管如此，到了 60 年代后期，该战略还是遇到了对手。选民出现了，表达了对再开发所基于的两条关键原则的明确的反对：公共融资以及对现存街区的大规模清除。融资本应大部分通过出售政府支持债券来安排。由于国家对偿还债券负无限责任，由于出售不需要由选民投票通过，这一程序已经引起了怀疑。相反，对融资和建设的管理都由一个特殊的纽约州立机构“城市开发公司”承担，它既不对选民也不对立法机构负责。到了 20 世纪 60 年代末，城市开发公司不受牵制的权力，以及其创始者州长纳尔逊·洛克菲勒(Nelson Rockefeller)和曼哈顿下城再开发的主要拥护者美国大通曼哈顿银行(Chase Manhattan Bank)行长大卫·洛克菲勒(David Rockefeller)之间的密切关系，未能给公众树立信心。这同时也是中产阶级强烈反抗的时期，通常是四层与五层的“褐石”联排别墅的业主—住户方，反对“驱赶—摧毁—新建”式的城市更新方法。这些中产阶级私房房主的兴趣在于“街区保护”而非新建。[8]

这整个期间，曼哈顿下城阁楼地区的命运被一种不确定的气氛笼罩着。再开发这一阴晴不定的市场环境对阁楼市场造成了双重影响。短期看来，不确定性使得曼哈顿下城的房地产持续走低。阁楼租金低至任何人——比如说，艺术家——都能够住进来，并且人数比以往任何时候都要多。同时，打算在生意场上生存下去的企业在寻找更加安全的空间，虽然未必更加“现代”或便宜。但是，投资者意识到，长期来看，这一地区的房产在价值上只可能出现增长，由此产生的金融环境创造了阁楼市场上最为引人瞩目的紧要关头——1968—1971 年间，苏荷街区的诞生。苏荷的的确确是投资环境的产物，而不是一个土生土长或自发而生的艺术家街区。①

阁楼市场的崛起，最终的主要因素在于政府干预。对阁楼市场的常见解释形成了一个关键性的假定，即这一市场在没有此种干预的条件下被创造出来。它假定，阁楼市场的创始人是“第一代”阁楼居民（主要是艺术家和其他热爱冒险的灵魂），他们自担风险、自掏腰包对居住领域的处女地宣誓了主权。他们被称作“城市自耕农”或“城市荒野的拓荒者”。[9]这一特性支持阁楼市场由供给的自主力量所创造的标准假定。正如迄今为止的讨论所表明的，这些概念掩饰了房地产开发背后的真实要素。与此类似，“阁楼农场”(loftsteading)的概念隐藏了房地产市场中的政府干预是在多重伪装下运作的这一事实。20 世纪 60 年代与 70 年代阁楼市场的发展，完完全全地和政府干预经济的种种形式——联邦税收结

---

① 类似的将邻里街区作为“剩余概念”进行解读的，可见哈维·默里奇：《美国的资本与邻里街区：一些概念上的联系》(*Capital and Neighborhood in the United States: Some Conceptual Links*)，《城市事务杂志》(Urban Affairs Quarterly)，1979 年第 14 期，第 289 页至 312 页。

构、本地税收激励(如J－51)、城市再开发计划、政府雇佣艺术家规模的扩大、通过政府奖励支持艺术的巨大突破、地方法规(如分区规划和建筑条例)以及通过增加居住用途来“保护”街区的地方政治能动性——交织在了一起。就这一资本主义经济体的晚期特征来说,可能任何市场都无法在缺少政府干预的情况下得到发展。[①]

阁楼市场背后更为重大的问题

无论市场的专业化程度有多高,无论开发商和规划师多么的与众不同,地方层面的房地产开发满足的是在全国数得上的资本家和政治家的需求。虽然在任何城市,投资者、建造商和官员通常都是当地人,但他们都和全国各地的生意伙伴、政治伙伴有着个体化、组织化的联系。他们也高度依赖位于华盛顿的政府机构以及世界各地的公司董事会的决策。由于他们的资本源自不同的渠道,且不同投资的利润率存在变化,他们被固定在国家和国际网络中。这一网络中的关系以及其中个体成员的盘算决定了建造什么,如何建造,以及开发的时机。[②]

---

① 房地产开发中国家干预的典型案例,见威廉·K.泰伯、拉里·斯威尔(编):《马克思主义与大都市》(*Marxism and the Metropolis*),纽约:牛津大学出版社,1978年;马丁·迈耶:《建造商》(*The Builders*),纽约:诺顿出版社,1978年;以及小伦纳德·唐尼:《抵押贷款在美国》(*Mortgage on America*),纽约:普雷格出版社,1974年。吸引各类投资的地方国家补贴,见罗伯特·古德曼:《最后的企业家:美国为工作和金钱而进行的地区性战争》(*The Last Entrepreneurs: America's Regional Wars for Jobs and Dollars*),纽约:西蒙-舒斯特出版集团,1979年。

② 这一原则记载在G.威廉姆·多霍夫对20世纪50年代纽黑文城市更新政策的深入分析中,即《谁主沉浮:重新审视纽黑文和社区权力》(*Who Really Rules? New Haven and Community Power Reexamined*),圣塔莫尼卡:固特异出版社,1978年。罗伯特·A.卡罗为罗伯特·摩西撰写的传记[《权力掮客:罗伯特·摩西和纽约的衰败》(*The Power Broker: Robert Moses and the Fall of New York*),纽约:文塔吉出版社,1975年]在框架上缺少该原则,这破坏了这一不朽之作。

随着金融中心的房地产活动吸引了更多的投资与更大的投资者，它就被国家和国际影响所渗透。本地房地产（特别是在曼哈顿和洛杉矶这样的城市中）和农田的外商投资，仅代表了这种渗透的一种形式。成功的本地房地产企业向其他地区建造、管理和开发的扩张代表房地产市场“国家化”的另一种形式。但是，更具策略性的是，国家对地方房地产市场的渗透表现为协调一致的资本投资和撤资的形式。正是由老旧制造业中心（如纽约）去工业化而实现的投资资本外流，创造了阁楼空间进行居住功能再开发的前提条件。

迄今为止，有关现代经济体中去工业化过程的简要讨论还未对其在当代社会变迁中的作用进行分析。虽然对早些时候波兰和印度等国家中传统手工艺消亡的历史推断有很多，但是几乎没有人敢想象在如美国这样的工业强国中，当下的去工业化可能意味着什么。当然，我们已经认识到了麻烦、问题和变化。但是，我们还没有立即得知它们是征兆还是标志，是起因还是结果。不管怎样，去工业化都是和生产变革、资本流动和投资回报率相关联的长期过程，规划者也因此要设计出全球层面的新投资策略。所以，去工业化是经济活动中“长波”（繁荣和衰退长时间持续交替）的组成部分，是各种地方、国家和国际循环的标志。我们在制造业领域工作减少中所看到的去工业化——以及与之相伴的男性和女性的失业、生产机构的倒闭、取消特定类型专业化熟练工种的过程——可能仅仅只是局部现象。它影响了一些地区，尤为严重地影响了传统的制造业中心。它强调了特定产业部门对国民经济贡献的减少，如钢铁工业、纺织业与汽车业。然而，它并不一定会导致全国工业产量的下降，或者甚至降低衰退部门的生产水平。此外，制造业活动的减少可以和服务部门的扩张并存。部分扩张可能发生于其他地区，如“阳光带”（Sun Belt）。但是，部分扩张可能依旧集聚于传统大都市的核心，特别是国际银行和金融业的高级业务。

提出这样的问题很重要：随着去工业化的推进，特定地区发生了什么？一方面，工业工作可能随着它们所涉及的生产过程的取消或重置而自然地消失。另一方面，这些工作可能被其他类型的工作所取代——也可能不会。在短期内，这带来了依靠社会救济群体扩大的可能性，或者迫使熟练技工从传统工业中心移民。但是，从长远来看，这些过程是否会导致完完全全的经济和社会衰退尚无从获知。在追寻这一梦想的城市中，我们看到的是劳动力的痛苦错位，办公室和中产阶级住房向先前的工人阶级和制造业栖身之地的扩张，以及基于哪些社会阶层、哪些经济活动有权使用城市空间而实现的政治重组。

在这一大背景下，在被改建的工厂空间中创造出一个本地房地产市场就和三个主要过程相关。第一，作为投资和住宅，对房地产的使用在确保新的资本与劳动力再生产模式中发挥着作用。第二，对房地产的营销影响着社会阶层以及其中为房产和生活社区而竞争的人群之间的关系。第三，一个房地产市场的崛起为积累资本确定了新方法，或者说，投资资金寻找利益的方向。让我们简要地做一下充实。

正如我对阁楼市场的批判性概述所表明的，将制造业空间改建为住宅空间为传统工业活动的彻底终结提供了温床。从生产活动的方面来说，被重新划分为带厨卫公寓的工厂空间已然终结。因此，一种生产模式最为基本的内容——产品确确实实被生产的空间——转向了另一用途。这一新用途指涉了一个和工业中资本再生产极为不同的目的。作为住宅，先前的工厂空间提供了劳动力的再生产。意味深长的是，在这里居住的工作人员是专业人士、学者、私人企业的行政主管、政府官僚、其他服务业的雇员以及个体艺术家。这些社会阶层不同于传统工业无产阶级，此时他们不仅在数量上出现了下降，住得离城市中心也更远了。新的“生产方式”——在现代办公室中——现在由高层公寓住宅、褐石建筑和被改建的阁楼建筑组成的“工人阶级街区”所包围。目前，由于阁楼保留了生产和居住的混合用途，它为“生产的艺术模式”提供了便利，换言之，为跟随而非引领工业生产的工艺业提供了便利。与之类似，这一“家庭作坊”中劳动力的扩张默许了非生产性工作领域的扩大。同时，城市经济中生产性劳动的份额稳步下降。简而言之，制造业空间面向居住功能的改建为想象中的后工业城市经济提供了其基础设施的重要部分。

正因为这一基础设施满足了服务部门和白领雇员的物质性需求，所以它剥夺了小型制造业以及相对而言非技术性的劳动力用于工作的空间。依赖低成本的盈利甚微的企业和公司，被中产阶级的竞争驱逐出了它们的低租金空间。鉴于这些企业主的年龄和下层中产阶级的背景，他们以停止营业作为回应。通常情况是他们早早退休并搬往其他地区。由于他们的子女很有可能是专业人士或服务部门的雇员，并不愿意接过家族生意，而他们的工人肯定没有买下企业的资本，也没有任何政府计划来维持这些企业运营或者补贴工人所有权，这些工人可能也缺乏运营企业的专门知识。此外，这些企业主可能不想承担衰退中的产业部门里低利润创业的风险，他们可能完全意识到了阁楼空间的收缩和强调向中产阶级而非工人阶级、向房地产业而非制造业、向投资曼哈顿而非他们所居住的纽约外围卫星城的城市政策倾斜相关。①

---

① 这一政策方向，尤其是在科赫(Koch，1977 年就职)所主持的市政府执政期间，可用重要的新闻报道——并不是《纽约时报》，而是《村声》(*Village Voice*)——以及纽约市审计办公室 1979 年 3 月发布的《对工商激励委员会的绩效审计》来证明。

然而，与此同时，中产阶级选民在保护其住房利益的过程中起起落落。难以企及的社会稳定性目标激发了对协调性用途和合适租户的追求。一直对房产价值变化保持敏感度的中产阶级房主有时候会成为房地产开发咄咄逼人的反对者，他们不希望他们的家诱发投机。但是，城市中一种更为有意思的房地产投机利用了城市中产阶级对临近文化优势的渴望。尤其是“艺术基础设施”的出现，已经证明了它在吸引中产阶级使用者和使房产升值中的价值。苏荷的案例——正如一位纽约作家所称呼的“审美家的迪士尼乐园”[10]——很容易浮现在脑海。然而，这一种开发未必就依赖于该地土生土长的艺术活动。相反，开发商甚至利用文化机构将它们嵌入为其再开发计划的策略。较之纽约，艺术家和工匠集聚较少的城市仍然在利用它们去吸引开发，并且，最近从事手工业的大量人群被鼓励去租用工厂和展示空间作为再开发过程的第一步。

由此牵涉其中的再开发愿望对房地产投资者产生了吸引力。试图阐明一个投资策略背后的优先事项是困难的，想要追踪汇入许多源头的资本的隐性流动也几乎是不可能的。但是，流向房地产市场的投资与别处的投资机会相互联结，却是显而易见的。举例来说，阁楼市场使得资本持续投入房地产市场，如果没有投资，它将会用作其他目的。这对经济造成了两个有趣的影响。首先，它阻止了金钱被“生产性地”使用，也就是说，阻止了去创造新的产品和新的工作。尽管房地产市场的投资创造了利润，但在某种意义上，它们依旧是“虚拟”资本。然而，对增长中的阁楼市场的投资还是创造出了更多的投资机会。事实上，它们提供了投资于“不增长”情况的机会。在房地产繁荣期之间的短期过渡时期，当任何新建设都无法获得融资的时候，循环利用旧建筑便成了投资商机。就长期“有限增长”的经济来看，循环利用的建筑中的成熟市场依旧是可行的投资机会。所以,阁楼市场所代表的积累方式既类似于又区别于其他房地产市场。

虽然这一分析框架依赖于城市政治经济学新领域中正在从事的研究以及它所影响的城市社会学,但我故意忽略了其中一个流行的观点,即"城市斗争"。社会批评家倾向于认为在他们描述的那个世界中,一些勇敢的社会团体正在把一些批评家的命题与反命题直觉地抑或有意识地付诸行动。但是,理论却很少以这种方式转化为实践。我们所看到的城市斗争大多不是做出宣言的历史性斗争。已被直接卷入阁楼市场的群体并不是社会的"敌人"。事实上,为争夺阁楼地带而进行的最为引人注目的斗争掩饰了处于成败关头的真正利益。与当代资本主义社会中社会阶层的地位一样,阁楼崛起中社会阶层的角色是一个复杂的故事。

本章仅仅对阁楼地带做了一个初步的探讨。虽然纽约是毫无争议的阁楼生活之都,但相同的过程也在许多城市中发生着。即便其他城市并不像纽约一样拥有扩张的高阶层服务部门和阁楼市场,但它们对于经济复苏的暗示与幻想将它们引到了这一方向。因此,它们就历史保存和艺术—手工业中心采取了行动,并把它作为房地产发展预期方案的主体。到目前为止,我已经解读了对纽约在1965—1975年间阁楼市场崛起的惯常设想。纽约的市场对于其他城市中类似的循环利用建筑市场的形成,产生了至关重要的影响。

任一当代房地产市场所依赖的因素——供给、需求、投资资本和政府干预——必须得到更为谨慎的检视。我们必须仔细查看对这一特定市场尤为重要的去工业化的政治语境。去工业化中的投资和政治之间的联系必须被展示出来。并且,20世纪60年代的美学危机使得阁楼成为具有经济生存能力的商品,变化中的生活品位和方式应该得到描述。艺术和权力之间的关系必须被加以探讨，因为政府对艺术的支持，尤其是通过为艺术家提供住宅这一形式，促使阁楼市场得到了发展。类似的，不同类型的阁楼开发商和阁楼业主的动机，以及他们所追随的不同开发方案，应当被解读。最后，鉴于政府干预使得阁楼生活对专业房地产开发商而言有利可图——它招致了开发和投机，那么正视政府的不同角色就是至关重要的。

在这一主体的丰富性中，事实本身是复杂的。阁楼市场崛起的纯粹的时序型原因会使人困惑，因为特殊的区分（如“合法”和“非法”的阁楼生活）和冗长的描述（如“J－51”）对于理解事件的演变必不可少。因此，接下来的章节讲述了关于阁楼市场以及支配它的城市与人群的类似于罗生门的故事。故事基本按照由我所提及的要素组成的计划而展开：通过长期的生产和投资策略变化而准备的城中地带；特定的中产阶级群体中建立起来的对这一地带上阁楼空间的特定需求；通过将就消费者而言的对历史和艺术的主体需求与对住宅的客观需求，以及就投资者而言的对方位的需求结合起来，传统建筑市场得以崛起；房地产开发商对这些需求的回应；以及政府的创造力，如当地政府采取了更为密集的城市空间用途。就包含于空间新用途中的潜在竞争来说，每一章都提供了或多或少有些不同的视角，并且，必要地为故事引入了更多角色。伴随贵族精英、城市政客与小制造商而来的是艺术家、业主、租户、开发商以及社区团体。幸运的是，房地产开发通常是一种匿名的风险投资，因而我能够将所提及的姓名保持在最低限度。我也努力使得数据看起来简单，语句读起来直接。对曼哈顿街区的熟悉度不是必要条件。毕竟，对于所有现代城市居民而言，房地产都是一个熟悉领域。

2. 投资与政治

从某种意义上说，纽约的去工业化可以被视作一场十足的灾难。对于制造业从业人员而言，丢掉工作是灾难性的，他们既无法重新回到学校，也无法改进技能以适应服务业经济。对于业主而言，工业厂房，包括19世纪晚期和20世纪早期建造的小型阁楼建筑，失去价值是灾难性的。但是，对于拥有资本以投入扩张中的服务业经济实体基础设施（投向写字楼、住宅和零售网点）的人而言，去工业化是获取利润的先决条件。当然，国家层面和国际层面工业发展的长期趋势对地方增长有很大的影响。然而，在促进资本转向中，地方精英也发挥了作用。纽约整体的去工业化和专门投向曼哈顿阁楼建筑的投资并不是孤立于世界经济的其余部分来进行的。长期的产业衰退、小本生意的特殊脆弱性以及金融机构变化中的投资模式形塑了一种语境，其中的阁楼建筑失去了它作为工业空间的价值。它们随后以生活阁楼形式的重现反映了投资和政治之间的联盟。所以，20世纪60年代曼哈顿下城阁楼供给的

"释放",是由制造业工作数量的减少、工业房产融资的撤回,以及对工业用途的法律劝阻来驱动的。

创世纪

经济衰退,20 世纪 50 年代至 70 年代

美国去工业化的开始其实比我们猜想的要早很多。如果我们寻找制造业工作数量的指标,会发现传统工业时期在二战后的十年中就结束了。在美国,制造业雇佣的人口数量在 1956 年达到最大值。但纽约的工业劳动力总数是在 1947 年达到峰值。随之而来的制造业工作数量的减少在某种程度上由劳动生产率的提高或者更高效的机器使用所弥补。工业就业的下降也在某种程度上由相对应的服务业工作的增加所抵消。从 1950 年起,有少于三分之一的纽约劳动力受雇于制造业,但到了 1970 年,这一比重已下降至五分之一。制造业每年失业人数在 1960—1965 年间达到 1.6 万人,在 1965—1969 年间每年下降了 400 人,在这十年的末期重新上涨至 1.59 万人。一般来说是其他地区获得了纽约失去的工作机会。甚至在 19 世纪末之前,工厂就向纽约郊区蔓延。随后,新的工厂逐步开设在先前没有建立过任何工业基地的南部各州。1960 年后,总部位于东北部地区的公司越来越多地将其工业生产扩散至美国东南部及西南部地区,以及中国香港地区、韩国、菲律宾、墨西哥和危地马拉。尽管如此,在 1970 年,与其他城市相比,纽约制造业、批发业和货运业工作的集聚依旧相对庞大(见表 1)。[1]

表 1　纽约特定产业的劳动力就业情况,1950 年,1960 年,1970 年

产业门类	劳动力		
	1950 年	1960 年	1970 年
就业人员总数	3 276 415	3 307 548	3 191 370
全部制造业	966 448	870 354	657 054
(占总数的百分比)	(29.5%)	(26.3%)	(20.5%)
机械工业(除了电子)	39 329	34 482	26 769
制衣业	324 753	269 199	177 198
印刷业	98 319	104 856	91 501

来源:美国人口统计局,1950 年,1960 年,1970 年。

传统上作为这一产业集聚支柱行业的制衣业对劳动力成本的上升表现出了特别的敏感性。在 1950—1960 年间,制衣业的岗位削减了 17 个百分点。在下一个十年中,这一比率翻了一番,达到 34%。作为纽约第二个制造业经济支柱的印刷和出版业稍微扩充了劳动力,或许是其服务业整体扩张的一部分。然而,到了 1970 年,它也表现出了岗位削减的情况,这在很大程度上是因为自动化。一个不太重要但很典型的工业部门——机械工业,在 1950—1970 年的整个时期内经历了缓慢且稳定的就业人数的减少。在这一长期衰退过程中,失去工作的很多人都是边缘性劳动者,并且往往是少数群体的成员。1970 年,纽约制造业、批发业和货运业工作中的六成都由半熟练的或不熟练的技工和劳工承担。而且,通常从更为"贵族"的劳动阶层中进行招聘的印刷业的岗位削减,影响了具有更高技能、更高收入且多为男性白人的劳动者。

从历史上来说,纽约制造业活动的"心脏地带"是曼哈顿下城的阁楼建筑。至 20 世纪 70 年代早期,这座城市中超过一半的制造业工作机会都还位于曼哈顿,超过 55%的工业楼面空间位于这些建筑中。许多阁楼建筑被用于城市中两大代表性的“轻工制造业”——制衣业和印刷业。直到最近的10年前，制衣业依旧在曼哈顿工作机会中占据了较大比重，达到28%。[2]

令人吃惊的是，这些产业所集聚的阁楼空间在20世纪的大部分时间里都受到了持续的冲击。在“大萧条”之前，对制造商的敌意激发了贵族精英——纽约的银行家、律师和热心公益的实业家——的努力，他们将制造业限制在限定区域或地带。他们在创建制衣业特区（从那时起被称为服务中心的区域）上的成功，阻止了制造业进一步向上等的中城房地产扩张。但同时也抑制了他们与制造商及其工人群体——这些人的社会阶层和种族特征很让当地上流社会烦恼——的社会接触，即使是最低限度的目光接触。因为精英想要留在曼哈顿，他们提出了自己对阁楼建筑土地位置的方案。根据他们基于属性的逻辑，这一空间的“最佳”用途便是成为高租金的住宅以及更高租金的办公室。[3]从长远来看，在经由分区而强制实施其空间组织逻辑上，精英群体获得了成功。就短期而言，在二战后的去工业化中，这一逻辑重组了曼哈顿地图。自20世纪50年代中期持续至60年代中期的城市建设热潮中，新建造的办公室和住宅使得曼哈顿阁楼空间减少了900余万平方英尺。尽管一直到1969年被留下的阁楼空间超过3.73亿平方英尺，但这还是代表了对制造业领土具有威胁性的侵蚀。[4]

虽然纽约的制造商看起来脾气火爆，但他们并没有真正的政治力量。显然，从20世纪70年代起，他们就没有办法与“更佳”用途来竞争阁楼空间。尽管单个制造商可能有能力为其工厂支付更高的租金，但工厂的真实存在的确妨碍了白领用途的再开发。此外，这些公司在国民经济中的结构性位置是不牢固的。作为一种经济活动形式的小本生意的韧性掩盖了每一个小厂商的巨大脆弱性。通常，商业灾难中小生意的崛起就好像是凤凰涅槃，浴火重生。然而近年来，至少在纽约，它们的消亡数超过了它们的新建数。只要制造业依旧在曼哈顿开工，小型制造公司就可以依附其生存，但这类公司的数量已经在不断减少。因此，这一类型的去工业化对工业空间需求的相对强度产生了直接影响。人力和物力成本使得制造业的美元总量保持在高位。制造业雇佣较少的生产工人，并且整体来看，似乎需要的生产空间也少一些。在曼哈顿，1958—1972年间，制衣业的公司收缩了近一半。皮草生意削减至原先规模的一半，印刷业公司总量稍微有一些减少，机械厂大规模减少(见表2)。

表2　曼哈顿制造业活动的衰退，1958—1977年

	1958年	1963年	1967年	1972年	1977年
企业					
总数	22 854	20 714	17 841	14 929	13 289
雇佣20名以上雇员的企业	(6 155)	(5 658)	(5 216)	(4 360)	(3 800)
制衣业	10 329	9 079	7 517	5 716	5 096
女装与少淑女装	(3 533)	(3 105)	(2 696)	(2 326)	(2 552)
皮草	(1 424)	(1 382)	(1 153)	(694)	(516)
印刷业	3 972	3 950	3 563	3 350	3 242
机械工业，除电子工业	486	391	335	290	220
生产工人					
总数	335 369	293 906	278 300	225 600	191 300
制衣业	167 261	149 034	138 300	114 900	104 100
女装与少淑女装	(68 241)	(62 125)	(58 300)	(51 800)	(53 600)
皮草	(7 093)	(6 866)	(6 500)	(3 300)	(2 600)

续 表

	1958 年	1963 年	1967 年	1972 年	1977 年
印刷业	55 348	55 261	52 600	42 200	31 800
机械工业,除电子工业	4 071	3 351	2 800	2 300	1 400
制造业增加值					
总数	42 亿美元	47 亿美元	57 亿美元	64 亿美元	89 亿美元
制衣业	16 亿美元	17 亿美元	20 亿美元	22 亿美元	28 亿美元
女装与少淑女装	(7.35 亿美元)	(8.07 亿美元)	(9.82 亿美元)	(10 亿美元)	(15 亿美元)
皮草	(0.86 亿美元)	(1.01 亿美元)	(1.08 亿美元)	(0.76 亿美元)	(1.01 亿美元)
印刷业	14 亿美元	18 亿美元	24 亿美元	28 亿美元	43 亿美元
机械工业,除电子工业	0.49 亿美元	0.5 亿美元	0.48 亿美元	0.55 亿美元	0.44 亿美元

来源:美国人口普查局,《制造业普查》,地理区域系列,1958 年,1963 年,1967 年,1972 年,1977 年。

这些公司的消失重组了曼哈顿地图。在 1950—1980 年间,曼哈顿专业化商业社区的特征和模式被不断地侵蚀。一些小街道消失了,用于车辆禁行区和超级企业总部。制造商、代理商、供应商、批发商和经销商被“降级”了。制衣业和制造业的传统中心,如位于坚尼街和第 8 街之间下百老汇的百老汇走廊,17 街和 22 街之间的下第五大道,以及 26 街和 28 街之间围绕第六大道,同时也是皮草中心的花市街,都慢慢地在 1958—1968 年间破产,并在 1968—1978 年间出现加速(见图 2.1 和表 3)。如果我们只看曼哈顿不同街区的机械厂数量,就可以形象地看到当小型工业空间消失时,将对整个模式产生什么影响(见图 2.2)。

基于供应和需求的传统智慧,这些损失本应当对制造业阁楼的房地产市场造成毁灭性的影响。长期以来,城市规划师和城市

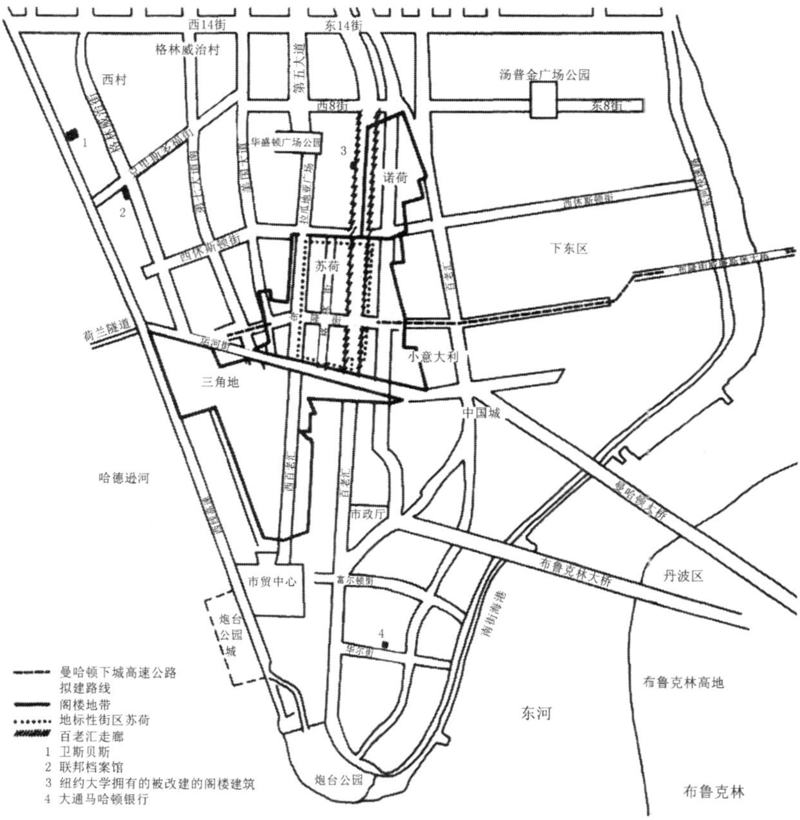

图 2.1 曼哈顿下城

经济学家均设想,更为成功的制造商搬出阁楼是为了在不太拥挤且所得税、工资也可能较低的区域寻找更加现代的厂房(最好是平房)。在长期经济衰退并且商业活动剧烈且快速下滑的时期,阁楼建筑的空置率应该随着小型制造业租户不得不关闭商铺而出现上升。作为结果的租金收入的损失应该会刺激出拖欠抵押贷款和房产税的支付。最终,阁楼建筑的业主可能会经由新一波房屋止赎而失去他们的房产。

这一逻辑令人信服。即使面对与高租金使用者就阁楼空间展

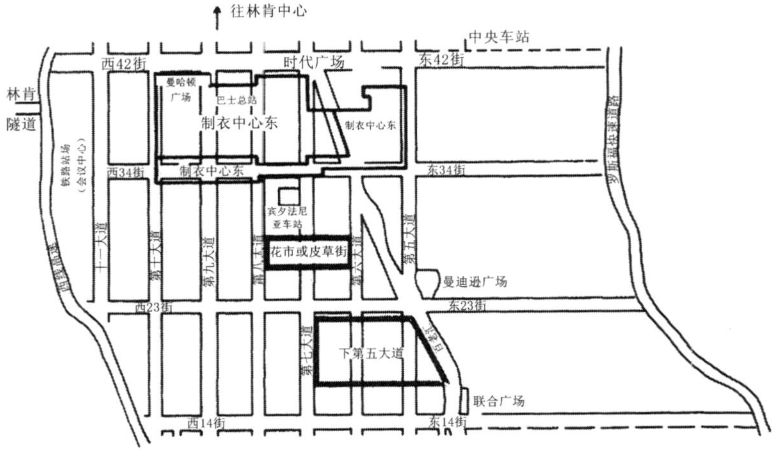

图 2.2　中城南区

开的竞争、垄断资本的压倒性优势、国家经济中的通货膨胀和不景气、世界市场的变迁，以及稳步增加的信贷限制，小企业通常都表现出了令人印象深刻的韧性。当一家美国国会委员会研究美国十个最大的城市中的企业问题时，他们发现，规模最小的企业（雇员数少于 25 人）一般都有保持运作稳定的计划。较少的小企业有扩张计划，但和最大的企业相反，较少的大企业有缩减规模的计划。[5] 另一个研究发现，大多数新工作倾向于由小企业产生——一个可能被银行称作“波动性”、被经济学家称作“动力”的趋势。尽管如此，独立企业家看起来仍是就业的生产者，尤其是在北部传统工业区的城市中。[6]

但是，控制工业活动植入的大型投资商——企业总部和银行——似乎都认为，小型制造商是一个过时了的“品种”。所以，他们不需要任何空间。投资于与阁楼无关的、租金高昂的新城市基础设施是更好的选择。他们看不到简・雅各布斯（Jane Jacobs）传统思想的逻辑，即城市经济通过一种“细胞分裂”而增长，并且鼓励企业家“间接分裂”的最好方式是以低租金提供小型的、可能稍显荒废的空间。[①] 的确,对那些信奉城市经济依赖于“后工业”或服务业基础设施发展的人而言,雅各布斯的观点确实毫无逻辑。那些东西已经不再被建造。

表 3　曼哈顿下城 3 个地区企业数的减少,1958—1978 年

地区	1958 年	1968 年	1978 年
百老汇走廊			
制衣业	165	240	149
其他制造业	93	78	54
内衣	81	70	31
贸易与销售	67	31	24
纺织品	60	33	32
印刷业	60	50	24
小饰品	55	36	14
纽扣、缝纫、线和布料	51	41	30
礼帽和便帽制造商	50	45	42
杂项服务(包括医生和律师)	47	35	48
家居用品	40	17	19
包、手提包和皮具	36	38	32
杂项供应商	35	12	18
机器	27	9	17
可能的居住地	16	53	236
窗帘和布帘	13	3	2
扣件、捆缚装置和模具	13	6	5

① 简・雅各布斯:《美国大城市的死与生》(*The Death and Life of Great American Cities*),纽约:文塔吉出版社,1961 年。她的观点被博奇严谨得多的研究所确认,这呼唤了对制造业不同分支在创造新的工作岗位上的重要性的关注,即在一个地区或另一地区开设分厂的决定,以及在制造业和服务部门的生意中通过设置小店铺来开设分厂的决定。

续　表

地区	1958 年	1968 年	1978 年
杂项生意	13	14	19
摄影师和画室	10	0	3
货运和建造	5	1	4
花市和花艺品	4	1	0
精密工具	2	1	1
皮革	0	1	0
下第五大道			
制衣业	205	225	103
其他制造业	93	42	42
内衣	8	13	6
贸易与销售	25	13	13
纺织品	13	16	11
印刷业	84	84	121
小饰品	50	24	12
纽扣、缝纫、线和布料	42	20	14
礼帽和便帽制造商	5	11	9
杂项服务(包括医生和律师)	35	51	57
家居用品	15	26	21
包、手提包和皮具	26	21	33
杂项供应商	20	11	25
机器	30	14	13
可能的居住地	483	388	913
窗帘和布帘	7	4	4
扣件、捆缚装置和模具	13	11	9
杂项生意	30	11	30
摄影师和画室	28	39	96
货运和建造	15	16	2
花市和花艺品	3	4	0

续　表

地区	1958年	1968年	1978年
精密工具	0	0	2
皮草	0	0	3
花市街			
制衣业	160	108	29
其他制造业	103	75	150
内衣	14	12	4
贸易与销售	67	32	87
纺织品	11	9	176
印刷业	134	165	37
小饰品	75	56	11
纽扣、缝纫、线和布料	21	26	21
礼帽和便帽制造商	32	6	5
杂项服务(包括医生和律师)	24	36	50
家居用品	16	9	9
包、手提包和皮具	30	77	33
杂项供应商	12	12	16
机器	18	26	17
可能的居住地	78	64	461
窗帘和布帘	10	9	22
扣件、捆缚装置和模具	6	11	3
杂项生意	6	7	9
摄影师和画室	16	48	22
货运和建造	13	1	1
花市和花艺品	24	33	29
精密工具	0	0	0
皮草	273	265	177

来源:反向电话簿,曼哈顿,1958年,1963年,1968年,1973年,1978年。这些目录以与通常顺序相反的方式列出了用户。如,按照地址而不是名称。纽约电话公司提供。

经济危机，1972—1976 年

20 世纪 70 年代，当纽约市政府找时间研究就业下降的时候，小型制造业这一过时的事物已经在预料之中结束了。现存小型企业的高比重，尤其是在制造业中的，被城市官员们忽视了，他们将注意力投向了大型企业和公司总部的潜在损失。[7]官员们或多或少地对大工业不再抱有希望，也就是说，对位于纽约的相对而言的大工业不再抱有希望。他们分析认为这些公司发现纽约的阁楼建筑存在物质老化。所以，通过争取大型公司继续将总部留驻于曼哈顿，他们聚焦于更加现代的空间中具有象征意义的战略性工作。不仅是公司业务比小型制造业更加庞大且高雅，白领群体也比蓝领群体更加庞大且高雅。当然，白人群体比西班牙裔、华裔或黑人群体也更加庞大且高雅。这和贵族精英所设想的纽约作为世界之都的意象愈发一致了。

但是，由于他们一直等到 20 世纪 70 年代才开始研究工业基础设施的用途，城市规划师有更好的理由来反对小型制造商及其所占据的阁楼建筑。1973—1974 年的国家经济衰退，还有竞争性资本的地位在总体上的急剧下降，以及在纽约地区，尤其是 1969—1976 年间的急剧下降，加速了这些地区的失业。1970—1974 年间，纽约市的就业市场减少了 30 万个岗位，1974 年春季至 1975 年春季间，又减少了 8 万个岗位。较之美国其他地区，纽约及其大都市区遭受了更加严重的经济衰退，甚至比普遍衰退中的东北部其他地区更为严重。[8]纽约在国民生产总值中的比重由 1972 年的 12.3％下降至 1975 年的 11.3％。小企业失去了 31 万个岗位，或者说，6％的劳动力，这一减少的三分之二发生在制造业。就业萧条并没有被对新机器的投资所弥补。净投资从已落后于全国平均水平三分之一的总量跌至仅够支付折旧费的数字。该地区企业收回投资的程度对纽约造成了可怕的伤害。[9]

资本“去积累”对阁楼建筑的生存能力产生了显而易见的影响。由纽约房产局 1975 年进行的一项研究呈现了一幅税收滞纳、房屋止赎和空置的凄凉图景。阁楼建筑税收滞纳的总金额在 1973—1975 年间翻了一番(从 350 万美元到 790 万美元),并且针对阁楼建筑业主提起的止赎诉讼的数量从 1970 年的 9 起增加至 1975 年上半年的 25 起。至于房屋空置,六家曼哈顿房产代理的共计 410 万平方英尺的制造业阁楼(非指定地区)可用于直接租赁。这代表了一个灾难性的高空置率:31%。两年后,由城市规划委员会(CPC)进行的一项针对曼哈顿商业地区 1 586 栋建筑的类似研究发现,空置面积为 160 万平方英尺,或者说,空置率为 5.5%。与 1975 年的研究类似,这份报告也发现空置最有可能发生在较小的阁楼中:30.4%的空置位于不足 2 500 平方英尺的较小的阁楼中,39.8%的空置位于面积在 2 501 至 5 000 平方英尺的阁楼中。这表明了一个不成比例的高空置率。较大的阁楼(5 001 至 7 500 平方英尺)和最大的阁楼(超过 1 万平方英尺)中没有空置的。该研究还表明,样本中有 10.5%的房地产地段曾拖欠过 1976—1977 年的纳税。这一欠款总额共计 8.388 万美元。[10]

这些报告的可靠性如何呢?除了我们已经意识到的失业问题,1975—1976 年的研究中有不少地方值得怀疑。第一,空置情况的数据并不系统,这可能是因为楼宇业主通常对空置率持保密态度。第二,纽约房产局 1975 年使用的样本与城市规划委员会使用的样本并不具有严格的可比性。同时,它也没有被系统地定义。第三,房产局所呈现的更令人沮丧的空置、破旧不堪的阁楼图景,有可能受到了某些建议的影响,房产局要利用此报告去支持其观点，即这座城市应当鼓励居住用途改建。

空置情况的数据最终是可疑的，因为到了 1975 年，居住功能改建已经对制造业空间的生存能力造成了客观影响。1977 年，城市规划委员会估计，1 000 栋曼哈顿的工业阁楼建筑中至少有三层被用作居住。房东从居住型租户上得到的更高的租金使得阁楼市场价值上升，这反过来又影响了更高的税收评定（“估值”）。并且，在 1970—1975 年间，房地产税率上升了 33%——在某种程度上用于抵消预算赤字。这意味着，更高的税率和更高的估值可能加速了税收滞纳和累计债务，由此影响了更高的房屋止赎率。不仅如此，到了 20 世纪 70 年代中期，制造业租户开始大声抱怨——向城市规划委员会、向市场、向任何能够听见他们意愿的人——他们的房东故意制造并维持空置情况，从而促进向居住用途的改建。因此，一方面，是一连串发生的去工业化、空置、欠款和房屋止赎；另一方面，可能或多或少地被改建过程本身扭曲了。

我在 1978 年收集的一些数据表明，向居住用途的改建可能已经对这一时期内阁楼建筑里的制造业租户造成了有害的影响。我对前文已提及的三个街区里占据阁楼的制造商进行了一项“示踪研究”——1963—1978 年间的百老汇走廊、下第五大道和花市街。我把这 15 年的时间划分为三个五年：1963—1968 年、1968—1973 年、1973—1978 年。随后，根据城市规划委员会 1977 年的报告，我从这三个至少已经经历了一些居住用途改建的地区中选取了一个由 34 栋阁楼建筑构成的随机样本，并编制了每一个五年中占据这些建筑的租户清单。许多之前的租户在 1978 年已无法找到，并且，大多数可以在都市区新地点找到的人对我的调查并不那么积极响应。可能大多数消失了的公司已经结束营业，而那些留下的担心我可能和城市税务机构存在某种联系。因此，我只能研究到

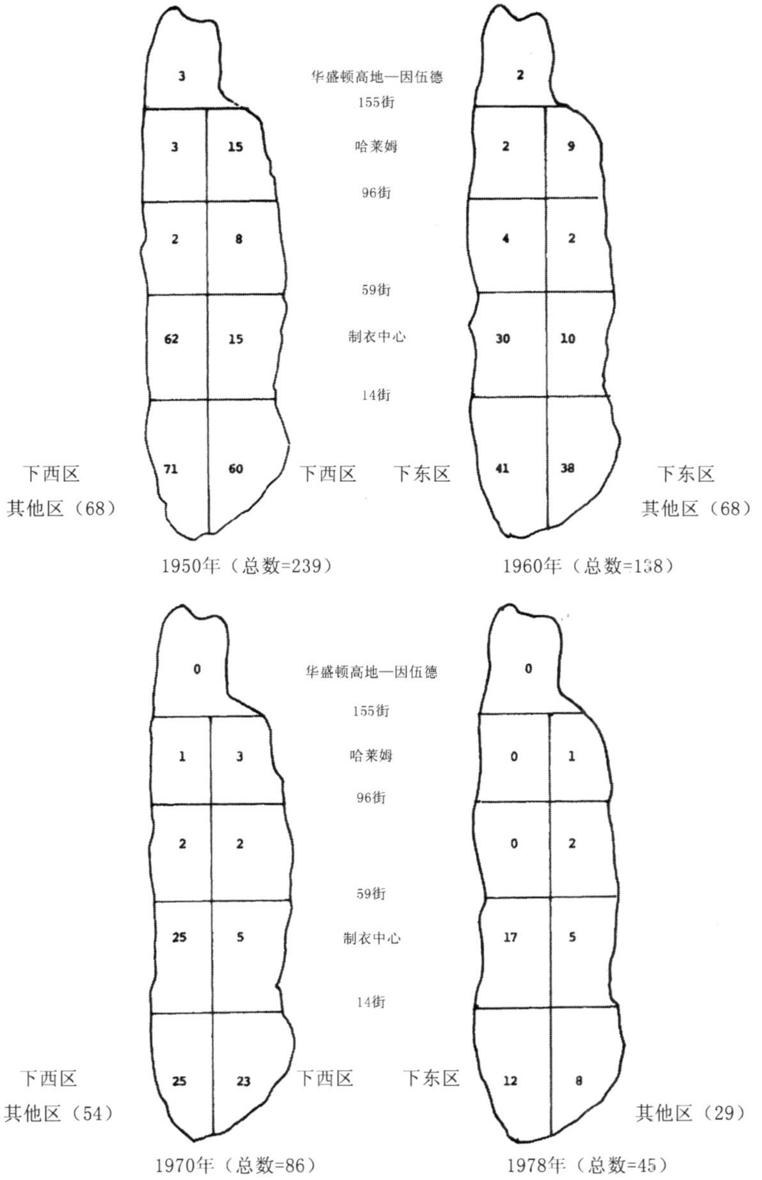

图 2.3

曼哈顿个人所有的机械车间的数量与位置，1950—1980 年。数据来自《曼哈顿黄页》，1950 年，1960 年，1970 年，1978—1979 年。地图由凯文·安德森研制。

很小的一个样本：在生活阁楼市场发展起来前，1963—1968 年间三个街区内搬出阁楼建筑的 46 家企业；当阁楼市场大步向前时，1973—1978 年间搬出的 39 家企业。有较高比例的租户称在稍后时期将按照自己意愿搬出——这可能反映出，1973—1974 年衰退期调整后仍然保存完好的企业的更强的生存能力——但非常重要的是，1973—1978 年间的搬出中有相当高的比例——81%——都是迫于房东改建为居住用途所引发（见表 4）。

表 4　制造业租户搬出阁楼建筑的原因，1963—1968 年，1973—1978 年

搬出的原因	1963—1968 年		1973—1978 年	
	数量	比例	数量	比例
房东的选择	22	48	16	41
改建为居住用途	10	45[a]	13	81[b]
翻新建筑	3	14		
上涨的租金	2	9	3	19
清空、出售、拆除建筑	2	9		
合作建筑	1	4		
减少的服务	1	4		
未知原因	3	14		
租户的选择	24	52	23	59
扩张	20	83[c]	13	57[d]
合理化	2	8	7	30
紧缩			1	4
结业	1	4	1	4
开始新生意			1	4
街区的犯罪情况	1	4		

注：数字仅适用于 1978 年这一地区仍在运营中的那些公司。

a 这一数字代表了 22%的搬出。

b 这一数字代表了 33%的搬出。

c 这一数字代表了 44%的搬出。

d 这一数字代表了 33%的搬出。

1978年,《纽约时报》报道了一个案例,这在某种奇怪的程度上确认了我的小样本所提出的观点。1973—1978年间,一家礼帽和便帽制造商被迫搬迁了两次:第一次从百老汇走廊搬至下第五大道,随后又从那儿搬至花市街。每次搬迁都是由房东决定将建筑改建为居住用途引起的。[11]当然,这一样本的搬迁原因也表明了商业周期低迷的影响。1973年后,较少公司因为扩张而搬出,而较多公司因为要合理化生产而搬出。但是,这些搬迁表明,1968—1978年间,随着租户地位的弱化,房东的地位得到强化。在这一时期内,房东从阁楼建筑中获得更高利润的努力归根结底是从两种计谋中做出选择:要么上涨房租,要么将建筑改建为居住用途。

阁楼建筑的经济生存能力

与大多数城市房产类似,曼哈顿的阁楼建筑属于竞争性资本领域。阁楼建筑的所有权是松散而非集中的,因此,阁楼建筑的业主往往是小型业主。他们是个体或合伙人,而非银行或房地产控股公司之类的机构。作为一个群体和一代人,许多阁楼建筑的业主和其小型制造业租户一样,由同样的经济状况所塑造。事实上,许多阁楼建筑业主就是小型制造商。受到大萧条的影响,他们购买了他们阁楼所位于的建筑以防可能的危机和驱逐。建筑业主和制造商常常是来自东欧或南欧的移民,他们投资资本的原始来源来自甚至更小的生意的一小笔积蓄。在大多数案例中,20世纪60年代,阁楼建筑的业主已拥有他们的建筑20年或30年。这意味着,到了20世纪70年代,这些业主中的许多都已经去世或退休。作为业主,通过取得第二个或第三个抵押,他们获得了定期性为其采购成本再筹款的财务或税收优惠。一般来说,阁楼建筑所有权的稳定性反映了一种反复在业主和许多本地储蓄银行间"交易"抵押承诺的模式。

当我看了我的样本——34 栋位于百老汇走廊、下第五大道和花市街的阁楼建筑的抵押历史后，我发现这一反复交易抵押的模式一直到 20 世纪 60 年代中期都适用。① 记录还表明，直到 20 世纪 70 年代早期，阁楼建筑的价格都保持了稳定且相当低。的确，销售价格一般都和评估价值(包括土地和土地之上建筑的价值)一样，甚至更低。根据建筑规模，随着该价格在 10 万美元至 20 万美元间波动，对每栋建筑的抵押再融资的时机明显也是不同的，这规律性地和债务支付利率的税收优惠相同步。② 在这一时期内，每栋建筑已贷出的抵押总量看起来一直稳定在购买价格的 80%左右。相对于涉入其他种类商业房地产的资本来说，这些债务是很低的。它们平均下来在 10 万美元左右。该样本看起来呈现了关于阁楼建筑所有权的可信图景。它符合我们从传闻中了解到的阁楼业主，符合早前城市规划专家切斯特·拉普金(Chester Rapkin)对苏荷的 255 栋阁楼建筑进行的系统调查。从 1962 年收集到的信息中，那时候苏荷仍旧仅用于制造业。拉普金发现，建筑中的大多数由小型业主所持有，其中接近一半的人在 1945 年前就已经购买了这些建筑。所有权的周转率相当低。那时候的评估价值也接近于该建筑的市场价格。[12]

20 世纪 60 年代，阁楼建筑所有权和售价的稳定性反映在它们的租期和租金上。在拉普金 1962 年所研究的 650 家位于苏荷

---

① 这些数据在 1978 年采集，来自纽约市金融局的房地产税收记录。

② 当用于支付抵押贷款本金的资金增加至开始超过不断下降的折旧费时，“交叉现象”就出现了。“自此时起，现金流不足以满足应纳税所得，并且房产应当被卖出或进行再融资”，据约翰·麦克马洪(John MacMahan)的权威房地产教科书：《房地产开发：动荡时期的有效决策》(*Property Development: Effective Decision Making in Uncertain Times*)，纽约：麦格劳-希尔公司，1976 年，第 257 页。

的制造业企业中，有 24％在 1942 年前就位于此地，有 25％在 1942—1952 年间搬至此地，有 16％在此地已有 5 至 10 年时间，还有 35％在过去 5 年中搬至此地。这些企业中的绝大多数（74％）一直位于苏荷。[13]与之类似，1977 年，当我对 20 位小制造商——他们入驻在百老汇走廊的一个划定为进行居住用途改建的阁楼建筑街区里——进行调查时，我发现这些企业中的一半已租用阁楼超过 15 年，且 19 家已经在那些建筑里待了超过 5 年，有 9 家企业（接近一半）的整个营业史都发生在那里。

这些制造业租户稳定性的一个重要原因是他们为阁楼支付的低租金。1977 年的样本——他们的阁楼大多数都面向百老汇大道，每年支付的租金为每平方英尺 1 美元至 1.5 美元。1962 年的苏荷样本——他们的阁楼位于百老汇大道和较小的侧街与交叉路口，每年支付的租金为每平方英尺 0.75 美元至 1 美元。① 在过去的半个世纪中，这些阁楼租金的变化非常之小。1923 年一项纽约制衣业的研究发现，相同地区的租金十分类似：位于坚尼街和 14 街间百老汇大道的阁楼租金为每平方英尺 0.75 美元至 1 美元，而位于邻边和交叉路口的阁楼稍微便宜一些（每平方英尺 0.5 美元至 0.75 美元）。跟现在一样，更接近中城商业区的阁楼租金高出一倍。[14]

因此，所有权与租期模式表明，制造业阁楼和阁楼建筑市场在整个 20 世纪 60 年代保持了稳定。这些模式并没有表现出经济衰退的长期数据和 20 世纪 70 年代对阁楼建筑的研究所暗示的空置

① 这一通常用于美国商业（虽然不能用于居住）地产年租金的计算方法，是基于每年每平方英尺所需的美元而进行租金的标准化。因此，它受制于租用空间的大小。举例来说，一个租金水平为每平方英尺 1 美元的 5 000 平方英尺的阁楼年租金总额为 5 000 美元，而一个相同租金水平的 10 000 平方英尺的阁楼需要支付 10 000 美元的年租金。

所引起的严重侵蚀。的确，1962 年对苏荷的研究强调，遍及曼哈顿的像样的阁楼建筑在那时的空置率是低的(不足 2%)。新建建筑，大多数为写字楼，意味着阁楼空间的供给在逐渐收缩，并且新的小型制造业租户潮继续保持较高的需求。[15]在 20 世纪 60 年代缓慢的经济衰退中，这一市场以某种方式被动摇和摧毁了。失业数据表明，不稳定因素存在于市场关系之内，就需求侧而言，在小型制造业活动的衰退中。然而，在引发阁楼市场的不稳定因素中，更为重要的是由借贷机构和城市更新计划所构想的去工业化。

出埃及记

银行和国家与纽约的去工业化有着一段长久的历史性关系。至少早在 1910 年，当地的贵族精英——他们的传统财富基于城市房地产，他们的新兴财富来自工业与铁路，他们的成员在银行与法律界顶层占据支配地位——就提出了第一个城市开发计划。他们计划通过将制造业活动与工人阶级住房迁往外围卫星城(特别是布鲁克林、布朗克斯和皇后区)来“升级”城市中心——曼哈顿。这一打算最终在 1929 年第一个地区计划中成形。上层阶级的动机既有社会的，也有文化的，还有经济的。他们十分厌恶极为接近曼哈顿精英场所第五大道的工人的存在，这些工人主要是来自南欧与东欧的移民。工人及其雇主大多来自同样的非盎格鲁-撒克逊民族。除了偶遇位于或邻近第五大道的这些群体的文化冲击外，制衣业的有形扩张威胁了低租金阁楼建筑向一流房地产领域的入侵。贵族精英也察觉到了升级曼哈顿产生的盈利机会。首先，作为拥有介入大规模房地产开发或再开发的必要资本与政治联系的群体，他们能够盈利。在曼哈顿，贵族精英可以买下工厂的小业主和租户的全部产权，并将这些建筑替换为更具盈利性的、“更好的”用途：写字楼、专卖店、上层与中上层阶级的公寓楼。然而，上层阶级同样能够在外围卫星城土地的投机买卖中获利。在那儿，他们可以开发农场用于制造业和工人阶级住房。[16]

虽然资本主义社会的规划缺少社会主义国家规划的直接法律效力，且必须依赖于通过分区决议等手段而实现的间接诱因，但1929版区域规划还是落实得相当顺利。但该规划的落实速度并不快。直到20世纪50年代晚期，这座城市才不可逆转地致力于曼哈顿的去工业化。这一阻滞的原因既有经济的，也有政治的。在作为一个整体的国家中，大萧条和二战强制性地带来了一段长期的建筑业停滞时期。在纽约，建筑和企业业主组成了民主党中有权势且控制纽约市政厅的坦慕尼协会（Tammany Hall）一翼的重要选民。在坦慕尼协会统治期间，想要完全破坏支持竞争性资本的房地产基础设施是不可能的。

虽然如此，即便是在大萧条时期，地方精英也为新的后工业基础设施奠定了基础，而且常常是在联邦政府基金的帮助下。这一基础设施中的投资者包括国企、大型商业银行以及大型房地产开发商。在20世纪30与40年代，一系列的公路、住房项目以及主要的隧道建设，创造出了围绕曼哈顿下城华尔街金融资本的重要周界。① 在40年代后期到50年代后期这段时间，银行使总量越来越多的表现为抵押贷款和基建贷款等形式的投资资本可供使用。一般而言，这一抵押贷款资金对战后郊区房地产建造的兴盛负有责任。然而，它也为都市中心的城市更新提供了资金。尽管存在

① 这一建设史，见罗伯特·A.卡罗：《权力掮客：罗伯特·摩西和纽约的衰败》，纽约：文塔吉出版社，1975年。

促使这一资金用于重建贫民窟的压力，但资金还是为商业利益所垄断。这一向城市再投资的净效应以小型制造商为代价，使服务业与贵族精英及其同盟受益。

投资缩减与政治

拉普金的苏荷数据表明，在二战后的建设热潮中，工业基础设施中的机构投资一直在撤回。1945 年前创造了苏荷阁楼建筑首次抵押全部资金 75％的机构，将其财政支援减少至 1945—1949 年的 51％、1950—1954 年的 36％、1955—1959 年的 17％，以及 1960—1962 年的 11％。这些机构包括储蓄银行、储蓄与贷款社、商业银行、信托公司和保险公司。[17]在我的 1978 年 34 栋阁楼建筑的样本中，抵押贷款的历史也在事实上表明在 1945—1959 年间没有新的融资，1960—1964 年活跃程度有所提高，大多数来自银行，且在 1965 年后出现了新的抵押贷款和抵押贷款转让的热潮（见表 5）。与小型制造业企业所位于的阁楼建筑中的投资缩减相伴的是其所依赖的运输网络中的投资缩减。特别是铁路货物运输服务无法吸引对于现代化至关重要的融资。当私人和政府铁路部门都拒绝向此类型服务投资时，现有状况就迅速恶化了。正如《纽约时报》1980 年所报道的，在 1950—1975 年间，通往纽约地区的铁路货运装运从全国总数的 40％下降至 10％。虽然这一减少中有一半左右发生在 1973 年经济衰退之后，但这一模式却肇始已久。从某种程度上来说，通往曼哈顿的铁路货运服务的衰退是更大的区域变动（转向郊区、转向美国的西南地区）和行业转型（从铁路到陆运）的组成部分。但是，投资缩减的净影响却是由纽约的制衣业和印刷业最为敏锐地觉察到的，这些行业需要依靠铁路货运来分销产品。

表 5 曼哈顿下城 34 栋阁楼建筑的抵押贷款交易

年份	受抵押人或受托人			
	银行	个人	房地产公司等	未知
1945 年前	8M	2M	1M	1M
1945—1949 年		1M		
		1A		
1950—1954 年	1M			
1955—1959 年	2M	1A	2M	
1960—1964 年	5M	2M		1M
		1A		
1965—1969 年	8M	2M	7M	1M
	5A	4A	5A	
1970—1974 年	4M	7M	10M	
	6A	5A	7A	
1974 年后	4M	3M	17M	
	10A		11A	

来源：纽约市财政局，1978 年。

注：M 代表启动的新抵押贷款或多重抵押贷款的数量；A 代表抵押贷款转让的数量。

当然，银行更愿意将资本投入高利率的大额贷款中，比如新建工程的贷款，而不是相对小额的针对老旧工业建筑的抵押贷款。针对工业建筑的贷款有着和低风险相吻合的低利率。并且，抵押贷款有时候受制于国家强制的“收取高利的”利率上限。1953—1966 年间，虽然流向曼哈顿阁楼建筑的抵押贷款资金趋于干涸，开发商仍旧可以毫无障碍地从银行获得新建办公场所的融资。这甚至是比第一个主要的写字楼建造“潮”还要大的增长阶段，从 1925 年持续至 1933 年。与建造了 3 040 万平方英尺办公空间的较早阶段相比，1953—1966年这一波建造“潮”使得曼哈顿的办公空间库存增加了5 089.5万平方英尺。[18]

较之城市政府脱离对制造业的承诺，银行的投资缩减来得更早且更为迅速。1950年，一份修订纽约城市分区规则的规划依旧将保留中心城市空间以用于现存及未来轻工制造业放到了十分突出的位置上。该规划确实承认了纽约作为服务业之都的卓越地位。正如大多数战后的美国城市一样，较之手工作业，纽约更多的劳动者已经受雇于服务业岗位。到了1948年，这一比例为1.41名白领劳动者对应1名蓝领劳动者。但是，1950年的规划预计这一比例将会维持不变，即制造业工作能够保持原状。除此之外，规划师认为纽约主要服务业——银行、批发贸易、娱乐和通信——的扩张要么已经达到顶峰，要么即将达到顶峰。因此，通过保护实际上可能产生更多工作的空间来保护工作就变得更为重要了：“如果妥善的规划和分区为这些目标供给了空间，那么提供大量用以维持城市经济的基础就业的工厂生产将会稳健发展。”这一规划提出略微提升制造业空间，即使是在曼哈顿的小型阁楼建筑中。[19]

到了1958年，当下一个对纽约市进行重新分区的规划出现时，词汇、语气以及优先事项都发生了改变。1958版沃利斯规划（*The 1958 Voorhees Plan*）聚焦于“脏乱差”而非就业。“脏乱差”的元凶是制造业：侵占了轻工业地区的重工业，以及仅其存在就对居住与商业街区构成滋扰的任何工业。因未能成功地将不合时宜或“不相容”的用途从其并不属于的地区驱逐出去，沃利斯规划向规划师和官员提出谴责，并从实质上敦促迅速实施1929版区域规划。本着这一目的，就应当积极地、井然有序且“科学”地运用土地分区从而将纽约重新划分为确定的承载不同层次活动的居住、制造业和商业街区。因此，分区也可以保护居住街区不受其他用途的影响。另外，沃利斯规划建议将"现代工业厂房"迁移至外围卫星城。这一规划最为详细的一组建议，要求在有限的时间内将不相容的用途从其原本已被准允的地区中逐步废除——这意味着曼哈顿去工业化所设想的一切具有多么高的优先地位。"现在是纽约市不再活在分区之中的时候了，"詹姆斯·菲尔特(James Felt)在沃利斯规划的序言中如此写道，他是其所拥有的大型房地产公司的总裁、市规划委员会主席，还是总规划师与权力掮客罗伯特·摩西(Robert Moses)的伙伴。"城中部分地区存在过度建设和拥塞的问题，而其他地区却是空置的或衰败荒芜的，就这些状况来看，代价太高了。"[20]

不管该代价在过去还是将来会怎样，这些提议还是被吸纳进了1961年真正的重新分区之中。根据新决议，重工业应被迁移至外围卫星城，轻制造业应被转移至曼哈顿西部与东部的滨水区。通过从制造业转向各种商业设定的重新分区，曼哈顿岛全部中心地带的潜在工业用途被清除了。这意味着为建筑业主(或开发商)将这些地区的制造业空间改建为居住用途的行为开绿灯。这些改建将会"基于正当的权利"而发生。此外，这一重新分区积极抵制将这一空间继续用于制造业用途。如果该区划条例予以实施，那么在曼哈顿下城的大多数地区，一份过期的制造业阁楼租约不可能合法地继之以一份新的与其他工业租户签订的租约。

1961年的重新分区意义重大，因为它标示了这座城市对精英群体将曼哈顿去工业化的旧计划的明确接受。然而，这些意图并不是立即被感知到的，这里至少有两个原因。第一，这座城市继续表达了其维护蓝领劳动力力量的承诺。然而这一承诺仅存在于政府官员的公开声明和城市机构的公开报告中，如城市规划委员会1971年的报告，"为提供就业而规划"。在这一层面，1961年重新分区背后的基本原理看起来是保护制造业空间免于被非工业用途（即写字楼与公共住房工程）入侵的愿望。[21]但在给予补贴与授予建筑许可证的现实世界里，该城市始终如一地偏爱新的写字楼与住宅建设。没人察觉到1961年重新分区背后去工业化目标的第二个原因与缺少用于曼哈顿下城阁楼街区再开发土地的即刻需求相关。在20世纪60年代，曼哈顿中城的新建设如火如荼。直到1970年出现降速，曼哈顿下城才看起来对大量开发商具有吸引力。有件事情很有趣。当我1977年——分区条例通过后的16年——访问位于百老汇走廊一个商业区的20个小型制造业企业的所有者时，他们并没有意识到其工厂所处区域不是工业区。事实上，他们很难相信他们的房东可以基于正当的权利而改建其建筑用途。虽然分区条例已写入官方文本20年，该城市也没有理由去执行它们，直到房地产利益团体——开发商和房东——需要那块空间为止。

银行业与分区制之间的联系，把抵押款项从阁楼建筑中撤出与宣布该空间中工业活动不合法之间的联系是具有政治意义的。在20世纪50年代，纽约和美国其他许多城市中心的再开发，是由联邦政府与地方房地产开发商结成的非正式合作关系来提供经费。① 国会通过的一系列打着城市更新名义的计划将国家补贴输送至地方商业精英，这些人清理了“脏乱差”的市中心的现有用途，并代之以新建筑。在某种程度上，这些补贴包含了对私人建筑商和开发商的直接拨款，用于征用中心城市土地，并拆除位于该土地上的建筑物。事实上，从1949—1960年，所有用于城市更新的联

① 详尽的讨论，见G.威廉姆·多霍夫：《谁主沉浮：重新审视纽黑文和社区权力》，圣塔莫尼卡：固特异出版社，1978年，第144页。

邦基金中，有超过一半是购买土地的补助金。联邦政府也为产生于且吸收于私营部门的贷款做担保。当银行对投资于特定的高风险工程表现出不情愿时，联邦政府就直接向开发商提供低利率的贷款。每一座城市的城市更新计划中出现的交易与联盟都是由控制市政府的政客撮合而成的。虽然有来自华盛顿的建造新住房压力——国会和住房管理局中的保守派成员，市中心的再开发通常大量摧毁了工人阶级街区以及里面生意兴隆的小本生意。

在全国范围的城市更新以及地方政治精英作为其代理人的这一语境下，纽约市执政的民主党发生了一个非常重大的转变。1958—1961 年间，民主党改革派推翻了坦慕尼协会这一政党组织。随着罗伯特· F.瓦格纳(Robert F. Wagner)成功竞选为市长，改革派在 1961 年公开庆祝胜利。但这次选举与其说是改革派控制了市政厅，不如说是市政厅控制了改革运动。自瓦格纳在 1953 年第一次被选为市长起，他就与坦慕尼协会领袖卡迈尔·德萨皮奥(Carmine DeSapio)结成了联盟。在 20 世纪 50 年代晚期，瓦格纳因该党派应该支持当地政府的哪位候选人的一系列分歧而和德萨皮奥决裂。随后，他以反对该政治机器的纲领为基础争取连任。因此，正如几个知识渊博的观察者所说，改革派运动在 1961 年入主市政厅是因为个人"政治"争端，而"不是原则、重大问题、伦理"。[22]

瓦格纳从坦慕尼转向改革派民主政治对曼哈顿的去工业化计划产生了决定性的影响。与先前的支撑基础断绝来往，他需要寻求新的政治联盟。而且坦慕尼一直致力于和贵族合作(即便并非易事)——并且瓦格纳本人就代表了这一共生关系——消除施加于市政府之上的正式的坦慕尼控制，使贵族精英推举其候选人成为可能。这样，也可以继续推进至 1929 版区域规划的最终阶段。

在某种程度上，经济状况抑制了该计划的实现。从大萧条至整个战后繁荣时期，私营部门只能一步步采取措施以动摇偏好小型制造业活动的房地产基础。银行确实从曼哈顿下城的阁楼建筑中撤回了抵押款项，并投资于新的写字楼。但当瓦格纳与坦慕尼决裂并寻求新的政治联盟时，贵族精英获得了对地方层面国家权力的控制，这对于再开发而言至关重要。第一，他们可以促成大面积再开发所需要的分区修订。第二，在市长的积极斡旋下，他们可以用城市更新基金为其工程提供资金。并且，他们不再需要与坦慕尼门客和坦慕尼赞助人为了这些基金的份额而进行竞争。

再开发曼哈顿下城

从 20 世纪 50 年代晚期到 70 年代早期，贵族精英实行了数个重建曼哈顿下城的计划，从华尔街至中城的商业街区。下城中心以下的广泛区域被食品批发市场和越来越多的停运码头所围绕。在东河沿岸是富尔顿鱼市；在哈德逊河沿岸是鸡蛋和乳制品市场、华盛顿果蔬市场和肉类批发街区。对于华尔街上美国大通曼哈顿银行的大卫·洛克菲勒来说，这里整个就是一个“大量被商业贫民窟所占据、紧邻城市中房地产价值最集中”的区域。[23]这一稠密网络的组成部分包括紧靠着坚固的工业阁楼建筑街区而存在的砖混结构的传统少数民族聚居区——比如小意大利和唐人街这样的少数民族工人阶级街区。这一模式的唯一例外是格林威治村的中产阶级地区，他们的褐石与砖块住宅早在 20 世纪 20 年代就吸引了中产阶级居民和房地产开发商。[24]

阁楼建筑和工人阶级住宅相对便宜且稳定的价格代表了对迫切想要保持低征购成本的房地产开发商的一种公开邀请。早在曼哈顿下城制造业街区的失业加速牵扯进空置建筑的抛售之前很久，洛克菲勒说道："我不知道城市中还有什么区域有这样低成本扩张的好机会。"[25]洛克菲勒设想了一种扩张，这种扩张可以捍卫其银行在华尔街的"管辖"范围。与中城相反，传统金融街区并没有从新写字楼建设潮中获益。许多久负盛名的企业租户（包括企业总部和律师事务所）已经搬至上城，导致华尔街区域的房产价值下跌，空置状况增多。因为洛克菲勒家族在华尔街拥有相当数量的房产，这些发展使其注定亏损。他们还丢掉了声望，因为他们拒绝离开该区域——尤其是当他们的对手花旗银行搬至上城后。

为了推动能够支撑这些利益的再开发计划，大卫·洛克菲勒组建了一个典型的由拥有贵族和政治联系的大商人构成的美国民间组织。这一组织，即"曼哈顿下城协会"，成立于1956年。在随后的15年中，在洛克菲勒的领导下，这一协会发起并为一系列共同组成曼哈顿下城计划的开发工程进行游说。该协会在1965年呈递的计划提供了一个"新市镇"，实质上是为了金融与专业精英成员能够在华尔街区域工作与生活。最为雄心勃勃的是，曼哈顿下城计划要求摧毁大卫·洛克菲勒所不喜欢的"商业贫民窟"，并代之以新的写字楼和新的上层阶级和中产阶级公寓楼。对这一住宅类型的大量新需求将由宏伟壮观的工程来满足——包括在东河与哈德逊河堆填区上建造高层公寓楼，还有高于街道层次的广场和人行道。在东面建造"曼哈顿登陆处"，在西面建造"炮台公园城"。巨型办公综合体（世界贸易中心）将为新居民提供工作场所，而通勤人员可以顺利通过直接连接北部郊区（通过东河快速路）和西部郊区（通过西边快速路）的新的曼哈顿下城高速公路驶入。这条将要横跨曼哈顿，从东河到哈德逊河、沿着拓宽后的布隆街而建的高速公路将把曼哈顿下城的飞地封锁起来，与岛上其余空间相隔绝。高速公路的正北部，是苏荷的制造业街区所在地，一个大型中等收入家庭住宅工程将会提供进一步的隔离。这片可以通过拆除苏荷的阁楼建筑而清理出来的土地的另一用途将由体育馆提供。作为该计划的主要项目，至少在其最初的形态中，布隆街北部的住宅项目将由联邦政府的一类(Title I)城市更新基金来提供资金。[26]

事实上，曼哈顿下城计划表现为在一段时间内一点点累加地呈现给公众的工程。虽然这些工程中几乎没有一个是在瓦格纳的剩余任期内建设的，但是再开发计划是在瓦格纳的继任者——改革派市长、贵族代理人约翰·V.林赛(John V. Lindsay)的领导下加速的。该计划的核心——显然极为贴合大卫·洛克菲勒心意的写字楼建设——是与罗伯特·摩西和其他人所偏好的豪宅连在一起的。在20世纪60年代中期，新的办公场所和住宅一同构成了被林赛的新城市规划委员会所接受的项目计划。但是，曼哈顿下城高速公路却可追溯到1940年起由摩西主导的一项工程。1959年，摩西宣布了一项大体位于东部地区的中等收入家庭住宅工程“布鲁克林大桥南”。直到20世纪70年代中期才建造完成的世界贸易中心是在1960年提出建设的。计划建造在苏荷所在地的一类住房工程在1963—1965年间无疾而终，而体育馆和曼哈顿下城高速公路的计划在1961—1971年间起起落落。1969年宣布的“炮台公园城”将于20世纪80年代建造。大卫·洛克菲勒和市长林赛的联合工程“曼哈顿登陆处”在1972年通过大量宣传使公众得知，但一直未能受到欢迎。到了1980年，它被南街海港市场和游客中心的计划所取代。

事实证明，整体上实现曼哈顿下城计划是不可能的。为其各种组成部分融资的困难，以及为其所依赖的直接联邦基金进行的竞争，产生了一些负面影响。洛克菲勒家族——到了20世纪60

年，包括大卫的兄长、纽约州长纳尔逊（Nelson）——的建设计划遭受到的政治反对也使其蒙受了一定影响。在州长洛克菲勒创造并用以支持再开发计划的“超一立法机构”后——比如城市开发公司的融资结构以及纽约及新泽西港口管理局管理部门——这一反对有所加强。虽然洛克菲勒家族、市长林赛、罗伯特·摩西以及建筑行业大会都试图回避这一计划面临的政治反对，但最后他们还是被其他各种各样的选民和利益集团所击败。

第一，20 世纪 60 年代中期动荡不安的少数民族聚居区引起了城市贫民的注意，这些贫民与中等和高等收入家庭就每个城市住宅工程的联邦基金配额而竞争。正如拉普金在 1962 年所测算的，在苏荷所在地建造一个中等收入家庭住宅工程将用尽分配给纽约的一整年的全部一类基金。[27]这就导致没有经费可用于低收入家庭的住宅项目。较之其他市长更甚的是，林赛对少数民族聚居区里的选票——以及暴乱——是高度敏感的。第二，曼哈顿下城计划的一组反对者出现在林赛的改革派选民中。邻近苏荷的格林威治村的中产阶级业主——在许多情况下，他们也活跃于该村的改革民主组织中——表达了对“削砍派”的城市清除和再开发的强烈反对。这些积极分子集结在简·雅各布斯邻里社区和建筑保护的信条下。

反对曼哈顿下城计划的第三个来源是在城市管理中保有一席之地的坦慕尼官员和一些传统上具有影响力的蓝领工会。他们提出了另一个“东河开发计划”。这一由市航海航空部正式提出并且得到国家码头工人协会支持的计划包含填满部分哈德逊河。另外，已取代港口在城市经济中地位的印刷业迫切要求对其位于下西区沿线的设施进行商业革新。这一建议赢得了反对码头工人计划的市长瓦格纳的一些支持。然而，瓦格纳的继任者，市长林赛却支持建设写字楼而不是更新印刷业厂房。20 世纪 60 年代，曼哈顿下城计划的政治斗争中具有决定性作用的一批选民逐渐出现，并且部分是在国家的资助下。这是一批致力于艺术和历史保护的选民。由联合起来的艺术家、贵族以及中产阶级中受过正统教育的部分人群构成的这一群体反对大规模的再开发、城市高速公路以及拆除传统建筑。

然而，在 20 世纪 60 年代，没人能预见到这样的政治运动可以叫停曼哈顿下城计划。可以理解，由政府与私营部门——随瓦格纳和林赛两任改革派市长，以及洛克菲勒家族两位成员大卫和纳尔逊而来的大肆宣传与影响力——所做出的对这些项目的承诺在曼哈顿下城阁楼建筑的业主和租户中造成了很大的不确定性。抵押款项好几年都处于紧缩状态。如果曼哈顿下城计划付诸实施，那么城市管理部门将获取土地及土地上的建筑，并且以低价将开发权出售给房地产开发商。租户将要重寻住处，业主将要被迫迁移。就租期和所有权来看，其直接结果是阁楼市场急剧的不稳定。

在不活跃的状态持续数年后，阁楼建筑业主开始试着退出这一市场，而投机者或投资者则尝试进入这一市场。我的样本——34 栋阁楼建筑表明抵押交易在 20 世纪 60 年代中期出现了陡增，适值曼哈顿下城计划宣布之时(见表 5)。1960—1964 年间，这些建筑的抵押活动开始回升至 1945 年前的水平。1965—1969 年间，新抵押和抵押转让的数量大幅上升。由于银行地位出现了一些下降，这一活动持续到了 20 世纪 70 年代，这可能是因为房地产部门普遍性的放缓，以及个人投资者这一方出现的飞速发展。

虽然空置情况并不必然与抵押活动以同等比例增长，然而租户的流动却是如此。在这一样本中，制造业租户在 1968—1973 年这一时间段搬离这些建筑，尤其是苏荷这一受到曼哈顿下城计划最为直接影响的样本所在地。1963—1968年间，制造业租户搬离这些建筑的平均比例为44.4%（见表6）。这一比例在1968—1973年增加至49.0%。到了1973—1978年，当这些阁楼建筑的住宅市场牢固建立起来的时候，制造商搬出的移位率高达58.0%。

表6 曼哈顿下城阁楼建筑中制造业租户的流动，1963—1978年

	1963—1968年	1968—1973年	1973—1978年
A. 样本总体			
建筑数量	33	33	38
搬出总量	254	241	288
平均搬出	44.4%	49.0%	58.0%
	制造业租户搬出的比例		
B. 按大小（仅含下第五大道和花市地区）			
大于8 000平方英尺（n=4）	42.5%	47.0%	56.0%
4 000—5 000平方英尺（n=10）	41.2%	42.5%	67.1%
2 000—3 000平方英尺（n=8）	47.0%	64.0%	47.0%
	制造业租户搬出的比例		
C. 按区位			
下第五大道（n=13）	44.0%	44.3%	63.1%
花市（n=9）	42.6%	60.1%	50.0%
苏荷（1963—1968年、1968—1973年，n=5；1973—1978年，n=7）	30.2%	48.6%	72.7%
诺荷与格林威治村（1963—1968年、1968—1973年，n=6；1973—1978年，n=9）	43.2%	42.0%	46.7%
全部百老汇走廊，如苏荷、诺荷和格林威治村（1963—1968年、1968—1973年，n=11；1973—1978年，n=16）	36.7%	45.3%	59.7%

来源：反向电话簿，曼哈顿，1963年，1968年，1973年，1978年。

n代表数量。——译者注

一些租户流动中的增长可能是因为1973年后制造业中不断加速的失业状况。然而，在样本中的三个制造业街区中，苏荷是最先也是最快失去稳定的。如果我们设想，居住于小型阁楼是有问题的，因为其居住者是小型且生存能力较弱的制造商，那么我们确实可以发现，最小的阁楼建筑（每层在2 000—3 000平方英尺）的市场最先失去稳定。但是，即便是大型阁楼，它们的租期稳定性也在1973—1978年这一时间段被破坏了。这表明，除了小型制造商的经济问题外，阁楼市场中的房地产投机加速了这一不稳定。

关于阁楼市场的不稳定，有两点值得注意：一旦开始就急速发展的不稳定，以及租期波动（1968—1973年）之前所有权发生变化（1965—1969年）这一事实。这些变化的次序与时机意味着一个长期过程的落幕，而非突发性危机的开始。虽然1973年后制造业的失业状况出现加速，但是阁楼市场已经失去稳定。这一不稳定是由历史上对纽约工业基础设施的价值贬损所造成的——阁楼建筑所代表的资本——以及早期进步派和当代改革派城市管理时期贵族精英成员及其盟友对这一基础设施连番的冲击造成的。

与其他工业地区不同，苏荷的阁楼市场开始得特别早且进展特别快的去稳定化过程证明了20世纪60年代的三个差异性发展。第一，这一贬值地区与华尔街和格林威治村在空间上的邻近使其容易受到金融家和开发商的正式项目和艺术家的非正式迁移所造成的“殖民化”的影响。当大卫·洛克菲勒和下城协会为苏荷起草方案时，艺术家正通过搬进阁楼建筑在此建立桥头堡。第二，到了20世纪60年代的后五年，新文化和审美价值调整了公众对苏荷阁楼建筑的态度。早前被视作“地狱一百英亩”——因为在此发生的数场大火，或“纽约城的荒地”——在建议城市更新的1962年规划研究中，到1970年，南休斯顿工业地区的500栋阁楼建筑以苏荷的面貌出现,“原现代建筑中为数不多的集中的同质群体之一,具有特别重要和体面的发展前景——19 世纪的铸铁浇筑商业建筑”。[28]

在这一光环的笼罩下,该街区吸引了某些特定的贵族,他们的公民义务包括支援城市美化计划。典型的上层公民协会与城市更新之间的历史性联系现在所采取的形式是对具有建筑价值的传统建筑进行“历史保护”的兴趣。有趣的是,被期待保存的铸铁建筑正位于上层企业家计划致力于销毁的地方。基本上是同一精英群体——照例是上层阶级——所看好的项目间的不一致最终促成了一桩“天作之合”。在这一案例中,博爱美学将要与房地产经济相结合。① 保护铸铁建筑是件好事。在一个有限资源和越来越多易腐物品的世界中,贵族对艺术的敏感性推动了 20 世纪 60 年代的又一发展:对纽约艺术家社会力量的发现。

在某种程度上,这一力量是自行产生的。抽象表现主义的纽约画派在 20 世纪 40 年代与 50 年代的艺术成就,随后的弗兰克·斯特拉(Frank Stella)、克拉斯·奥尔登堡(Claes Oldenburg),以及最终的罗伯特·劳森伯格(Robert Rauschenberg)等艺术家甚至更大的经济上的成功,还有 20 世纪 60 年代早期市场主导的波普艺术,吸引了世界对纽约作为艺术创作中心的关注。广泛的关注反过来又刺激出对公众支持艺术的期待。在 20 世纪 60 年代早期的社会语境中,艺术家们和其他团体一起向政府施压,寻求公众支持。在 1960—1961 年,由 500 名请愿书签名者构成的艺术家租户协会(Artists' Tenants' Association,ATA)成为不断成长且日

---

① 就个体联盟而言,有趣的是,在 20 世纪 60 年代末,大卫·洛克菲勒既是曼哈顿下城协会的主席,又是现代艺术博物馆理事会的会长。

益自觉的艺术共同体的发声代表。值得注意的是，艺术家租户协会的“宪章—请愿书”源于一次关于艺术家在阁楼居住权利的争端，即在未被分区为居住用途的建筑中将阁楼作为其工作室—居住空间。

这一争端开始于与火灾隐患而非区划违例相关的一波“逐出潮”（根据那时艺术家租户协会代表的说法，超过 100 起）。显然，阁楼建筑中发生的一系列火灾引起了消防部门（与在职官员）的焦虑——倘若发生严重大火，消防员并不能找到或救出可能居住于着火建筑中的艺术家。这一担忧导致消防部门向负责分区决议和建筑规范的房管部门的同事施压，开始对艺术家居民提出逐出诉讼。同一时期的报告估计，有 5 000—7 000 名艺术家居住并办公于从外观上看来和普通制造业阁楼难以区分的阁楼中。因此，消防员没有办法定位艺术家居民，尤其是在夜间。在此背景下，艺术家租户协会为保护艺术家作为艺术家去触犯区划条例的权利而组织起来。在 1961 年的夏天，艺术家租户协会威胁要从重要的秋季展开始，联合抵制城里举行的所有艺术展览，除非城市管理部门取消逐出政策。

媒体报道对艺术家寄予了同情。此外，他们行动的时机在政治上是合乎时宜的。作为改革派候选人，市长瓦格纳正是在 1961 年的秋天竞选连任的。在寻找新的同盟和积极响应的选民以替代中低阶级和工人阶级的坦慕尼民主党人士的过程中，他发现了艺术家群体。虽然他们并不是为数众多的选民，但艺术家却是瓦格纳转向改革派的重要标识。他们也提供了影响和安抚两类更大的具有重要政治意义的选民的方法：贵族改革派，如第一夫人埃莉诺·罗斯福和参议员赫伯特·莱曼，他们的支持者在纽约州的政治格局中依旧至关重要；中产阶级市民，他们在 20 世纪 50 年代晚期和 60 年代初期开始活跃于当地改革派社团(尤其是"村独立民主党")。瓦格纳就"逐出阁楼"争议与艺术家租户协会见面,说道:"在纽约从事艺术活动的艺术家保证享有城市对其福利和工作的持续关注。"此外,城市管理部门和艺术家租户协会协商后达成一项将艺术家使用阁楼作为"工作室—住宅"合法化的协议:不允许仅将阁楼用作居住(而非居住和工作)用途。作为遵守相关安全和注册规章的回报,[①]艺术家现在享有作为艺术家以相对低廉的租金与小型制造商竞争阁楼空间的权利。

三年后,艺术家声称城市管理部门又在骚扰他们。他们对获得阁楼居住个体权利资格认证程序的"官僚"限制感到不满。他们抱怨阁楼空间存在短缺,因为城市管理部门不允许他们居住在曼哈顿下城以外地区的阁楼里。并且,继续将艺术家逐出其阁楼的问题依旧存在。

尽管如此,通过国家权力运作完成的对艺术家居住于制造业阁楼权利的立法开创了一个重要的先例。对艺术家自己而言,这一立法代表了保卫空间的权利。通过一个街区又一个街区地分布开来,他们的阁楼提供了共同身份认同和利益共同体的基础,因此同时也是未来政治动员的基础。艺术家租户协会显然是——举例来说就是成立于 1969 年的反对高速公路艺术家团体和苏荷艺术家租户协会的先驱。通过保护进入阁楼空间的权利而由国家提供给艺术的非直接支持预示了 20 世纪 60 年代中期至晚期提供给艺术生产的直接支持。

但是从长期的去工业化角度来看,艺术家受保护的进入制造

① 艺术家需要满足特定的建筑技术规范,向房产局登记其住所,并且通过在建筑外墙张贴特殊标识——"驻家艺术家"(Artists in Residence, A. I. R.)——以警示消防部门。

业地区的权利，意味着在国家的庇佑下对原先预留给制造商的空间的入侵。在那时，人们认为战线在——一方面是艺术家、人道主义者和“民众”，另一方面是试图拆除曼哈顿下城的权力结构，即城市政府、华尔街巨头和大型房地产开发商——中拉开。他们几乎未能意识到，在这场战争中，艺术家代表了选民和代理人。最终，阁楼建筑本身，而非其所位于的土地，变成了必争之地。

利末记

表面上来看，对于城市地域争夺的政府干预包含就空间的合理用途立法。分区制可能是此类立法中最为人所知的类型。它授权特定的城市区域可用于或不能用于哪些用途。简单来说，有的地区用于居住、商业（零售店与办公室）、轻制造业和重制造业，也有一些地区被允许用作特定的混合用途。划分地区的标准可能是相当复杂的，有的时候甚至是自相矛盾的。这些标准显而易见的不合理性表明，例如，在曼哈顿下第五大道地区（14 街与 23 街之间），各种制造业亚类与商业区的分界线穿梭、环绕在楼宇中，而非整个街区或街道。不仅如此，在更为基础的层面上，分区实践的基本原理遵守资本积累的逻辑。在未经监管的土地上进行分区的好处在于，它将使房地产投资因接近贬值的用途而可能遭受到的风险降到最低。[29]

除了分区制，根据楼宇或居住者的特征，建筑条例指定了空间的合理用途。建筑条例对公寓楼（或“多户住宅”）、独户或两户住宅以及不同类型的商业与工业设施进行了分类。它们也指明了消防、日常安全、卫生以及建造者、房东和住户必须遵守的公共秩序。除了直接规定空间用途的分区制与建筑条例，其他类型的立法通过作用于可以从各种可能用途中获得的经济收益而影响如何使用空间的决定。租金管制是法律如何影响房地产投资回报率的常见案例。存在于特定建筑类型上的租金管制影响业主或建造者关于哪种用途盈利最高的决定。影响这类决定的还有税码规定，它使得投资于这一或那一类型的房地产更为有利——比如，缘于折旧率、税收减除以及对业主的特惠待遇。自 20 世纪 70 年代起，联邦税码的变化有利于历史性地标、国家公园以及野生动物保护区。

在纽约市与纽约州，1961—1976 年间分区决议、建筑条例以及其他法规的变化促进了改建阁楼市场的孕育（见表 7）。[30]我们已经看到，20 世纪 50 年代晚期和 60 年代早期的重新分区过程如何致力于消除下曼哈顿中央片区的制造业用途，以及该过程是如何与贵族精英、银行以及大型房地产开发商长期的精打细算相一致的。我们已经注意到，重新分区的过程与政治同盟的重组是同步的。但是，政府对小型制造业的抛弃最终经由建筑条例和其他法规的变化确定下来。甚至当城市中心的失业激增的时候，这类法规仍在制定。

表 7　对阁楼市场形成产生影响的地方法规，1961—1976 年

分区决议	建筑条例	其他法规
1961 年纽约分区规划调整		
		1962 年纽约商业地产的租金稳定的终止
	1964 年条款 7 - B（纽约州）：视觉艺术家将阁楼用于居住的立法	
		1965 年《地标建筑保护法》通过（纽约城市管理规范）

续　表

分区决议	建筑条例	其他法规
	1968 年修正条款 7－B：将艺术家类别扩充至包含表演艺术家与创意设计师	
1971 年苏荷制造业地带中艺术家街区的创造	1971 年修正条款 7－B：放宽对改建建筑中阁楼的限制；简化艺术家的认证流程	
		1973 年指定苏荷为历史街区（《地标建筑保护法》）
		1975 年修订 J－51 计划以为大规模的居住用途改建提供税收优惠（纽约城市管理规范）
1976 年苏荷艺术家街区扩张；艺术家在诺荷进行的居住用途改建立法 翠贝卡的创造，艺术家和非艺术家进行的居住用途改建的合法化		

租金和条例

虽然鲜有人注意到，但是这些变化的指征是法规的失效，而非生效。在 1962 年，两条始于二战后通货膨胀时期，曾在纽约所有非居住空间建立起“公允出租”价格的租金控制类型的法规失效了。这标志着致力于稳定商业租金这一尝试的终结。虽然这些法规一直被视作权宜之计，但似乎在 1962 年从未有过争取更新这些法规的政治斗争。改革民主派和市长瓦格纳确实没有把这当作一个问题。由于那时候曼哈顿阁楼建筑的空置率较低，商业租金控制类型法规的失效表明小型制造商可以得到的政府支持是多么的少。①

1964 年，伴随着动荡的制造业阁楼市场和纽约艺术家的政治动员，纽约州议会通过了对《多户住宅法》的一项修正案，被称为条款 7－B。这一条款赋予艺术家——主要是画家和雕刻家——及其家庭可以租用制造业阁楼和商业空间用于居住和工作室的联合用途的权利。这条法规本身，使这一分区合法化的理由涉及城市土地的高成本（即租金）、艺术家的低财力、艺术家对大型工作空间的需求，以及大城市可以从艺术生产集聚中获得的社会价值："由一个国家内/的超过 100 万人组成的作为一个整体的城市文化生活是由这类城市中定期从事视觉美术艺术的大量个体的居住来增强的。"为了有资格获得这项权利，艺术家们需要被认证为"在专业美术艺术基础上定期从事视觉美术艺术（如绘画和雕塑）并因此获得艺术院校、协会、学会认证"。这条法规应在 1968 年失效，但在条款 7－B 中，阁楼中任何艺术家的居住和工作——或只是一个生活阁楼的申请——将构成一个重要的先决条件。一旦一栋建筑里的任何阁楼被以此种方式"改建"，建筑整体将被保持用于居住用途——可能或多或少在更高的租金水平上——而非还原为制造业用途。显然，这对阁楼市场形成了进一步的"去稳"效应。

条款 7－B 非但没有在 1968 年失效，反而经过修正增加了可以申请的艺术家类别。"在专业基础上定期从事……表演或创造艺术，包括编舞和制片，或者作曲"的人群现在被赋予与画家和雕刻家同样的进入制造业阁楼空间的受保护权利。正如在最初的条

① 这与巴黎这样的城市过时但基于历史的政治格局形成了对比。在那儿，小商人享有租金控制和搬迁的权利。

款 7-B 中，同样的理由为他们的竞争优势提供了法律依据。一方面，艺术家没有钱；另一方面，他们为城市和国家带来了价值。

三年后，另一项修正促使艺术家和建筑业主遵守该法规的规定。首先是业主，其次是艺术家租户，对他们来说，修正后的条款 7-B 降低了阁楼建筑可被占用为居住用途的标准，低于普通公寓住宅的标准。并且，1971 年的修正使得对真正艺术家的认证更为主观，也更加容易获得。纽约文化事务局接管了主要的认证责任，并且现行标准仅包括对空间的需求和对艺术的承诺，并不需要专业技能或职业认定。

新地区

与此同时，纽约市估价委员会通过了一项使位于苏荷制造业地带的艺术家的居住与生活联合阁楼合法化的分区决议。艺术家可以合法地在小于 3 600 平方英尺的建筑中改建阁楼用途（这一数值指的是占地尺寸；实际的室内尺寸可能略小）。这一限制意在为规模更大、经济实力更强的制造商保护阁楼空间的进入权。类似的，小于 1 200 平方英尺的生活阁楼将被视作不合法。这一规定意在宣布房地产开发商将阁楼细分为小型公寓房提供给非艺术家的行为是不合法的。已经对更大的阁楼或阁楼中较小部分进行用途改建的艺术家们受惠于“不溯既往条款”，这一条款允许其将这类空间视作合法的。甚至在这一决议通过之前，一些艺术家和小型房地产开发商就已经购买了一些建筑并将其全部改建为生活阁楼。1971 分区决议将这些建筑合法化为居住用途。[①]

① 这一分区决议的另一复杂之处在于区分苏荷内三种不同类型的轻制造业街区，其中有一些差别是关于合法居住阁楼大小限制的例外情况。

1976年，估价委员会批准了两项新的分区决议。这两项分区决议增强了艺术家进入——位于苏荷以及紧邻休斯敦街北部，在苏荷与格林威治村之间的缩写为“诺荷(NoHo)”的地区——制造业阁楼空间的受保护的权利。现在合法阁楼生活所位于的建筑，其占地尺寸扩大至5 000平方英尺。这一扩大可以使1/4至1/2的全部苏荷建筑中的艺术家的居住合法化。对于制造商而言，受保护的进入阁楼空间的权利被限制于百老汇走廊，对制造业租户来说，其底层临街区域被认为是最具吸引力的。对于制造业和商业租户而言，受保护的空间也被保留在阁楼建筑中被视作装卸货最为方便的底层。在上述两个地方，其空间不可以被改建为居住用途。然而，该法规确实提供了可能存在的例外。从这一条款出发，建筑业主可以申请豁免。这一豁免最好的理由便是“经济困难”。在操作中，如果业主(此时，要么是房东，要么是居住型业主-居住者的合作公寓)证明了他/她/它已经努力寻找制造业或商业租户，但没有能找到一个能够支付足够“支撑”这一层楼的租金(视该栋建筑的债务而定)的租户，那么这些申请就会被批准。

还是在1976年，估价委员会通过了另一个被缩写的阁楼生活街区——翠贝卡(TriBeCa)的创建，它位于华尔街金融中心正北方、坚尼街下方的三角形地带。在翠贝卡，用于阁楼生活特定类型和大小的建筑合法化条款要比苏荷和诺荷更为复杂。但是，该法规的意图却更为简单且更具戏剧性。任何人，艺术家或非艺术家，都可以合法地在该街区将一个阁楼改建为居住用途。在翠贝卡，现被称为“阁楼寓所”的生活阁楼必须和普通公寓清楚地区分开来，它们不能小于1 000平方英尺，且必须以相对开放为特征，即开敞空间。然而，经由渐进的分区决议和建筑条例的改变，以及按照典型居住单位模式对改建的阁楼空间进行的标准化建设而实现的生活阁楼的合法化，表明居住阁楼的房地产市场在20世纪70年代中期稳固建立起来了。

通过增加用于阁楼改建的房地产投资的经济效益，另外两条法规对新的阁楼市场产生了影响。一条与历史保护有关，另一条与居住改建的减税有关。首先，城市管理部门在1973年宣布苏荷为历史地标街区。使一个城市能够做这件事的法规是新近才有的。在历史保护主义者的压力下，1965年通过的这条法规设立了一个"公共地标保护委员会"，它有权力禁止在被认定为具有"特殊特征或特殊历史或审美旨趣或价值"的整个街区中对建筑进行外部翻修。从1965年开始，苏荷中部的铸铁建筑街区被鉴赏家而非房地产开发商认定为具有这样的特征。当开发商建造体育馆的计划在1971年落空后，宣布苏荷为地标街区的压力达到顶峰。该头衔在1973年一通过，就带来了租金上的垄断效应，但也对其他街区中生活阁楼的市场价格产生了"溢出"效应。当苏荷的建筑被认定为"历史的"之后不久，特点并不显著的建筑和街区的租金和售价也出现了增长。①

税收激励

当J－51在开发商进行游说后于1975年进行修订时，其意义被改变以使得专业开发商而非业主居住者受益。这项法规最早在1954年通过，其意图在于修正对只供应冷水的公寓的最严重的滥用。通过将税收优惠扩大至对自有住房内出租公寓进行升级的小型房产业主，城市政府希望鼓励他们将其不动产提档升级至"A等"住房标准。在1975年修订案中，该优惠反映了新的市场状况。

① 历史保护的社会与经济成本、收益的整个话题现在被认定为是留有疑问的。

虽然它们依旧适合于租赁住房的生产，但它们针对的是改建而非升级，并且针对的是大型建筑，而非小型的。根据起草这一新法规的一位城市住房管理人员所说，改写这一法规的目的在于使之前20年中发展起来的复兴计划的多元用途形成一个体系。但这一理由掩盖了法规导向的改变和应用这一法规所产生的新用途。因为J－51现在包括了旧工厂进行居住用途改建所需要的“包含拆除及重新进行内部的修理或重建”，就资金数额而言，主要的受益人是大型开发商。他们用银行贷款承担J－51所要求的标准公寓（有封闭式卧室、浴室和厨房）的建造。然而，对于业主—居住者而言，获得用于改善出租房屋的银行贷款并不容易。实际上，就他们为了有资格获得最后的税收减免而不得不花费在成本上的金钱而言，从比例上来说，小业主比大型开发商付出的要多得多。此外，J－51使有能力筹资进行完整居住用途改建和内部“修理”的开发商较之没有能力的小型投资者处于更为有利的地位。J－51对于阁楼市场的总体影响在于，首先，在更为边缘的“自行改建”的阁楼空间次级市场外，嵌入新类别的处于典型上中层收入租金水平的阁楼—公寓；其次，将居住用途的改建扩展至1971年和1976年分区决议中未经批准阁楼生活的街区。

尽管在1978—1981年有一些关于市议会续签J－51的政治斗争，但地方层面的国家权力继续坚定地致力于向居住用途的改建。在某些方面，这一承诺是以对住房机会的支持而呈现给大众的，因此是为了中产阶级住房的消费者。然而，在现实中，城市政府对住房的承诺却代表了其支持的反转——为了去工业化。这一类型的住房表达了城市政府对房地产开发商以及将曼哈顿下城重建为白领飞地的支持。同时，在城市财政危机之中，当地当选官员持续表达对失业看似好心的关注。这一关心并没有激起任何与依旧在经营中的小型制造商结成新政治联盟的尝试。到了 20 世纪 80 年代早期，当曼哈顿阁楼街区的部分再分区给予城市政府一个保护制造业和发展的机会时，许多工厂和小企业已被改建后的居住功能取代了。用于援助余下的工业与商业租户的机制的建立——主要是财政与空间补偿——并没有补偿到多年来小型制造商的不满，他们遭受了在办公室内办公、关心经济发展的城市官员们的不公平对待。此外，在没有国家压力的情况下，银行忽视了联邦保证的发放小企业贷款的可能性。[31]

从 1961—1976 年，国家对阁楼市场的干预历史并不鼓励一种幻觉，即在我们的时代，国家权力将被用于帮助竞争资本胜过垄断资本，或者帮助制造商而非金融家和开发商。颁布的这些法令依旧意在支持资本流动——并希望劳动力会跟随就业而迁移。虽然与地区性去工业化有关的失业独立于房地产开发而产生，但是制造商、大型投资者和政客的决策是相互关联的。因此，任何对去工业化和再工业化的分析必须考虑到财富基于房产的社会阶级，以及工业和金融资本家与国家。同样，不同社会阶层围绕特定的城市地带而展开的互动也不能被肤浅地视作明显的对手间的阶级斗争。这类斗争有着意料之外的结果。它们也开创了先例，即看起来未参与其中的竞争者也能获利。就像在工作中，在阁楼市场的去稳定化和再造中，这些斗争刺激了无力对抗更大社会力量的竞争群体。它们也激活了形塑这些群体需求的文化与美学价值。没有 20 世纪 60 年代的价值变化，阁楼市场就不可能成为房地产市场或城市的冲突地带。

3.“阁楼生活方式”的创造

直到 20 世纪 70 年代，人们都不认为生活在阁楼中是时髦的，或舒适的——即使充分考虑到这一可能性。在工厂区建立家园显然与主流中产阶级关于“家园”和“工厂”的看法以及这些看法所基于的家庭和工作的独立环境相矛盾。自 20 世纪 50 年代起，郊区生活是美国家庭极具主导性的流行意象，因此任何人怀有向市区迁移至原先的血汗工厂或印刷车间的渴望都是令人难以想象的。然而，如果没有这一渴望，过去十年中兴起的生活阁楼的房地产市场就不可能萌芽。该市场本不可能成长得如此迅速——在这个过程中，将阁楼从原先的工厂空间转化为热销商品——如果这一独特的渴望也没有激发起全国范围内更多的城市居民的想象的话。无论他们是否真的在印刷车间铺开床铺过夜，或仅仅只是接受阁楼生活作为一种可能的居住方式，人们开始觉得生活于阁楼之中的想法是有吸引力的。这一切之所以发生，是因为 20 世纪 60 年代的两个变化：阁楼的变化与中产阶级消费模式的变化。

一方面，产业和投资从原先制造业中心的移出使得更大的、更可观的阁楼可用于替代用途。在此之前，已经用于居住的阁楼——大多数是“生活穷苦”的艺术家——相当小，往往是两至三层店面没有暖气的较高楼层，显然并不舒服。另一方面，数量日增的中产阶级群体进入了特定的文化模式，尤其是对“艺术”和历史保护的主动欣赏——这原先是上层阶级的领域。他们对于精美艺术作品和精美老旧建筑日益增长的认同使其首先试图为艺术家和历史保护而保卫空间，然后再为其自身占据这一空间——通常位于阁楼建筑。在这一过程中，艺术和历史保护具有更为广泛的意义。它们变得更具商业性且更少精英主义。

对老旧阁楼建筑变化中的欣赏也反映了一种更深层的对空间和时间的偏见。一种伟大的工业时代终结的感觉使过去的机器和工厂笼罩在落寞之中。当然，这种情绪只有在时代终结或功能丧失的时候才会出现。正如一位对“反常空间”感觉敏锐的观察家所指出的：“我们参观伦敦的码头而非鹿特丹的码头，这是因为商业只有在其消失时才是浪漫的。”[①]只有不了解真实工厂的蒸汽和汗水的人才会觉得工业空间是浪漫或有趣的。但是，工业空间在很多方面都比“后工业”办公室、公寓楼和购物中心更为有趣。它们兼具坚固性和美感的结构让人想起一个外形依旧能够被识别为“场所”而非“功能”的时代。这些空间中往往装饰有古色古香的

---

① 罗伯特·哈比森：《反常空间》(*Eccentric Spaces*)，纽约：雅文出版社，1980 年，第 131 页。或者，这类空间被建造成看起来好像它们已经丧失了它们的功能(以及它们的人性内容)，因此它们变得“如画”。例如，在 18 世纪后期和 19 世纪早期的英国艺术中，“‘如画’原则允许蒸汽机或磨坊或矿井入侵[风景画]，只有当它们被赋予了衰旧的气息或看起来古老和破旧的，并因此是无害的”，见弗朗西斯·D.克林根德、阿瑟·艾顿编订：《艺术与工业革命》(*Art and the Industrial Revolution*)，伦敦：亚当与达特出版社，1968 年，第 74 页。

纹饰和雕刻品，明确地显示着石匠和雕刻匠同样古老的技艺。许多建于1820—1880年间的阁楼建筑，其立面由标准化的、可从商品目录中订到的、任意组装拆卸的铸铁配件所铸造。具有讽刺意味的是，较早工业时代的大规模生产在我们看来却好像是个性化的。

在20世纪60年代，一项共识逐渐形成，即不应为了给与周围地区或人群关系甚微的新高层建筑提供空间而拆除此类建筑。虽然与主流观点相距甚远，但这一思路通过简·雅各布斯关于社区保护和城市活力的稍具颠覆性的观点——她1961年出版的那本书售出了250多万本——而传播至高度商业化的改造，如旧金山的吉拉德里广场、波士顿的法尼尔厅和纽约的艺术家街区苏荷。对“小”和“旧”而非“大”和“新”的欣赏也对20世纪60年代的自由主义社会意识具有吸引力。在美国的内城，50年代和60年代早期为了城市更新而进行的大规模房屋拆毁招致了抗议和强烈反对。一些人谴责低租金贫民社区的不稳定性，部分是因为60年代中期至晚期的暴乱。数年前，社会学家已提醒对居住于此类社区的人群间的良好社会关系的关注，见于《关于居住型贫民窟中满意度的一些因素》(*Some Sources of Satisfaction in a Residential Slum*)等文章以及赫伯特·甘斯(Herbert Gans)关于波士顿意大利西区的挽歌——《城市村民》(*The Urban Villagers*)一书。由于对地球生态的日益关注，保护而非摧毁城市社区在20世纪70年代呈现出更为宽广的内涵。即便是在60年代早期，即将发生或真实发生的对著名老旧建筑的拆除——如纽约市的宾夕法尼亚车站——以一种不可弥补的损失之感威胁了人们。与稀缺资源的循环利用一样，对此类建筑的适当再利用最终获得了更为广泛的公众支持。[1]

在这一语境下，阁楼生活就比相对少量的苏荷式街区或阁楼居民更为重要。它标志着一种对空间与实践的不同感知以及一种艺术和工业之间的新型关系。从狭义上说，1970 年后发展起来的生活阁楼市场也向 70 年代和 80 年代的中产阶级消费者兜售着 20 世纪 60 年代的社会与文化价值。但生活阁楼真的是对传统住宅如此彻底的背离吗？虽然阁楼生活看起来排斥郊区及其所代表的一切，但生活阁楼也有一些和典型郊区家园一样的空间价值，尤其是对大量空气、光照和开敞空间的偏好。当然，阁楼是位于繁忙的城市街道而非长满青草的土地上，然而在里面，阁楼却拥有超然于城市之外的氛围。

这表明阁楼生活是具有吸引力的，在某种程度上因为它是自相矛盾的。居住于工厂中的不协调性并未让我们停止吃惊。当然，从外面看来，阁楼建筑就像个工厂，然而我们却在里面发现了一个家园。虽然家园被认为是私人空间，但阁楼的开放性使其成为一个公共空间。阁楼也是非儿童中心的家庭——单身人群和没有孩子的夫妻——的主要家园。而且，阁楼生活与以家庭为导向的对时尚美食和装饰的兴趣之间的关联促进了新的主妇居家崇拜[①]。因为阁楼生活代表了家庭和工作、享乐主义和家庭生活，以及公共与私人空间，因此它是自相矛盾的。它在城市住房市场的成功证明，在这时，悖论拥有市场。

讨论任何市场的诱惑都是件棘手的事。消费者的欲望就这样被可以买得到的商品、形象塑造以及地位追求所形塑，以至于思考它们都显得没什么意义。具有代表性的新公寓规模的不断缩小和大众传媒对阁楼生活的特别优待理所当然地影响了生活阁楼的市

---

① 产生于工业革命时期的现象，随着男女社会地位和分工的明确，要求女性成为家庭主妇，更多地偏向于家庭，以女性外出工作为有失身份之事的文化现象。——译者注

场。然而在 1971 年前，一个事实是这种市场并没有任何起眼的地方。就是从那时起，“生活阁楼”在美国和西欧城市成为一个家喻户晓的单词，阁楼生活还被提升至一种时髦的居住方式。在某种程度上，决定在阁楼居住可能反映了一种相当紧缩的经济选择。特别是对于想以便宜租金获得大空间的艺术家来说，租用杂七杂八的被城市商业所围绕的阁楼可能只是边际效应的问题。但是，许多人选择住在阁楼中是因为空间本身对他们具有吸引力。一方面，他们喜欢阁楼的大规模或“原生”和未完成特性；另一方面，他们以冒险感或仍然依附于居住在阁楼社区之中的艺术家氛围来获取认同。确定这些人群为何想要居住在阁楼之中涉及更多的细微问题，并非只是供给与需求。不仅仅是阁楼在过去的 30 年间发生了变化，文化与审美标准也是如此。

从“穷苦生活”到奢华

1953 年，纽约艺术家罗伯特·劳森伯格从欧洲旅行回来，身无分文地寻找一个栖身之所。“在他惯常的好运气下，”艺术编辑加尔文·汤普金斯（Calvin Tompkins）说道，劳森伯格“在福尔顿街找到了一个阁楼，临近鱼市，是一个拥有 20 英尺高的天花板的顶楼空间，但是没有供暖和自来水；租金是每月 15 美元，但是他和业主讲价后降为 10 美元。后院的软水管和水桶用作洗脸盆，他在朋友的公寓里洗澡，有时候偷偷摸摸地，还要求同时使用浴室和淋浴器”。10 年后，当第五大道上的犹太博物馆组织其作品的第一次回顾展时，劳森伯格正在更远的上城——位于格林威治村边缘——另一个阁楼里居住与创作。汤普金斯报道了当时在那里拜访劳森伯格的情况：

> 货梯的门正对着劳森伯格的阁楼开着……在白天负责电梯运行的沉默寡言的黑人管理员萨姆同意劳森伯格在晚上6点后拥有钥匙，这样他就能跑上跑下……阁楼长约100英尺，宽约30英尺。中间有一排承重柱，但在其他方面，这是一个畅通无阻的干净空间。肮脏的高窗让纽约下城特有的白光照射进来——还有百老汇上卡车的咆哮声。靠近窗户有一个大型的、破烂不堪的铁丝支架，里面有一对浣熊……在支架上面立着一组大物件——一个车门，一个窗框，一个安装在轮子上的车顶通风器——一个未完成的五段式雕塑的构件……最近结束的犹太博物馆回顾展中的画作、组合艺术品、雕塑都靠在墙上堆放着。在房间中间有个大桌子，上面杂乱地放着杂志、从杂志中剪下的图片、水笔和铅笔、一管管的颜料和其他材料。在房间的后面，从侧壁伸出来的长台面为冰箱、电炉和床——铺在地上的床垫——提供了壁龛。阁楼的其余空间都是工作空间。[2]

1960年，比劳森伯格稍微年轻点的当代艺术家詹姆斯·罗森奎斯特(James Rosenquist)以每月50美元租下了一个工作室，这和劳森伯格第一个位于曼哈顿下城滨水地区的阁楼离得并不远，工作室“位于科恩帝斯美丽的三角绿地地区。它曾经是抽象派画家艾格尼丝·马丁(Agnes Martin)的工作室并且全都是破裂的墙皮……没有装修……十分简陋”。在那间工作室创造了新波普艺术后，罗森奎斯特被两名画廊老板发现。1963年，他搬到了更远的上城的一间阁楼里，位于最终以苏荷而被人们所知的地区。[3]

在同一时期，三位杰出艺术家(生活水准截然不同于不知名的罗森奎斯特和相对不知名的劳森伯格)，邀请了纽约艺术社团的

800 名成员参加一个也是“在阁楼举办的”联谊会。但是，这场 1961 年的联谊会却使艺术编辑朵尔·阿什顿(Dore Ashton)感到惊奇，因为它在“一个拥有镶木地板、一尘不染的墙壁和纵贯的雄伟廊柱的阁楼”中举办。对于阿什顿来说，这一阁楼联谊会象征了从“舒适的老派群体”到“新的艺术商业社团”的转变。她说：“这与身无分文的波西米亚岁月大相径庭，那时候饥寒交迫的艺术家让他们自己看起来像小偷一样。”[4]

在这个十年结束时，当记录艺术家阁楼的照片与笔墨开始影响更广泛的杂志读者时，记者宣称阁楼生活包含着炫耀。《生活》(*Life*)杂志 1970 年的一篇文章《在阁楼里享受大空间》(*Living Big in a Loft*)极易激起嫉妒和反感，并且当其描写苏荷阁楼建筑中艺术家生活的时候——“肮脏的外立面下潜伏着艺术家的殖民地……16 英尺高的天花板，45 英尺的房间以及社区精神”，我们很难判定《生活》的意图何在。大幅室内照片显示出和任何郊区家园能够宣称的一样多的空气、空间和阳光。虽然一位艺术家在阁楼中安装的秋千，或另一位正在创作的 8 英尺×24 英尺的画作都超出了大多数美国家庭的规模，但最为显眼的照片中的东方地毯、轨道灯具、抛光木地板、舒适的沙发和座椅，以及背景中的自行车看起来是可靠的。的确，《生活》杂志的中上层阶级读者可以与“依旧住在斯卡斯代尔的‘艺术家’‘比尔和伊冯·塔尔’产生共鸣，但却计划加入比尔今年晚些时候在塔尔的 90 英尺长的阁楼中对焊接钢铜雕塑进行的分类。厨房、浴室和家用房间将位于底层，还有一个位于阁楼的老式木地板和触到 16 英尺高的天花板的弯曲天窗之中、高架台之上的‘客厅—餐厅—卧室’混合体”。[5]

几个月后，光鲜的《纽约》(*New York*)杂志——第一本也是广被效仿的城市“生活方式”编年史——也关注了苏荷的艺术家。虽然为了找寻便宜的空间，这些艺术家来到了工业地区，但是他们显然知道如何生活——主要需要的是将生活与工作相结合。“除工作室以外，他们还设置了现代厨房、客厅、卧室和浴室。当夜幕降临，和其他的苏荷人不一样，他们不回家，因为他们就在家。”比如，对于艺术家格哈德·李伯曼(Gerhardt Liebmann)来说，家是从阁楼前半部分的工作室和后半部分有着岩石庭院、天窗和石板地的长 50 英尺的居住空间中划分出来的。[6]

在接下来的数年间，杂志赞美了阁楼设计的多功能性和创造性。在许多阁楼中，整合工作空间、生活区域和艺术品的同时，需要灵活可变地适应结构特征(主要是照明、楼层和体积)和“偶然性”设置。比如，在专业杂志《建筑进展》(*Progressive Architecture*)中刊登的照片——“艺术家罗威尔·尼斯比特(Lowell Nesbitt)的阁楼由用于展示其作品的 8 英尺高的隔墙划分开来。不同的生活空间由隔墙、分组的植物、木地板上画着的圆圈所创造出的半开放六边形空间来决定。”混合用途和高天花板持续吸引着多层次的设计。1974 年《纽约时报·周日版》刊登的一个阁楼，建筑家汉福德·杨(Hanford Yang)在这个阁楼里打造了一个三层生活空间用以展示其艺术收藏。艺术家格哈德·李伯曼——《纽约》杂志在 1970 年拍摄过他的阁楼——再次在 1974 年和“纽约最棒的浴室”之一一起出现。到目前为止，他“在其苏荷阁楼的浴室里拥有一个欣欣向荣的温室。‘如果有光照，浴室是种植植物的理想地点。’他说道”。并且，根据《纽约》杂志的说法，如果你想要刺激，苏荷现在是理想的居住地点。[7]

1976 年《纽约》杂志上一篇关于室内奢侈植物的文章——《六个城市丛林栖息地》(*Six City Jungle Habitats*)——展现了大树正在一位设计师的苏荷阁楼之中生长。另一篇关于一位建筑师

140 英尺长的上等阁楼的文章，称赞其设计细节为“唤醒意大利宫殿”的“新古典主义艺术错视画的短期课程”。阁楼立柱或“柱廊”间的走廊设计，据说很容易就“从 16 世纪建筑家安德烈·帕拉蒂奥(Andrea Palladio)设计的一栋维琴察(Vicenza)①建筑立面上获得了灵感”。[8]

到了 1978 年，女性运动服饰设计师阿德里·司德金(Adri Stecking)(艺名为阿德里)对《纽约时报》的记者说道：“我爱上了苏荷并且在石板路上走了几个月，但是我没能找到我想要的阁楼。”因此，她租下了一个阁楼，单纯用作生活，靠近中城，位于花市街的南边。《纽约时报》说“每层大约 4 000 平方英尺”；阿德里说，“四分之一英亩！”“这里有面朝着指南针上四个方向的大窗户”，并且阿德里的阁楼“足够高以至于可以看见每边建筑的屋顶，朝西则能够看到由哈德逊河蓝带分隔开的新泽西。阳光在所有时间内都能倾洒进来”。但是，阿德里·司德金宽敞的新家的聚焦点更加非凡。“这是一个可以容纳 10 人的 8 平方英尺的雅酷仕漩涡按摩浴缸，它被嵌入在有 8 级台阶的白色瓷砖的平台上，并且配备了猫抓板，以防两只宠物猫中的任何一只掉进池里。”为了阿德里在雅酷仕浴缸和厨房的照片、阁楼的建筑平面图以及对阿德里及其室内设计师的访谈，《纽约时报》贡献了整整一个版面。[9]②

---

① 维琴察，意大利北部城市，建筑风格多样，有 13 世纪大教堂与众多帕拉蒂奥建筑艺术。——译者注

② 这篇文章引发了一些不安，因为它出现在城市政府对失业的关注引导了对阁楼建筑改建为居住用途的直接批评的时候。记者明确解释，阿德里购买的是一个由具有经济生存能力的“不急于搬走”的制造商所占据的合作阁楼。尽管如此，商业租户是没有和纽约其他的居住租户一样在超过租约到期时间的情况下留驻的“法定权利”的，并且阿德里在“可以的时候，就立即搬进来了”。

虽然美国的生活阁楼大多通过丰富的有传奇色彩的装饰和工业用具所增强的少量设计来传达一种现代优雅感，正如另一篇同样载于1978年的《纽约时报》的文章所表明的，阁楼风格确实也很容易适应17世纪的装饰艺术和“高科技”设计的折衷并置。这一次的阁楼位于巴黎，但是措辞却是令人熟悉的：“从前，膳魔师的杯子便是在上图所示的阁楼空间中制造的。随后，室内设计师安德莉・普特曼(Andrée Putnam)夺走了这里，将这里和她17世纪的巴黎公寓连在了一起，并将这里转化为工作和娱乐的优雅住区。”[10]

至1980年，《纽约时报》的读者已变得如此熟悉生活阁楼，以至于一位家居用品记者煞有介事地将客厅中20英尺的天花板视作数个“常见设计问题”之一。“‘尺度是显著而且明确的问题，’”一位改建工厂中现代阁楼—公寓的设计师说道，“裸墙……‘太高，太具有压倒性。’”该记者推荐了一个物美价廉且巧妙的解决方案：“通过运用9块分开的帆布，该设计师打造了一个由胶布勾出多个2平方英尺网格的12平方英尺的大型幔帐……上层左区带有一个黑色三角板。‘那和……窗户的作用一样。’他解释道，指着邻墙。”[11]的确，阁楼风格的高天花板、外露砖墙、垂吊盆景和开放空间已变得如此闻名，以至于鼓励了拙劣的模仿。在1978年纽约市报业罢工期间，一份讽刺性的《非纽约时报》刊载了一篇加里・格兰特和安迪・沃霍尔(Andy Warhol)的虚构访谈——他们将其在位于上东区的公寓改建成了“阁楼风”。

房地产广告的夸大其词在没有讽刺意图的情况下揭露了现在的阁楼生活对精致且生活富足的大众代表了什么。针对“有鉴别力的买家”——或者至少是能够支付得起5.4万到12万美元购买价和300美元至600美元月度维护费用的那些人——1980年5月《纽约时报》上的一则广告承诺了“阁楼生活的**极致**”：

> 在寻找极致的阁楼公寓吗？我们的大型复式住宅将带给你一切！让阁楼生活妙不可言！……广阔的开放空间……惊人**高的天花板**（高达16英尺）……创造自身生活环境的**自由**……**加上**壮观的**天际线**和**河景**！
>
> 我们还增添了您未曾设想过的阁楼生活方式的优雅感……华丽的大厅，内部通话系统……铺着地毯的走廊……豪华的陈设与便利设施……又大又新的奢侈厨房区域和时髦的橡木拼接地板，不一而足。

大约在同一时间，一个张贴在曼哈顿路灯柱上的广告传递了一种时尚感和历史感。

> 这些富丽堂皇的阁楼适合于拥有创造性思维的艺术家、摄影师、表演艺术家和城市先锋群体，位于**苏荷历史街区**的王子街街角。
>
> 合作阁楼：
>
> ——宏伟的陈列空间
>
> ——每层仅有一个阁楼——5 000平方英尺……
>
> ——绝妙的画廊和表演艺术空间……

该建筑1860年复制图下面的广告写道：“那个时代最好的商业结构和最著名的商场……纽约第一栋防火建筑……白色大

理石所造……在威尔士亲王访美期间获得了特别检阅……”①

第三个于1980年3月出现在《纽约时报》的广告诉诸奢华感和实用性。它呈现的是一个房地产开发商出售大小几乎一样，但“位于三个街区，处于三个不同价格区间”的合作阁楼—公寓。第一个，也是最便宜的阁楼—公寓位于一间被改建的工厂中，临近但并不位于布鲁克林拥有砖石联排别墅的绅士化街区。它们提供“高达1 400平方英尺的开放空间，高天花板、超大型窗户和漂亮

图3.1　搁在阁楼建筑前的居民垃圾，和一家博取过路人关注的艺术画廊。

① 按照纽约1976年新版针对苏荷和诺荷——分别位于休斯敦街南部和北部的前后相连的阁楼街区——的分区决议，这些生活阁楼似乎存在可疑的法律地位。根据已确定的认证程序，该分区决议仅允许艺术家在这些地区的阁楼建筑中进行居住改建。如果房屋面积超过3 600平方英尺，朝向百老汇的建筑（如这栋建筑）不能改建为生活、工作的联合用途，即便是艺术家也不可以。出售这栋建筑楼层的开发商可能已经为附加生活空间的工作室申请了住房部门的许可。直到最近，纽约城市法规才将其视作一种居住类别。

的镶木地板为其增色”。第二个选择位于翠贝卡一栋被改建的写字楼中，它承诺“高达 1 185 平方英尺，空间开放，且感觉非同凡响……”。第三个，也是最昂贵的待售品，位于格林威治村边缘一家被改建的仓库中，它标示了“纽约超棒公寓的回归。城市里布局最华丽的开放空间，1 370—2 850 平方英尺不等。拥有激动人心的风景、样态、花园、曼哈顿仅有的玻璃管径电梯和无可挑剔的工艺”。在这一点上，在这一价格水平上，阁楼已经搬至“上城”。能够区别阁楼生活和豪宅的东西已经所剩无几了。

虽然如此，广告暗示阁楼生活依旧保持了数个不同的特性：开放空间、艺术和工业的关联、历史感和中产阶级对艺术家阁楼带给他们的想象的痴迷。

空间与自我

正如法国哲学家加斯东·巴什拉(Gaston Bachelard)在《空间诗学》(*The Poetics of Space*)中所说，对于其居住者而言，家可以意味着许多矛盾的事物。它唤醒了一幅稳定性和扩张性的图景。巴什拉认为“与地面景观相比，住宅更是一种心理状态”。[12] 在不同时期和不同文化中，住宅的大小、房间的布局、从一个房间到另一房间的过道，表明的不仅仅是一种“家”的感觉，还有一种自我在那儿“位于家中”的感觉。比如，在 16 世纪的欧洲，人们认为自我表达只可能发生在小住所内。然而到了 18 世纪，他们的子孙后代则偏好通风良好的大住所。在 19 世纪晚期，品位再次发生了变化。维多利亚时代中期的家是由墙、走廊和壁橱分隔开的专门的小房间构成的大杂院，“通过能够呈现文化甚至仪式性意义的一种功能或一个活动将每个空间联系起来”。[13]

当然，和所有的建筑风格一样，住宅品位受到可用技术、材料和成本的限制。品位还必须随着时间而变化。16 世纪对小住所的偏好表明了空间概念的退隐，从中世纪社会的组织认同和大型集会到我们所认为的文艺复兴的个人主义。18 世纪的住所与公共自我的新概念相对应，它要求更多的公共空间，即便是在家这般私密的环境中。正如历史学家伯顿·布莱茨泰恩（Burton Bledstein）所说，19 世纪的"空间专业化"代表了退入私人空间以保护个人免受不明确且因此具有危险的偶然会面的危害。所有这些例子都投射出中产阶级甚或是中上层阶级对空间、自我和社会关系的理解。因为，中产阶级一般不会继承祖传庄园，也无力重建这样的宅邸。因此，中产阶级建造或购买的住宅必定反映了每个时期关于空间及其所代表的一切的新观点。在这层意义上，阁楼生活是更大的对原真性的现代追求不可分割的组成部分。在某种意义上，老旧建筑和老旧街区是"原真的"，而新建筑和新社区并不是。它们拥有由多年持续使用而形成的身份，以及一种创造出"场所"感而非"空间"感的特质。它们是"纽约"而不是"加利福尼亚"，或者是"旧金山"而不是"洛杉矶"。这些场所有机地而不是突发地生长。因为今天和明天它们都在这里，它们提供了心灵和感知的地标。在一个时时刻刻发生着变化的世界，将自我固着于老旧场所是应对"连续过去"的一种方式。因此，阁楼生活反对现代建筑所代表的勒·柯布西耶（Le Corbusier）式的功能主义以及严重的形式理想主义。作为一种风格，它尊重社会语境。因此，生活阁楼是始于 20 世纪 50 年代晚期的中产阶级向砖石联排别墅回迁的一种逻辑延续。具有讽刺意味的是，为了寻找更人性化的住处，阁楼生活求助的是工厂。生活于阁楼之中是用个性化的大规模生产替代现代主义的大规模个体生产的尝试。[14]

图 3.2　漫步于奶制品批发经销商的街区，一个探险者能够轻松地想象曼哈顿下城的阁楼生活。

生活阁楼，尤其是位于制造业地区的生活阁楼，再创造了早前城市街区的“混合用途”。在某种程度上，对艺术家生活与工作阁楼——阁楼本身的混合用途——的吸引力代表了克服家和工作分离(这被一些社会心理学家认为是如此的异化)的一种尝试。[15] 如果孤离的中产阶级居住型郊区孕育了绝望，那么，阁楼街区的混合用途确信培养出了中产阶级的心智。当然，中产阶级对严密的居住街区的偏好早于郊区许多年。自 19 世纪 40 年代兴起对中产阶级和工人阶级住房市场进行分隔后，城市房屋和街区就主要用作居住或商业。大多数人依旧更喜欢单纯的居住型房屋和街区——为了避世或排外。但是，具有象征意义地，阁楼生活中的混合用途调和了家与工作，并且重新找回了一些先前的城市活力。

另一方面，生活阁楼代表了用更为公共的空间取代超然的郊区住宅的极度隐私的努力。大多数阁楼纯粹的物理布局——几乎没有门或墙用作隔断——向所有到来的人打开了每一个区域和每一个社会功能。这消除了大多数的过关仪式，并创造了一种非正式和平等的印象。在阁楼的广阔空间中，单独的人或物并不能起到支配作用。同样，“服务”和“娱乐”区中建筑障碍的缺失消除了大多数家庭安排中典型的功能等级，以及发挥这些功能的人——无论男或女——的等级。阁楼的建筑平面图并不乐意接受在维多利亚时代家庭中如此流行的专门房间的等级。阁楼没有会客厅、起居室或更衣室。因为阁楼区域只根据一般用途来划分——比如“生活”和“工作”——它们意味着从一个活动到另一个活动的轻松过渡，一种均衡感和一种可能确实超越阁楼居民目的性的目的性。占用阁楼中的大空间也彻底改变了 16 世纪关于小住处和自我表达的联系。阁楼生活反映了一个持续要求“更多空间”以证明其个性的自我。

居住在阁楼中和居住在陈列橱中有一点儿像。因为许多小型工业建筑的结构，大多数阁楼是直接从电梯进入。因此，客人就立刻进入到生活区域。这与典型家庭中“外面”和“里面”、公共空间和私人空间之间的逐渐过渡形成了鲜明对比。即便是在拥有门厅的中等阁楼中，客人和主人都能感受到共同的“观看”和“展示”整个阁楼的义务。当然，每个阁楼布置的独特性——归功于缺少标准平面图和建筑细节的非预料性——使得生活阁楼成为一种大多数住房或公寓不可能成为的旅游胜地。

但是，如果想象阁楼是以一种全新的方式来使用空间，那就错了。显著的延续性元素将今天的生活阁楼和较老的美国住房类型——开始在新英格兰住房中使用砖墙、平面和外露的结构部件(木梁)——联系起来了。确实，建筑历史学家西格弗莱德·吉迪恩(Siegfried Giedion)将发展于1850年至1890年间的典型美国平面图描绘为具有最开放、最灵活、可能情况下细分最少的特征。因为缺少熟练工，以及对英国乔治王朝时期风格的殖民依赖，整个19世纪的美国建筑强调不做作、对建筑材料的直接使用以及对舒适的关注。甚至是亨利·D.梭罗(Henry David Thcreau)在1850年前所想象的理想住房看起来也和生活阁楼非常像。它将拥有“仅仅一个房间……在那里，有的人可能住在壁炉，有的在窗户的壁龛，有的在长靠椅上，有的在门厅的一头，有的在另一头，有的和麻雀一起在椽子上，如果他们这么选择的话”。[16]

在工匠大师古斯塔夫·斯蒂克利(Gustav Stickley)有关1900年左右设计的样板住房的描述中，梭罗的中心意象再次出现：

> 我们的第一个有规划的住房依据的是诚实、简单和有用的根本性大原则……我们已经将我们的信念——一个住房，无论其大小，应该拥有足够的自由空间，它不会有不必要的隔离物或过多的家具阻碍——付诸实际努力……对我们而言，拥有直接从入口大门通过一组台阶能够达到的大起居室看起来更为友好、自在和舒适……并把这个起居室作为一个可以进行日常家庭生活的一切事务和享受共同的家庭生活乐趣的地方。我们还希望它拥有令人愉悦的角落，它们产生了一种舒适的半私密性的感觉，且仍然不会以任何方式与房里更大

的生活相隔离……我们将餐厅设置为几乎或全部是起居室的一部分的意图也具有同样的象征意义……在导向更为简单的起居中，这样的安排具有强大而微妙的影响，因为在这些情况下的娱乐自然渐渐变得不太复杂和更为友好……[17]

正如斯蒂克利也注意到的，正式娱乐衰落的另一个原因是没有仆人的中产阶级家庭数量的不断增加。有别于“楼上”和“楼下”的严格家庭划分，自己做饭的家庭主妇并不乐意接受被强制隔离在厨房，远离其他家人。20世纪早期的女权主义者就要求将厨房从个体家庭中消除，代之以邻近的公共餐厅。但是，在30年代和40年代，这一激进诉求被快速扩张的节省人工的生产、用于厨房工作的机械工具和厨房的物理布局所压制。弗兰克·L.赖特(Frank Lloyd Wright)创新性的住宅打开厨房面向餐厅，以便“工作—空间”(赖特如此称呼)流入起居室。赖特还把“流线型”原则——发展于19世纪铁路旅行的铂尔曼(Pullman)餐车创意——用于家庭厨房。赖特对开放平面图的偏好，连同购房公众对愈发开放和灵活的起居区域的渴望，影响了大量建造于二战后的郊区居住区。郊区的农场家庭拥有了流入多功能“洞穴”或“家庭活动室”的高性能大厨房。这一郊区风格的开放空间，还有20世纪60年代早期美国农家和谷仓的复兴，为接受生活阁楼铺平了道路。[18]

艺术与工业

当弗兰克·L.赖特和其他数个20世纪早期具有创新的建筑师自由地将工业设计的元素吸收进居住与机构建筑中时，他们对这些元素进行了转化，使其在整体上与建筑相协调，而不仅仅是将它们从一个语境移植到另一语境。建筑师的均衡感和分寸感保持了与工业风格截然相反的居住风格的特殊性。没有人会把自己家误当作工厂。即便是像德国的沃尔特·格罗佩斯(Walter Gropius)和制造联盟这样的建筑改革派,他们想要将美术和雕塑标准加于工业设计之上,而不是将工业建筑和产品提升至艺术形式。在那时,艺术和工业的共生与分离都有充足的理由。一方面,生活各个方面不断增加的机械化激发了将工业技术理性地借用于家庭用途,并且工业建筑的严格标准给工厂空间加上了朴素之美,这与维多利亚时期家庭精心制造的繁杂形成了鲜明对比。格罗佩斯在 1913 年对美国的一次访问中称赞美国工厂的设计时,他把谷物升降机比作法老的陵墓。[19]另一方面,与工业化一同增长的对工作和生活空间的分离创造了两个完全不同的工业产品和家居产品市场。虽然工业产品更有效,但家用产品更"漂亮"。当然,在很大程度上,家居产品是为女性消费者设计的。

在 20 世纪 70 年代,工业设计开始渗入非工业市场。在一些情况下(比如当某人购买工业用真空清洁器用作家用时),这反映了对更为高效的产品的需求。然而,当它涉及有意的审美选择时,就意味着剥离装饰技巧并且在朴实的功能中寻找美感。在新建筑外使用与空气接触会生锈的耐候钢,或者将阁楼建筑的蒸汽管和通风口裸露在外并将它们漆成红色,这看起来简洁又高雅。但是其他案例,比如巴黎波堡艺术中心大量裸露的结构或非结构部件,就太过花哨了。有趣的是,这一对工业设计的挪用——在工业中发现艺术——在大众市场中已被彻底接受了。

在对工业美学的"家庭化"过程中,阁楼生活扮演了重要的角色。在原真性的旨趣下,许多阁楼的工厂起源和当前的混合用途都表明了对工业风格的采纳。并且,阁楼的宽敞度允许使用一些因为太大而不能适应标准中产阶级公寓的工业和商业产品。阁楼夸张的规模为爱慕饭店和超市配套设备、工业地毯和倍耐力橡胶地砖的新主妇居家崇拜潮提供了自然情境。比如，在拥有漩涡按摩浴缸的阁楼中，主人“喜欢烹饪。（她）迷恋她的嘉丽厨具系列、零下不锈钢冰箱以及被她称为‘车库’的东西。‘车库’是一个储藏空间，用于容纳两辆带砧板的金属小推车，它们扩大了厨房工作区域，并且能够便利地在聚会上提供服务。她正打算在紧邻厨房，距离雅酷仕漩涡按摩浴缸几步路的餐厅区域放置四张像餐桌的小桌子”。在这个阁楼中，厨房的工作区不仅是延伸至了生活区，而是主导了生活区。当然，阁楼生活的传播大致与电动食品加工机成功引进至美国大众市场同时发生，这并不是一种历史偶然。美膳雅（Cuisinart），更确切地说，其重型前身罗伯特（Robot-Coupe）已在法国餐厅的厨房使用多年。但是，直到 1971 年，一个较小的版本，即美吉美克斯（Magi-Mix），开始传播至法国的家庭市场，而两年后，美膳雅的到来在美国市场引起了轰动。

当然，对烹饪严肃认真的热爱，或者至少是对在家庭中复制过去被限制在饭店里的食物准备与品尝技术的热爱，是更大的休闲活动专业化的组成部分。阅读《奔跑之书》（*The Book of Running*）的中产阶级慢跑者和电影《不结婚的女人》（*An Unmarried Woman*）中开始在画廊工作的中产阶级的无业妻子都与尝试用香醋汁烹饪新鲜鸭肝或尝试将自己的新鲜奶油搅打在炖龙虾上的家庭厨师紧密相关。毕竟，与其烹饪前身相比，新式烹饪既不是不容易发胖的，也并非缺少研究。

家庭烹饪的专业化和在家用中引入工业产品也与性别相关的家庭琐事的式微有关，尤其是厨房和“小女人”之间的联系。从这层意义上说，早些年间许多显性阁楼居民中的女权主义和同性恋运动主义提供了为何阁楼生活方式变得和个人审美有关的另一个原因。在参加了艺术家生活阁楼合法化(1969—1971 年)运动或其阁楼被杂志拍摄下的第一代苏荷居民中,有相当一部分是独居的男性和女性或同性恋情侣(主要为男性)。这些人在他们的阁楼中被拍照,对美膳雅或金属墙柱、石膏板的优点侃侃而谈,他们不仅成了家庭导向的主流大众中的一部分,也成为家庭风格的仲裁者。在相似的性别无涉的意义层面,一项对曼哈顿阁楼居民的调查发现,超高比例的夫妻拒绝将一名男性或女性认定为一家之主。或者,想一想 1973 年将美膳雅引入美国家庭市场的工程师卡尔·松特海默尔的家庭安排:"65 岁的松特海默尔还是一个充满热情的业余厨师。他承担家里所有的烹饪,根据他妻子和生意伙伴雪莉的说法是,'因为他喜欢'。他理所当然地使用美膳雅。"①

在为一本苏荷及周边地区的时髦旅行指南做的引言中,作家斯蒂芬·科赫(Stephen Koch)如此矫揉造作地将性解放、郊区异化和艺术家的社会形象等主题结合在一段文章内,所以它简直就是阁楼生活和新主妇居家崇拜的滑稽模仿作品。

> 由养育于妈妈小镇(妻子生活的地方)——远离爸爸小镇(看不见的、无意义的、不适宜居住的城市)的工作——而来的不可避免且不自然的性共鸣被毅然决然地消除了。郊区及其无处不在的异化带来了古老艺术家和阴阳人的新形象,并且在经历 20 世纪 60 年代的不幸遭遇后,这一形象发现自身承

---

① 克里斯蒂娜·福特:《住房政策与城市中产阶级》(*Housing Policy and the Urban Middle Class*),新布伦瑞克:城市政策研究中心,1978 年,第 25 页;德娜·凯耶:《厨房里的革命》(*Revolution in the Kitchen*),主干线出版社,1980 年 4 月,第 82 页。在同性恋构成绅士化过程中活跃存在的城市中出现了对反同性恋的强烈情绪(见《提倡者》(*Advocate*),1980 年 8 月 7 日)。

载的是社会形象而非特别的性形象。没错，工业风格对于现代艺术家的男子气概来说是重要的。然而，这一风格更强的目的在于解决近来美国人童年由性别所承载的矛盾。在苏荷，工作和生活最终重新结合起来，并且工作变得真实。[20]

然而，人们之所以产生了对工业美学的眷恋之情——或感官联结，其原因在于它并不真实。确切地讲，它不再真实。当人们在工业设计中发现艺术并将该“艺术”带入他们的家园时，他们在做一个同样的吸引他们（或其他人）对阁楼生活产生兴趣的有关存在的选择。他们选择回到更易管理的过去。随着每一代机器变得愈发复杂，我们退缩“到老式机器的梦想中，并且看到自身身处风车、帆船，甚至有轨电车之中”。评论家罗伯特·哈滨逊（Robert Harbison）认为：“并不存在那种对简单机器怀旧般的怀旧，它们现在正被较小的过去的温暖光辉所浸透。”[21]

虽然我们生活在晶体管时代，但我们在大型、坚固的物体中寻求着人类尺度。这是“高科技”风格的感性与感官一面。在一定程度上，对工业垃圾篓、钢筋铁架和医用水龙头的喜爱也是对我们塑料文化抛弃型心态的一种逃离。梦想着各种耐用品，我们将老旧工业材料与甚至更为老旧的自然材料联系在一起。越来越多的新商家成功利用了工业与自然的并存，包括意大利建筑师杂志《住》（*Abitare*）所描绘的一家位于苏荷的精品商店：“与对纯正与手工实物的重新评估相一致，像这样的场所必然是成功的。在精密的白色管道和支柱之间，它们出售奶锅、木匙、天然擦菜板，尤其是各种类型的美食（许多意大利产品），所有这些促成了无个性特征的对立面。”[22]它不可避免地将工业美学用作“无个性特征的对立面”，其结果便是，久而久之，随着这一风格的建立，越来越多的商店——和阁楼——看起来一模一样。

工业美学家庭化最为重要的方面可能是时间。当工业用途看起来似乎过时的时候，人们发现了工业形态中的艺术。如同哥特王朝在19世纪走向灭亡，工业时代的手工艺品唤起对过去的怀旧。这一情绪随着变化步伐的加速而不断发展。当然，当工业设计是新颖且富有活力的时候，艺术家们总是会被吸引。在20世纪初，格罗佩斯对美国工厂很是欣赏，勒·柯布西耶研究了工业机器简洁的线条。杜尚（Duchamp）、莱热（Léger）、皮卡比亚（Picabia）和建构主义学派将工业元素引入了画作，杜尚甚至敢将工业产品——一个小便池——作为“他的”艺术作品展出。不过，他们这是对工业美学的精英式欣赏。他们之所以能够在工业中发现艺术，是因为工业形态与他们试图在“真的”艺术作品（如画作或建筑）中创造的东西吻合。只有抽象拼贴画——一种早于工业时代的艺术形式，拥有最像工业机器实体品质的艺术品（比如雕塑）——没有模仿工业设计。直到后二战时期，工业对艺术的影响才在很大程度上变得显而易见。

然而，艺术家们开始在20世纪40年代后期对工业形态产生出一种更为本能的感觉。工业生产不断增加的自动化以及由此引起的工业机器的“加速贬值”激发了对更为老旧的机械装置的艺术欣赏。自动化也意味着人工劳动的退化，这可能向需要人力的更为老旧的机器灌输了一种人性化的感觉。不管怎样，艺术家们都会很快地捡起工业美学，就好像在寻找纪念品一样。他们是使用废弃的工业零部件——垃圾——建造了他们自己的机器，并将它们设置为与电动机一起运作。在20世纪60年代，让·丁格利（Jean Tinguely）和纽约的劳森伯格玩弄了工业美学。他们粗暴地对待它，并在仅有娱乐功能的物件上使用它。波普艺术，如安迪·

沃霍尔的金宝汤罐头，使工业形态的标准化得以扩大。对沃霍尔的平版印刷和丝网印刷的复制，以及大规模生产的山寨产品，将工业艺术形象带进了千家万户。

如果艺术家在更大范围的公众面前散布了一连串的文化线索，那么1934年在纽约现代艺术博物馆举行的“机器艺术展”与1968年由蓬杜·于尔丹(Pontus Hulten)组织的名为“机械时代终结时的机器展”之间的反差就极为重要。受到包豪斯信条的影响，1934年的展览表现出了巨大的热忱。与此相反，正如其名称所暗指的，1968年的展览提供了视觉上的悼词。1968年展览的标志是让·丁格利的复杂机动装置——《向纽约致敬》(*Hommage à New York*)。在开幕式上，尼尔森·洛克菲勒有幸拉动了激活该装置的绳子。数分钟内，丁格利的杰作在一股烟中展示了其讽刺之处：它摧毁了自己。和于尔丹一样，随后，斯德哥尔摩现代艺术博物馆的馆长，以及后来波堡的馆长，都试图描述这些艺术家对这个时代的感受：“我们被机械时代高潮的外在表现所围绕。然而，同时，机械设备——可以被最为简单地定义为对我们肌肉的模仿——正在丧失其在人类工具中的主导地位；而电子和化工装置——模仿大脑和神经系统过程——正变得愈发重要。”[23]

这些艺术家的总结在商业领袖和社会学家——他们提出自20世纪40年代后期开始的关于进步的想法，即一种完全自动化未来的控制论视野——之后。然而，艺术家们首次提出，进步是自相矛盾的。一方面，进步是不可避免且令人向往的。另一方面，它包含了流逝的过去的重要部分，一个对人们来说充满联结和意义的部分。正如维多利亚时期英国的“工艺美术运动”，这一矛盾视角并非对进步的抗议。它并没有如立体派艺术家那样暗指进步是模棱两可的。20世纪60年代的艺术家将机械时代的美学与新电子时代的技术结合起来了。这一态度在对工业空间的重新评价中也有体现。看起来像人工制品的阁楼建筑开始呈现出一种明显的“艺术”灵韵。许多艺术家居住于阁楼的事实——自 20 世纪 30 年代起,他们确实如此——仅仅是确认了阁楼建筑的新特征。

历史价值与商业生存能力

对老旧工业建筑“历史”价值的新欣赏是与对它的美学品质的感知一同产生的。举例而言,在 20 世纪 40 年代初,西格弗莱德·吉迪恩悲伤地注意到曾设计了大量著名的纽约 19 世纪铸铁建筑的建筑师詹姆斯·博加德斯(James Bogardus)的作品正在悄无声息地衰败。同样使吉迪恩懊恼的是,始于同一时期的圣路易斯水岸边的仓库最近被拆毁用于建造公园。[24] 在很大程度上,缺少对工业建筑的关注是由于通常对还未老旧到具有历史或经济价值的物件(以及那时的艺术作品)的漠不关心。历史保护主义者将这一态度称作“祖父条款”(Grandfather Clause):只有建造于现存记忆之外的物件——在“‘我们祖父’那个时代”之前——呈现出的一种“历史”灵韵。当然,依旧用于原始用途的建筑,尤其是真实祖父曾经工作过的工厂(他们要么觉得太无趣,要么觉得太痛苦所以不愿想起),并不能给美国人以“历史的”印象。但是,在二战后,正当艺术家开始挪用工业美学的时候,历史保护主义者也开始保卫工业空间免遭清障球拆除,并开始提倡对它们的重新使用。[25]

这一转变之所以发生,有几个原因。第一,自第一批现代工厂在美国建造以及第一批“祖父”在其中工作已过去了差不多一个世纪。时间跨度为工厂增添了魅力。第二,一些工厂,包括它们的技术,看起来已被废弃。正如我们同样注意到的,停止使用为工厂增添了魅力。第三，对 19 世纪场所（包括阁楼建筑）态度的变化反映了美国对欧洲关于历史建筑流行的看法的逐渐接受。与倾向于以相当纯粹的观点看待过去的连续性美国路径——“华盛顿睡在这里”症候群，“修复”，以及“再创造”——相比，欧洲“保护”强调以连续使用来保持老旧建筑。欧洲人很少花心思去清除建筑所附加的历史结构以及所表现出来的风格上的“调整”——在他们自己的术语中就是“历史性”的累积。比如，维多利亚时期工艺美术运动的社会理论家威廉·莫里斯（William Morris）就捍卫了看似有机发展的建筑之美。并且他位于伦敦之外的家园依旧是建筑风格与材料的历史“大杂烩”。到了 20 世纪 50 年代，美国人想要占据莫里斯半个世纪前离开的那个地方。美国保护主义者开始围绕改变老旧建筑用途——在不清除其结构的情况下——以保持其社会与经济“生存能力”进行论述。[26]

传播这一保护主义哲学的主要障碍在于，它与房地产开发商——他们在“推倒—重建”这一公理的基础上运作——的逻辑相抵触。如果老旧建筑被保存下来用于变化中的用途，而非被拆毁并被替代，那么开发商的边际利润可能化为乌有。因此，历史保护似乎会对现代资本主义以及二战后建设潮中快速发展的摩天大楼的支柱产生威胁。为了消解开发商的反抗，保护主义者不得不为其目标培育公众拥护。这并非易事。尤其是在美国——自第一个新英格兰殖民地起，充裕的土地就鼓励着人们抛下家园并迁移至很远的西部，因为他们已耗尽自然资源，新场所总是代表了新机会。没有原籍和根祖，年轻的美国文化，相对开放的社会结构，以及 1900 年后大规模消费品生产的增长——所有的一切都暗示美国人，保护过去要么是愚蠢的，要么是做作的。的确，直到 20 世纪 60 年代——那时联邦政府开始大规模地资助历史项目，对历史保护的支持都只限于基于社区的小型群体、基于谱系的贵族群体(如美国革命女儿会或殖民妇女会),以及富有的个人慈善家(包括约翰·D.洛克菲勒,他资助了威廉斯堡、弗吉尼亚的重建计划,还有亨利·福特,他承担了保护密歇根迪尔伯恩村的费用)。①

到了20世纪60年代早期,城市更新计划和私人重建已经破坏了——或者说,威胁了——许多城市中的许多地标,因此,人们开始谈及失落感。这里有一个和艺术家关于机械过程的矛盾观点相对应的看法,即认为城市再开发损害了"生活质量"。一位保护主义者在1966年写到,老旧建筑的贡献是无价的,因为它们"为日益机械化和刻板化的生活增添了活力与美感"。[27]随着如费城、圣路易斯等城市摧毁了其19世纪的建筑遗产,以及如纽约宾州车站、大都会歌剧院这样著名且常用的建筑被千篇一律的写字楼所取代,一些人所体会的失落感变成了震惊。1963年,内森·希尔夫(Nathan Silver)在哥伦比亚大学建筑学院举办了一场纽约老旧建筑照片的展览,其中大多数已经被毁。在随后的一本照片集《遗失的纽约》(*Lost New York*)中,他解释了这场展览的要点所在,即"一些消失了的一流建筑的集体照片可以做出清醒的提醒——如果这些空前经典的建筑依旧完好无损,纽约将成为多么出色的一个城市"。希尔夫和他的同事们确信,看到这样一个展览的人数越多,他们对房地产开发商和城市规划师施加的压力就越大。本质上,历史保护主义者希望可以立法保护指定地标,并开启认证和注册程序。他们也希望保持社会和经济语境——以及老旧地点的

① 二战前联邦政府内历史保护主义者中的专业主义萌芽,见小查尔斯·B.霍斯默:《保护日趋成熟:从威廉姆斯博格到国家信任,1926年至1942年》(*Preservation Comes of Age: From Willamsburg to the National Trust*, 1926 - 1942)(两卷本),夏洛茨维尔:弗吉尼亚大学出版社,1981年。

“生存能力”，这可能包含了单体建筑、建筑集群，或整个街区。[28]

虽然对房地产开发进行如此限制可能会伤害一些上层群体——主要是希望建造或投资建造新的企业总部的银行和大企业主管——的经济利益，许多类型的贵族还是支持历史保护，正如他们继续支持市政艺术协会、博物馆、交响乐团和城市美化一样。如果这些群体，或者和他们联盟的知识分子、文化人士，也拥有位于或邻近“地标街区”的房产，比如费城的社会山或波士顿的贝肯山，他们也会从增加的房产价值中获得经济收益。虽然如此，阻碍保护的绊脚石依然存在于下述问题中：如果进行新建的机会受到限制，那么如何补偿开发商与建造商将要放弃的利润呢？在 20 世纪 60 年代早期，当三位杰出的旧金山中年女性为保护湾区的外在美而创立的贵族团体逐渐发展为“旧金山计划”——一项由国家力量全力支持的政策——时，旧金山对这一问题给予了特别关注。[29] 单独来看，国家力量的“大棒”看起来是一种过度消极的诱因。因此，旧金山之于开发商的“胡萝卜”表现为如下形式：将密集的新开发转移至市中心（至教会区），以及鼓励对湾区沿线渔人码头和吉拉德里广场的商业再开发。旧金山的让步成为许多城市里保护主义者和开发商实现暂时妥协的典范。一方面，保护主义者保持紧挨水岸的低层 19 世纪建筑（包括吉拉德里巧克力工厂）的持续使用，但另一方面，开发商则开始更新并出租这些设施以用于“具有生存能力的”商业用途。并且，高利润的高层开发当然也在其他地方获准建设。

旧金山模式依旧被有选择地复制。吉拉德里广场在波士顿（昆西市场和法尼尔厅）、纽约（南街海港）和巴尔的摩（港湾广场）的水岸边均有复制品。意味深长的是，这三个大肆宣扬的更新项目的开发商是詹姆斯·劳斯（James Rouse），他早些年是通过开发郊区大型购物中心而发家的。劳斯确立城市历史结构在商业上的生存能力的关键点直接衍生自典型郊区购物中心的“分店”原则。虽然每个项目的实体语境都是独特的——因为它是原始的 19 世纪建筑——在更新后的建筑中租赁空间的零售店却是同类的“美味”和“民族”食品商店、工艺精品店、书店和如可丽饼或牡蛎吧那样的精选快餐摊。比如，1980 年开张的港湾广场，其开发包括海洋城、马里兰酒店、鱼鲜餐馆、纽波特罗德岛的“欧陆”餐厅、纽约“意面”餐厅和华盛顿印度餐厅的分店。实际上，对历史保护的普遍接受所依赖的这一商业生存能力的“附加信息”创造了一个从海岸到海岸的红砖购物中心连锁。它们的惯用手段完全可以预见。正如对阁楼建筑的居住再利用确立了“阁楼生活”，那么对老旧市场、工厂和仓库的商业再利用也形成了类似的风格。对独特之物有组织的欣赏——开始是作为严格的地方和精英事务——已经变成了国家、中产阶级文化不可或缺的一部分。

艺术家工作室中的中产阶级

在历史保护开始吸引更广泛的支持者群体的同时，在世艺术家的作品也开始激发大量的公众兴趣。就像他们通常所位于的阁楼建筑一样，艺术家的工作室也吸引了公众想象。但是与看起来废弃了的建筑不同，工作室似乎充满活力。原因并非是艺术家比之前工作得更为辛苦，而是对他们作品的感知发生了变化。之所以如此，是因为作品本身的变化和现代艺术价格结构的变化。

第一，自 20 世纪 50 年代中期起，在世美国艺术家的作品价格不断增高。稀缺性与此有点关系。一方面，正如《财富》(*Fortune*)杂志谨慎地指出的，早在 1955 年，早期绘画大师，甚至新兴大师

（如毕加索）的供给快速枯竭。因此，想要投资于“蓝筹”作品的人群不得不拓宽他们的兴趣点。另一方面，纽约著名抽象表现主义者杰克逊·波洛克(Jackson Pollock)的去世增加了他的作品以及同时代纽约画派作品的货币价格。当新一代抽象画家——劳森伯格、贾思培·琼斯(Jasper Johns)、弗兰克·斯特拉(Frank Stella)——开始吸引更大圈子的新富起来的艺术收藏家时，他们的价格也随之上涨。到了 20 世纪 60 年代末，比较知名的艺术家能够挣到足够的钱用于购买自己的阁楼建筑，并且原先他们的业主——艺术家曾用画作向他们支付租金或修缮费用——正在细数着他们的恩赐。[30]

在世美国艺术家获得了历史性新地位的第二个原因和他们作品的主旨有关。因为其主题和风格，与之前的艺术家相比，抽象表现主义者开始被感知为更加严肃、更具哲理性、更加知性和深刻。这些艺术家本身促进了这一印象。他们以“存在的痛苦”“存在的抉择”等术语来讨论他们的作品。与同样试图区分存在与虚无的欧洲哲学家一样，诸如马克·罗斯科(Mark Rothko)和巴尼特·纽曼(Barnett Newman)这样的纽约艺术家将艺术家元素减少至最少的必需品。他们将其表达削减至鲜明颜色的线条集合或是黑色的阴影。最好的艺术家不再从事具象艺术创作（依旧是有水果的生活或有浴女的风景）；相反，他们有些时候是十分自觉地描绘现代灵魂的肖像。相对其模特来说——顺便一提，这是男性主导的路径——艺术家太把自己当回事。但是，工作室之外的人群明白，在与这一意象的苦苦纠缠中，艺术家再现了每一个人。

艺术评论家哈罗德·劳森伯格在 20 世纪 40 年代与 50 年代间的作品对澄清一些艺术家——尤其是波洛克的“对手”威廉·德·库宁(Willem de Kooning)——的观点做出了巨大贡献，他将这一种新的审美再现称作泼洒画(Action Painting)。在50年代末,劳森伯格写道:“泼洒画与自我创造或自我界定或自我超越有关。但是,这却使其与自我表达相分离——它假定了按照原样对自我(包括其伤痕与魔力)的接受。泼洒画并不是‘私人的’,虽然其创作素材在于艺术家的个人可能性。”由于该风格是抽象的而非文字的,它是一种将艺术家对新自我的创造“付诸行动”而非复制一张椅子或一个苹果的尝试,泼洒画将艺术家从其永远走不到头的任务——将“什么是什么”描绘出来——中解放出来。这意味着“从已经在那儿的‘自然’、社会和艺术中解放出来。这是将希望选择自己未来的自我抛下的一场运动,是将自我的约定作废且归于过去的一场运动”。当然,不久前的过去——这些艺术家想要从中寻求解放,或者说想要逃离——是二战幸存者所共享的关于恐怖和大屠杀的一幕。这是复合混杂的,因为许多艺术家自公共事业振兴署(WPA)时期①就与左派有着某种联系或结成了联盟,在国外是斯大林主义,在国内是麦卡锡主义。不管怎样,纽约艺术家的抽象绘画前所未有地吸引了美国公众的关注。劳森伯格关于泼洒画的文章描述了一个活生生的现实。正如记者汤姆·沃尔夫(Tom Wolfe)急于想描述的那样,它们“不仅仅是理论,但是……热点新闻,直接来自工作室,来自场景”。[31]

艺术家工作室不再只是一个工作地点,事实上,它变成了“场景”。正是在工作室里,艺术家不断地再造了自我,并且通过将那一刻转化至画布上来表现出每个人都最热衷的焦虑。虽然继泼洒画画家之后的艺术家对待“焦虑”并不太严肃,但他们依旧极为严

① WPA,Works Progress Administration,即公共事业振兴署,是大萧条时期美国总统罗斯福实施新政时建立的一个政府机构。——译者注

肃地对待艺术创造活动。比如说，在 20 世纪 60 年代中期至晚期，概念论者将艺术创作过程呈现为艺术作品本身。像数年前在许多阁楼—工作室里将艺术和剧院结合起来的“事件剧”一样，概念论艺术展确实是艺术家于其中展示自身的表演。说来也奇怪，这并没有击退不断增加的对这类艺术家感兴趣的中产阶级公众。他们参加这些展览的人数甚至更多，而这些展览中有一些位于偏僻的地方。正如艺术家变得更愿意邀请公众至其工作室——来直接观看艺术创作或自我创作——所以，公众也变得更有兴趣观看艺术家工作。最终，艺术家工作室内的艺术消费发展至对工作室的消费。1968 年，“下城十”艺术展展出了纽约十位艺术家的作品——在其工作室内。为了观看这些作品和艺术家，人们不得不从一个阁楼走到另一个阁楼。这是一个新的情况——甚至比 50 年代后期抽象表现主义“第十街派”向公众的开放更加充满艺术气氛，那时候“上城”热爱艺术的公众为了寻找最波西米亚或最标新立异的展览而常常要从一个艺术家的合作画廊走到另一个。到了 60 年代后期，种子已经播撒：人们开始认为艺术工作室是一个令人激动的居住地点。艺术家在将艺术公众吸引至其工作室中的成功变成了工作室的成功。

具有讽刺意味的是，艺术家越是变成了一个与众不同的社会群体——既为艺术而活，也脱离艺术而活，他们的风格与工作室就越多地被中产阶级所占用。生活阁楼市场的崛起并不是发生的第一起案例。在 1900 年左右的巴黎，艺术家开始居住在各具特色的工作室—别墅中，它们的顶层是有着大窗户的工作室，下面的楼层则是生活区。为了利用最好的光线并且使大部分住房能够成为可用空间，建筑师使它们不对称地坐落开来。这在无意间创造了对艺术家工作室——或殖民地——的整体小型开发。在 20 世纪头十年至20世纪30年代间，在巴黎作为世界艺术之都到达高峰的时期，出现了阁楼—别墅的建造潮。像勒·柯布西耶那样的现代主义者设计了它们。有趣的是，非艺术家，或跟巴黎艺术世界沾点边的人群也同样想要它们。评论家、经销商、收藏家——简而言之，中产阶级的重要部分——接手了它们，“发现标准的两层阁楼及其两层高的窗户造就了罕见的激动人心的起居空间”。[①]

从专门给“穷苦地生活”在社会主流之外的艺术家的住房到彬彬有礼的、“具有艺术性”的中产阶级的奢华住宅，生活阁楼反映了中产阶级文化有趣的扩张。到20世纪的这个节点上，与阁楼生活相联系的文化风格——“阁楼生活方式”——表明了对开敞空间和艺术形式生产的中产阶级偏好，以及一种更为普遍的关于伟大工业时代“较小的过去”的怀旧。生活阁楼的市场，连同对并不是非常老旧的建筑的历史保护运动，表明这些对空间和时间的感觉可以如此快速地被开发以获取其商业上的可能性。除了如工业社会“机械时代”终结、休闲活动的专业化，以及许多中产阶级女性从家庭琐事中的脱离这样明显的社会变迁，将工业美学融入新的主妇居家崇拜也反映了文化变迁的商业化。因此，通过使用我们时代文化动名词中的“褐石化”“养育”以及纯粹地“生活”——正如《纽约时报·周日版》所称呼的，阁楼生活谋取了它的地位。

虽然将文化与商业——或者空间、时间和自我——联系起来

① 由于特定的空间而非社会价值，工作室-住宅变成了20世纪20年代中产阶级住房标准化产品的典范，并且在勒·柯布西耶这类建筑师的项目中尤为重要，见雷纳·班纳姆：《艺术家的工作室-住宅与现代运动》(*Artists' Studio-Houses and the Modern Movement*)，《建筑评论》，1956年8月，第75页；雷纳·班纳姆：《第一机械时代的理论与设计(第二版)》(*Theory and Design in the First Machine Age, 2d ed.*)，剑桥，马萨诸塞州：麻省理工出版社，1980年，第16章。

的解释最终似乎是想要使对阁楼生活的需求完全可以令人理解，但它也提出了一个将阁楼市场的崛起置于相当不同的视角之下的问题。艺术家的名头有助于获得阁楼—工作室空间的观点发展成为 20 世纪 60 年代国家对艺术支持激增的不可分割的一部分。同时，艺术开始卷入国家权力的扩张，艺术世界里的权力结构也在发生变化。对操控的竞争以及艺术的新中产阶级主顾的出现，影响了艺术家和艺术作品的生产。正如艺术再也无法“使中产阶级感受到冲击”，艺术家本身也变得更像中产阶级了。

4. 权力怀抱中的艺术

如果自二战结束以来艺术和艺术家的社会地位未发生显著变化的话，那么，“像艺术家一样”生活会对部分中产阶级产生吸引力就是不可思议的。从一个边缘的、且常常是精英审美的关注点，艺术走向了愈发物质化的世界的文化符号体系的中心位置。艺术家在大众媒体以及有名望的社交聚会上的曝光度越来越高，并且，既然最杰出的艺术家也以最高的价格售卖其作品，那么，根据合理的推测，他们的曝光度多多少少和其商业生存能力联系在了一起。但是，同时，公众的讨论将艺术政策转化为了国家优先事项。艺术家开始被视作社会资产而非不受世俗陈规束缚的人，并且他们的作品有了新的重要资助。通过国家资助，他们开始通过工作谋得了一份稳定的生活。这或多或少将大萧条时期公共事业振兴署的想法带入了一个基于国内经济增长和国外政治扩张的自由主义社会。

20 世纪中有两个艺术与社会的关系发生根本性变化的时期：20 世纪 30 年代与 60 年代。在大萧条之前的 1900—1930 年间，艺术家——或者说，艺术之都巴黎、柏林、纽约和莫斯科最值得一提的艺术家——开始依靠其艺术作品来谋生。在大萧条时期，艺术家第一次被认作劳动力的组成部分。在美国，这一认定使其有资格从公共事业振兴署中获得工作，这些工作鼓励艺术家——又是第一次——组成工作相关群体。这些常常是协会，如“现代画家与雕塑家联合会”。在那些年中，艺术家通过共同从事——而非独自在其工作室内——大型项目而结成的友谊比大萧条来得更为长久。许多在公共事业振兴署中碰面的纽约艺术家——包括马克·罗斯科、威廉·德·库宁、杰克逊·波洛克、阿希尔·戈尔基(Arshile Gorky)和阿道夫·戈特利布(Adolph Gottlieb)在内的2 000 人群体——继续非正式地聚会。他们的一些社交圈最终开发出了他们为艺术公众所知晓的标签：集结在德国画家汉斯·霍夫曼(Hans Hoffmann)工作室周围的群体；包含罗斯科和戈特利布在内的“十人组”；“惠特尼(博物馆)反对者”。适时地，这些群体也因场所——他们经常出入的阁楼和酒吧，这强调了他们的集体身份——而被知晓。战后这些群体中最为突出的是抽象表现主义者的“第十街派”。他们在附近的会友场所是艺术家主题学校①、清谈俱乐部、雪松酒馆，这在阿娜伊斯·宁(Anaïs Nin)的日记中有所描述。并且，两位和他们一起闲逛的评论家是哈罗德·劳森伯格和克莱门特·格林伯格(Clement Greenberg)。二战后，这些艺术家松散但明确地联系在了一起，并以“纽约画派”而闻名于世。[1]

大萧条时期，使 20 世纪 30 年代的艺术变得对政府尤为有用的道德严肃性和政治目的被二战后的富裕状态所改变。一个更加

① Subjects of the Artist School，1948 年由罗斯科和其他艺术家一起成立，目的在于研究现代艺术家的灵感、方法、转变和道德态度等。但由于缺乏教学结构，该学校存在时间很短。——译者注

高度发达的美国工业的国际性扩张，以及更新了与欧洲文化形式之间联系的公众所具有的更大的复杂性，改变了艺术家及其所生产的艺术。正如我们所看到的，艺术表达的主导模式变成了抽象、沉思和悲伤。纽约取代巴黎成为艺术世界之都。艺术家中更为杰出的群体获得了一种地位——被狂热崇拜的偶像。即使这些没有立刻使他们变得富有，但至少使他们出名了。公众通过展览追随他们的事业，像参观上城画廊一样常常参观"第十街派"艺术家的合作公寓；公众也通过杂志追随他们的事业，既有面向阅读劳森伯格或格林伯格论文的文人的杂志；也有面向仅仅识字的人的杂志，就如《生活》杂志在1949年就杰克逊·波洛克的发问："他是美国最伟大的在世画家吗？"

到了20世纪60年代，新出现的财富与复杂性把艺术市场向更广泛的消费者群体打开了，这时这些人更多地是中产阶级而非主导艺术品购买的贵族，还有一些不那么高端的艺术画廊老板，他们热忱地追寻新艺术和新艺术家，并将其直接推送至等待中的公众。在风格上，20世纪60年代的艺术更为讽刺而非悲伤，更加反思而非沉思，更多受到波普文化而非高雅文化的影响。纽约画派神谕般的主导地位让位于纽约艺术的多元主义。更为年轻的艺术家难以承担格林威治村昂贵的房价，也对战后大师的成功感到反感，故搬离了第十街。艺术家的数量大大增加，他们再次在遍布曼哈顿下城（包括最终以苏荷而出名的地区）的工作室里独自工作。看起来，他们依靠这座城市和美国的紧张情绪——扩张性的前景——而维持生活。艺术世界加入了艺术公众创造（被哈罗德·劳森伯格形容为"美国艺术机构"的东西）的行列，而这正是加尔文·汤普金斯在1980年写到如下文字——"60年代的艺术使苏荷成为可能。我们依然在利用20年前所产生的情绪，并且那个知识为苏荷这一场景增添了四处弥散的不安魅力”——时所承认的关于商业主义和精英主义的普遍性融合。[2]

一方面是魅力；另一方面是权力。在1960—1965年间，随着新的风格和主题在不断商业化的艺术世界中兴盛起来，一个想法产生了，即较之变化莫测的市场或传统艺术资助人的激情所能提供的支持，艺术家应该获得更多的制度支持。这在某种程度上是一个孤立的想法，在某种程度上是关于谁的时代看起来已经到来的想法，对艺术的国家支持迅速捕获了公众的想象力。一旦国会接受了成立拥有自由裁量权的国家艺术理事会的想法，这个国家长期在大型艺术活动中的介入不足——从公共事业振兴署结束到20世纪50年代的一个断裂——就变成了泛滥的资助和大批的机构，这导致了靠艺术讨生活的那部分劳动力的快速扩张。但是，在这一慷慨援助中存在控制要素。与国家对艺术支持的激增完整联系在一起的是本土劳动力市场。因此，商界的战略思想家也对规范化艺术类与其他服务业部门的就业怀有兴趣。此外，政府在创造艺术类就业中作用的扩大也使国家获益。对艺术的资助产生了国家和艺术世界仲裁者所认可的竞争性支持者。在这些情况下，理解艺术的生产、感知、分配和“消费”的社会框架就变得重要起来。

艺术市场中的权力：博物馆VS画廊

如果不结合习惯，就定义来看，艺术博物馆的功能似乎可以和艺术画廊清晰地区分开来。当然，博物馆是文化的代理人，画廊是市场的代理人。如果前者的功能是教育和策展（用以展示和讲述），那么后者的功能是展示和售卖。直到20世纪60年代早期，博物馆和画廊在这一劳动分工基础上和平共处。它们各自的任务——以及存在理由——既反映了那个时候艺术公众的广博性，也反映了他们的狭隘性。

在19世纪，不断增加的享有较高教育的市民数量扩充了能够欣赏艺术的公众，或者至少是广泛接受了据说是形成国家文化认同的艺术形式的那些人。被国家统治者适当地占用和认可，这一文化遗产变成公共博物馆的库存品，在那儿越来越多的专业人士将其布置为有关艺术和进步的或多或少的百科全书式的展示。从这个意义上来说，在国家的庇护下，文艺复兴和启蒙运动中艺术和科学资助人的私人博物馆就变成了国家收藏。这并不意味着19世纪的博物馆是“流行”机构。建于1759年的大英博物馆直到1800年才欣然接纳公众。1870年敞开大门的纽约大都会博物馆最初拒绝将美国艺术家作品纳入其收藏。在美国，国家资助历史的缺乏——由于中央集权政府的缺场——使得所有依赖私人捐助的公共博物馆自己建立馆藏。一方面，博物馆寻求艺术作品和金钱两种形式的募捐。另一方面，许多年来博物馆的受托人以及博物馆的馆长和策展人都代表了当地社会典型的上流支柱。因此，博物馆中“最好的”艺术反映了贵族的支持和贵族的感知能力。[①]

但是，始于19世纪60年代且再次出现在19世纪80年代的富裕且有教养的——或者可能是自命不凡的——中产阶级艺术买家群体的扩张，促进了艺术市场中新类型中间商的出现。艺术经销商，像他们的工业资产阶级客户一样，经营着市场关系的两端：生产和分配。创作艺术的人发现将他们的作品在画廊中出售是有益的，因为经销商减轻了他们满足个别顾客需求的负担，并且规范

---

① 对美国博物馆社会背景的简要讨论，见卡尔·E.梅耶：《艺术博物馆：权力、金钱和道德（20世纪基金报告）》（*The Art Museum: Power, Money, Ethics, A Twentieth Century Fund Report*），纽约：威廉姆莫罗出版社，1979年。

化了他们的付薪环境。比如，在 19 世纪 70 年代的巴黎，艺术品经销商保罗·杜朗-卢埃尔（Paul Durand-Ruel）为其所代表的印象派画家制定出一个付费系统，作为对其所有作品专利权的回报。到了 1900 年，如安布鲁瓦兹·沃拉尔（Ambroise Vollard）这样的画廊老板给他们的艺术家支付年度报酬，并且除了组织定期展览外，还组建其他企业，如出版配有其艺术家注解的手写文本的限量版。此外，通过艺术品经销商关键性的审查环节，使得艺术家从限制其进入艺术市场的双重瓶颈中解放出来。第一，经销商通过其同侪——他们决定哪些艺术可以被允许进入国家资助的年度展览或沙龙，这对于在世艺术家作品的公共展示来说非常重要——消除了评判的障碍。第二，经销商通过评论家——他们公开发表的对沙龙的回顾可以建立起一个艺术家的名声和销量——减少了评判不成则败的特质。[①]

艺术品经销商也为收藏家提供服务。他们出售品位、身份和专业知识，还有艺术。通过在"画廊"的私密感中展示少量的作品，经销商在商铺令人熟悉的商业环境中唤起了贵族式私人收藏和博物馆博学感的高级文化。经销商的先验选择将新收藏家从进行不知情选择时可能感受到的焦虑中解脱出来。到了 20 世纪，当经销商对其售卖作品的质量和出处进行担保时，这就提供了进一步的保证。简而言之，通过他们的经销商，新收藏家可以获得整套艺术收藏，而不需要像传统主顾那样投入时间或努力。不过，艺术品经销商也为传统风格的贵族提供服务。如果他们不得不抛售一些资产，那么通过画廊来处理一件艺术品既是谨慎的，也是有利可图

---

① 这一时期的艺术家与经销商的历史，见哈里森·C.怀特、辛西娅·A.怀特：《画框和事业》（*Canvases and Careers*），纽约：维京出版社，1965 年；或雷蒙德·穆林：《法国绘画市场》（*Le Marché de la peinture en France*），巴黎：子夜出版社，1967 年。

的。的确，早期艺术品经销商的组合功能靠那些艺术品出售与二手商品生意共存的画廊来实现。

只要艺术公众仍然数量相当小且注意到传统大师和在世艺术家之间的传统审美差异，这一萌芽期的市场营销体系就能持续运作。本质上，人们将传统艺术视为有价值的，而将新兴艺术视为短暂的，装饰性的，或“摄影般的”。传统大师的作品由年长的富翁所购买，并由博物馆保存用于启迪民众。在世艺术家被认为在不太重视流言蜚语或过分看重自身的情况下力图平衡美学与商业标准。20 世纪早期少数专于现代艺术的收藏家普遍是新富群体而非贵族，而且有时候他们对待艺术家的严肃性异乎寻常。纽约的爱伦斯伯格（Arensbergs）、巴尔的摩（和巴黎）的格特鲁德·斯坦（Gertrude Stein）家族以及格特鲁德·范德伯尔特·惠特尼（Gertrude Vanderbilt Whitney）便是这一类新主顾的例证。传统艺术与现代艺术之间观点上的分歧支持了博物馆与画廊的劳动分工。被博物馆接受意味着成为经典：它建立了艺术家或艺术家作品的美学价值。然而，被画廊代理则建立了在世艺术家的经济价值，并在某种程度上能够保证其谋生。

在 1910—1920 年间，收集现代艺术的步伐加快了。如同当时的一切都被贴上“现代”的标签一样，现代艺术开始使收藏家和更广泛的公众兴奋起来。被现代艺术所吸引，这反映了时代的普遍流向以及最终对停滞不前的学院艺术的拒绝。但是，公众也通过一部分画廊老板——他们本身涉入了艺术创造——劝服性的努力而为现代艺术做好了准备。比如，摄影师阿尔佛雷德·格利兹（Alfred Stieglitz）于 1914 年在纽约开办了一家展示欧洲现代艺术（如毕加索）画廊，吸引了爱冒险的年轻美国艺术家，如马斯登·哈雷（Marsden Harley）和乔治亚·奥吉弗（Georgia O'Keeffe）。

1913年的“军械库艺博会”(Armory Show)——通过大规模的也极为令人震惊的展览将抽象绘画介绍给纽约的艺术公众——也扩大了现代艺术的受众以及潜在的买家数量。[3]

除了这个展览,也没有很多地方可以让人们观看精选的现代艺术。因此,现代主义依旧有点精英主义的品位。然而,到了20世纪30年代,一小群富有的、受过教育且周游各地的美国人——他们希望提高公众对现代艺术的支持——成功地建立了将表现现代艺术作为其特别任务的博物馆。如现代艺术博物馆(1929)、惠特尼博物馆(1930)、古根海姆博物馆(1939)——全部位于纽约——这样的新博物馆头一次以在世艺术家的作品作为展览的主要内容。这些博物馆中的每一个均从它们所资助的艺术家和它们所吸引的公众中发展出了一群特别的支持者。它们共同生成了关于曾经只出现在新画廊和尤为引起公愤的展览中的现代艺术的兴奋感。从营销的观点来看,现代艺术博物馆的建立不仅证明了现代艺术家的美学价值,也有助于抬高其作品的商业价值。这模糊了艺术博物馆和艺术画廊之间的原始区别。

除了保存最好的以及后来最具代表性的艺术作品这一主要任务外,传统公共博物馆和新兴现代艺术博物馆出于不同的原因承担了社会中的教育功能。较早时期博物馆的建立与市民权向较低阶级(包括第一次在许多欧洲国家中获得了投票权的中产阶级)的扩张以及许多民族和种族群体政治意识的激增相一致。阶级意识和种族给19世纪的许多国家统治者呈现出一个具有威胁性的前景。为了对抗它们可能带来的分裂和冲突,主导这些国家的领导性社会阶级鼓励重新定义国家文化——强调团结、一致和一定程度的爱国主义。公共机构得到了扩大和改进——我们会说,“现代化的”,如果我们没有意识到这不可告人的动机——以促进社会整合。在人群与骚乱一直具有分裂性的城市中，一项密集的建造与教导计划建立了博物馆以及学校、公园和动物园，并把它们作为公众文化“课程”的组成部分。随后，在20世纪头十年欧洲和亚洲向美国的移民潮中，许多的新市民进入了美国社会的主流，由此公共博物馆加强了其教育功能。博物馆与更具活力的大众传播的新方式(包括电影、电台，甚至广告)一起，推进了移民进入到美国文化的统一愿景中。

1930年左右开办的传教士般工作的新兴现代艺术博物馆，在更为精英的层面运作。因为它们主要是由拥有“先进”文化观点的个人所建立的——现代艺术博物馆的建筑家菲利普·约翰逊(Philip Johnson)和阿尔弗雷德·巴尔(Alfred Barr)组建的小群体，古根海姆博物馆的所罗门·R.古根海姆(Solomon R. Guggenheim)和惠特尼博物馆的格特鲁德·范德伯尔特·惠特尼——他们必须在传统上支持艺术博物馆的当地贵族中建立一批支持者。比如，现代艺术博物馆的创始人专心致志地培养洛克菲勒家族，并将年轻的尼尔森·洛克菲勒培养成一名严格的收藏家。在另一个层面上，通过博物馆全面的藏品和资料充足的展览，20世纪50年代成为纽约最杰出的艺术品经销商的李欧·卡斯特里(Leo Castelli)和西德尼·詹尼斯(Sidney Janis)也在那儿获得了“艺术教育”。受到现代艺术博物馆的专业精神及其传教士般的热情的启发，他们将博物馆的某些特质引入了艺术画廊。卡斯特里曾说道：“詹尼斯所做的十分重要。”“他真的给我上了一课，就是说画廊应该像博物馆一样运作——他拥有那种严谨性。”[4]

在二战的余波中，自19世纪起形塑艺术市场的趋势被强化了。公众注意力甚至更为果断地从传统大师转移至了在世艺术家，从艺术博物馆转移至了艺术画廊。在欧洲，陷入财政困难的上层阶级开始抛售他们的藏品。但是和19世纪80年代不同，那时候他们主要出售给他们自己国家内富足的布尔乔亚收藏家，现在欧洲人出售给的是富裕的美国人或一个上升中的社会群体——世界各地的国际商业领袖。正如在早些时候，艺术品销售的加速使艺术画廊受益良多，它们的交易在数量和范围都出现增长，它们的营销技术也得以发展。在它们的努力下，艺术市场真正走向了国际化。市场的扩大以及其中更为活跃的角色，很快引起了一场找出传统大师画作——该市场中最不稳定也是最为人期待的物品——所有来源的积极搜索。对其中包含的高佣金的竞争，以及搜寻和售卖著名画作所建立的名声，促使一些经销商变得善于操控。沿着既定的关注，新的画廊——因它们的自以为是和欺瞒性而出名——涌现出来。比如，弗兰克·劳埃德(Frank Lloyd)——一名集中营幸存者，他的精明操控驱使新的马尔伯画廊(Malborough Galleries)进入了国际艺术品交易的前列——不仅因为试图控制传统大师的供给，并且因为试图控制其分配以推动价格上涨而身负恶名。这反过来也影响了在世艺术家作品的市场。施加于这些作品分配之上的限制——首先由经销商独自施加，随后由与艺术家遗孀联合的经销商施加——提高了其商业价值。①

① “[到了1960年]，劳埃德意识到随着价格猛涨，传统大师作品的供给将很快不足，许多最终将存放在美国的博物馆中——在这里，税法使得捐赠对百万富翁来说有利可图。劳埃德精明地预见到，可以在现代艺术中创造另一个财富。运用现代市场技术，他创造了对艺术家产出的强烈需求——尤其是如果这一艺术品在一段时间内且在全世界的艺术之都内被小心地少量分发。”见塞尔兹：《马克·罗斯科的遗产》(*Legacy of Mark Rothko*)，第55页。“另一股最近崛起的力量是艺术家的遗孀……通常，遗孀控制着其去世丈夫的全部未售卖作品；这使得她能够通过向市场投放其丈夫作品的速度而影响价格，以帮助或破坏回顾展，授予或扣留出版商和作者所需要的进行复制的文件或权利……结果是经销商、收藏家、策展人、历史学家、出版商追捧她并留意她的观点，更不用说律师和税务专员了。”见劳森伯格：《艺术机构》(*The Art Establishment*)，第393至394页。

经销商巧妙地运用其作为艺术家和市场中介的角色以增强其权力。一方面，正如他们组织了日益重要的展览——尤其是年度展，它们至少和博物馆的展览一样全面，并且甚至比博物馆的展览更为前卫——他们接手了博物馆的特殊强项。另一方面，经销商独有的提高艺术家市场价值的能力——常常通过与博物馆交涉以使其将某艺术家的作品纳入藏品——使他们在这项工作中拥有特别的影响力。不可否认，画廊和博物馆、艺术家之间存在一种共生关系。正如艺术家为画廊提供它们所售卖的东西，画廊向博物馆提供它们所展示的东西。此外，在所有的市场条件下，固有（或美学）价值变得可以和市场价值相互转换。当然，艺术家依旧是现代艺术的来源，但是要接触到艺术家，博物馆和收藏家必须通过他们的经销商。这极大地改变了博物馆关于画廊的看法。虽然，画廊显然不仅仅是从商业途径"代表"艺术家，但是博物馆或多或少地"埋葬"了它们——由抽象艺术家艾德·莱因哈特（Ad Reinhardt）在 20 世纪 60 年所表达的病态尊重的看法。[5]

艺术品经销商权力的增长几乎没有让三方关系中的其他合作伙伴感到满意。① 从 50 年代中期到 60 年代中期，博物馆遭受到了认同与信心危机，并且艺术家时而唾弃，时而寻求画廊与市场的联系。现代艺术博物馆的脆弱性部分地起源于其欧洲偏见和由大量珍藏毕加索、布拉克作品而带来的自满心理，以及已经代表了最好的"现代"的同类博物馆。当 1945 年后世界艺术生产的中心由巴黎转向纽约时，该博物馆正处于青黄不接的状态。它的活力消失了；它的使命受到挑战。慢慢地，现代艺术博物馆的创始人开始寻

① 其实，那时候博物馆对画廊创造假象和抬高价格的批评类似于艺术品经销商对拍卖行（如佳士得和苏富比）的批评。

求在纽约进行创作的艺术家。他们造访了艺术家的工作室，并且试图更加积极与其画廊合作。或是因为他们最初没有注意到纽约艺术的重要性，或是因为他们认为与欧洲抽象艺术的多元风格以及自觉理论化的缺场相比，抽象表现主义在美国艺术世界中现成的主导地位是枯燥无味或平庸无奇的，现代艺术博物馆的团队倾向于专注在1960年左右崭露头角的较为年轻的艺术家。他们迅速地采用了贾斯帕·约翰斯(Jasper Johns)和弗兰克·斯特拉的作品，并且值得注意的是，约翰斯和斯特拉都是通过他们的经销商李欧·卡斯特里而获得现代艺术博物馆的关注。虽然是为巴尔工作多年的一位策展人和其他创始人做出了将约翰斯和斯特拉纳入1959年“16位美国人”展览这一重要决定，但新一代的策展人以一种近乎歇斯底里的热情对待60年代的艺术家。在某种程度上，这些策展人变成了艺术的发起者而非保存者。[6]

这些策展人策划的围绕特定艺术家或主题(或仅仅是新的美国艺术)的展览引起了兴奋。有些年，博物馆展出在世艺术家的作品曾具有提高该艺术家其他作品价格的影响。但是现在，博物馆展览的影响在于作品本身。有传闻说，艺术家特别为1965年现代艺术博物馆的展览“响应之眼”(The Responsive Eye)创作一些作品——这一展览应该是从完成的作品中进行挑选。现代艺术博物馆的另一场展览——以拾得物(found objects)制作的大型雕塑—拼贴展创造了一个随后成为这一类型作品标准术语的新词汇：集合(the assemblage)。虽然一事成功百事顺，但是甚至连策展人都对它们的成功感到惊讶，或者可能是惊吓。正如《艺术》杂志的编辑劳伦斯·阿洛韦(Lawrence Alloway)在1967年对一位现代艺术博物馆策展人的责备：“无论如何，在我看来就是你在博物馆里上演一场秀，然后你因为它的成功而感到难堪。另一方面，我喜欢

'响应之眼'的一点是这是在重要博物馆中举办的展览,它变成了时尚杂志、幽默杂志、青少年杂志、《时代》等杂志即刻相继报道的成功。"然而这一景象——号召大众介入现代艺术——恰恰是策展人所抗拒的。"这里所涉及的是纯粹的宣传,"他说道,"并且这并不是艺术或时尚的影响力,这**就**是时尚。"[7]

在所有的对波普艺术、欧普艺术、极简主义、概念论等其他60年代流派的宣传中,很难说是艺术眼光正在哄抬价格,还是商业主义正在使艺术眼光发生转变。市场价值和美学价值彻底搞混了。最终,博物馆和画廊通过组建相互保护联盟而对这一情况做出了回应。常常专攻新艺术家的较新的画廊试图将博物馆和个人收藏家引导至最新趋势,并且将艺术家引导至其潜在的市场。[8]如同策展人越来越担当起评论家的角色,评论家也越来越担当起策展人的角色,且画廊老板越来越担当起评论家、策展人还有经销商的角色。[9]同时,艺术家让自己被追寻,也试图让自己从这一切中逃离。当然,艺术家的经济状况——这大体上反映了现代艺术,以及特别是较新的流派和艺术家的更大的市场价值——影响了他们的态度。到了50年代后期,纽约画派的在世创始成员的富足引发了他们之中以病态行为方式出现的周期性的小反叛。当"第二代"抽象表现主义者开始卖到甚至更高的价格,且获得感情横溢的高度评价时,老派艺术家在公开声明或私下里都发泄了对艺术世界的厌恶之情。暂且不论较年轻一代——作为一个群体——在艺术市场中获得的更大成功,他们在"成长"中坚定地相信,博物馆和画廊串通起来维持了他们所持有的艺术的高市场价值。因此,艺术家与向这一市场进行售卖的画廊的关系起码是暧昧不清的。[10]

过去数年间,艺术家都试图挫败博物馆、画廊和个人"主顾"之间的亲密约定所建立起的市场营销体系。他们通过几种方式进行实践。第一，他们改变了他们的作品。他们以极大的、极笨拙的，或者极为“环境的”形式创作艺术，以致这些作品无法轻松地运送至画廊（更不用说在那里与其他作品一起展示了）或个人收藏家的起居室。事实上，自20世纪40年代晚期开始，艺术家就在创作大型作品——主要是在大画布上作画和雕刻大型雕塑。他们受到20世纪30年代逼真壁画和20世纪50年代愈发容易获得的工业生产碎屑在社会与美学方面的影响。或者，可能和巴内特·纽曼(Barnett Newman)一样，他们正在描绘一个大的想法。但是，在20世纪60年代，艺术家开始将他们大型或笨重的作品形容成对市场的抵制——反抗“架上艺术”，重回“真实”。你可以购买，但你显然不能拥有如迈克尔·海泽(Michael Heizer)在沙漠里的挖掘工程①或者克里斯多的栅栏和“包裹”②那样的作品——其中一些作品被称作“大地艺术”，或者哈罗德·劳森伯格所称的“去美学艺术”。然而，劳森伯格也指出了这一艺术反抗中的关键性谬论。“无法收集的艺术品，”他说道，“被用作为作秀人—艺术家——其过程实际上比作品更为有趣，并且他营销附在普通遗迹之上的签名——打广告。”[11]事实上，正如概念论者后来所确认的，艺术过程有可能是高度适销的。大型艺术(Big Art)反抗运动自作自受的另一个方面是——如果它想要大获全胜的话——画廊迅速地适应了艺术作品的新风格和新大小。画廊的专业化程度表明，一些售卖现代艺术的最为成功的经销商拥有以新方式展出艺术并把控市场风向的经济能力与创新思维。为了应对大型艺术的挑战，这些

① 海泽善于运用岩石、土地及沙漠景观，通过将传统的雕塑语言引入大地艺术，在沙漠中创造出巨型雕塑群。——译者注

② 克里斯托关注物体因捆扎包裹后而产生的效果，从包裹一辆自行车到一位脱衣舞娘，再到包裹一座美术馆、一座商店、一条街道，后来扩大到了一座摩天大楼、一条跨越河流的桥梁，创作了一系列大地艺术作品。——译者注

画廊主要进行了实体扩张。

数个纽约“上城”专于新艺术的画廊在苏荷的大型阁楼空间中开设了分店，更多全新的画廊直接在那儿开张。1968 年，第一家苏荷画廊开张；到了 1978 年，77 家画廊在该地区做生意。在某种程度上，这反映了 20 世纪 60 年代艺术市场的普遍扩张。1960—1975 年间，曼哈顿黄页上列出的画廊和经销商数量从 406 跃升至 761，其中最大幅度的增长出现在 1960—1965 年间。不过，苏荷艺术画廊数量的剧增——大部分出现在 1972—1977 年——证明了新艺术和新街区的市场价值。艺术家在哪里进行创新，他们的经销商就跟到哪里，并且，画廊的风格随艺术家的风格而变化。[①][②]

艺术家试图挫败该市场营销体系的第二个途径仅仅包含了“用脚投票”和更换画廊。如果他们不能找到将自己视作艺术家并积极寻求艺术家建议的经销商——像 20 世纪 40 年代的佩姬·古根海姆(Peggy Guggenheim)和 40 年代晚期与 50 年代的贝蒂·帕森斯(Betty Parsons)那样的画廊老板——那么，至少他们能找到具有同情心的经销商，即“艺术家经纪人”，如 50 年代至 60 年代的卡斯特里。虽然个体艺术家更换画廊常常表达了与经销商的个人或经济冲突，一同离开一个经销商的艺术家团体则是对该经销商在艺术市场中的地位的集体声明。1962 年数个最早的抽象表现主义者从西德尼·詹尼斯(Sidney Janis)画廊的撤离就做出了这样的声明——反对他们所感受到的詹尼斯对波普艺术愣

① 苏荷画廊更为详尽的信息，见查尔斯·R.辛普森：《苏荷：城市中的艺术家》(*SoHo：The Artist in the City*)，芝加哥：芝加哥大学出版社，1981 年。

② 市场出于某个原因创造了什么，市场也能出于同样的原因摧毁什么。安德烈·艾默里克(André Emmerich)——1971 年在苏荷开设分店的核心艺术品经销商，他被认为有助于将该街区“倾倒”进高租金的艺术、零售和居住用途——在 1979 年出售了其位于苏荷的阁楼空间，因为 80 年代艺术开始萎缩。

头青的迎合。①

除了依赖具有同情心的经销商，艺术家也组建了他们自己的画廊。正如这些安排被称作艺术家合作画廊一样，这反映了对市场的集体“另类”渠道而非通常样式或路径的需求。这一类型的画廊主要在新的或“滞销的”艺术家中时不时地涌现出来。比如，在20世纪50年代，纽约画派在第十街开设了他们的合作画廊。并且，在20世纪70年代，苏荷的许多新画廊都采用了合作形式。然而，只要使用这些画廊的艺术家仅仅依靠艺术市场以谋求生计，艺术家的合作画廊获得的就只能是短暂的成功。最终，要么一些艺术家被专业经销商——他们对艺术家合作画廊提供的“筛选工序”感到高兴——所接受，要么合作画廊本身在提升画廊在市场中位置的明确目标下雇佣了专业的“主管”。②

这些对20世纪60年代至70年代竞争性艺术市场的回应引发了“替代空间”运动。正如我们所看到的，艺术家多年里一直在这样的空间中生活、工作并试图售卖其作品。早在1850年，法国画家居斯塔夫·库尔贝(Gustave Courbet)就在不同地方城镇里的神学院小教堂、交易大厅和改装咖啡馆里举办了展览，并且无疑他不是第一个也不是最后一个利用只要是可利用的地点的艺术家。在某种程度上，这被认定为一场运动——与这十年的“去美学化的”美学运动和“社会主义的”社会运动一起。就像阁楼生活，这也与艺术家对低成本大空间的需求相关。然而，与替代空间中的

---

① “‘这完全出乎我的意料，’詹尼斯说道，‘在这里，我们将波洛克和莱热放在一起展览，德·库宁和蒙德里安一起，克莱恩和克利一起。但是，当我们着手处理下一代时，我们的艺术家狂怒不已。他们不希望与一夜之间成为艺术家的人联系在一起。’”见汤普金斯：《墙外》(*Off the Wall*)，第185页。

② “筛选工序”和“主管”来自玛茜雅·比斯特林的研究。

艺术营销相比，替代空间中的艺术生产在使大众能够接触到这一模式——或运动，或生活方式——中并没有那么重要。替代空间获得成功——如在那儿开设的画廊获得成功——的一个重要原因是，它投射了艺术生产的意象。对于愈发具有生产意识的艺术和愈发具有艺术意识的大众而言，这一意象是至关重要的。现代艺术市场的权力开始从封闭性（或者说封闭性的表象）派生至艺术家的工作室。①

艺术家工作室的权力

19 世纪的艺术主顾将去往艺术家的工作室——画他们的肖像画或者与艺术家协商佣金——当作理所当然的事。但是，在 20 世纪，一些因素介入了艺术家和主顾之间并使得他们的关系变得不那么直接。首先，艺术市场中画廊作用的进一步发展以"主顾—艺术家"联系为代价而促进了"主顾—经销商"关系。其次，较新的艺术形式（如摄影）的技术进步和社会接纳使得在可记录条件下替代绘画变为可能，比如以前促使主顾雇佣艺术家的肖像画制作。与绘画不同，摄影将主顾和摄影师之间的联系最小化至仅仅一次落座，并且暗室里的制作工序完全不涉及该主顾。"主顾—艺术家"关系发生变化的第三个原因与始于 19 世纪的艺术过程的"浪漫"概念的演变有关——艺术家更多地表达他/她自己对主题的看法与选择，而非主顾所要求的。这些因素不仅改变了艺术家和主顾之间的关系，也使得艺术创造过程变得更加神秘。因为尤其是

---

① 这在解释为何包括生活阁楼在内的"另类空间"在 20 世纪 70 年代作为一种商品扩散开来中是关键性的一点——这是被遗漏的一点，例如，见约翰·罗素：《意想不到的地方》（*Art in Unexpected Places*），《纽约时报》，1980 年 2 月 24 日。如上所述，还可见本书第三章的"艺术家工作室中的中产阶级"一节。

绘画变得更为抽象，并且画布上的图像反映了关于存在而非“现实生活”的观念或状态。所以，艺术家生产这些图像的地方就具有了隐喻性意义。工作室变成了创造自我的地点——可能是社会中的唯一地点。对于对自我怀疑和自我表达这类问题的关心与艺术家不相上下的大众来说，工作室开始拥有一种巨大的魅力。①

艺术家工作室之所以在20世纪50年代至60年代变得如此有趣还有两个额外的原因。第一，在像美国这样厌倦文化且并不公开的政治社会中，似乎只有两个创新的摇篮——科学和艺术——并且，较之艺术家的工作室，科学家的实验室不具有技术上的可进入性。第二，新富起来的艺术收藏家将去往艺术家的工作室理解为进入上层阶级的象征性入场券，是对他们精英地位的大众或半大众认可。到了20世纪50年代后期，当拥有传统大师之作只限于最富有或最贵族的收藏家时，新的收藏家学会因“在源头上”（即在他们的工作室）搜获未被发现的艺术家——潜在的传统大师而感到欣喜。当然，新的收藏家仅仅只是加入到了通往艺术家工作室的艰难跋涉中，其中已经包含了艺术评论家、博物馆策展人、画廊“伯乐”和开始时常出入于“下城”聚会的“上城文化人”。很难说是否是现代艺术的商业主义或反商业主义将公众吸引至艺

① 没人真正地撰文探讨过艺术家工作室隐喻价值，不过法国概念派艺术家丹尼尔·布伦有一篇相关的小短文——《工作室的功能》（*The Function of the Studio*）（《10月10日》，1979年秋季版，第51至58页）；并且在伊拉·索尔的《批判性教学与日常生活》（*Critical Teaching and Everyday Life*）（波士顿：南端出版社，1980年，第120页）一书中，激进化的大学课堂被描写成“工作室空间”，有“工作室功能”和学生组成的“工作室一群体”。法国随笔作家皮埃尔·桑索将工作室—阁楼描写成使解放和完美、享乐式的愉悦和苦行式的整洁成为可能的栖息地，不仅仅是因为它的小空间，也因为某些隐喻价值（“工作室的乐趣”），《城市诗学》（*Poétique de la ville*），巴黎：克林西克出版社，1973年，第359至362页。

术家的工作室。但是显然，在进入中产生了一种新乐趣。①

对于更为广泛的能够支付得起票价但支付不起画作价格的艺术消费者阶层而言，一种新艺术形式——偶发艺术（the Happening）的发展使得进入艺术家的工作室成为可能。50年代晚期和60年代早期的偶发艺术——自发的且暂时的、“环境的”且面向对象的、对其付费观众稍稍施加暴力的——利用了大众“参与”艺术过程的意愿。因此，它们在某种程度上是大地艺术更具活力的版本（正如丁格利稍后的作品《向纽约致敬》）——其中各种机械诱发的刺激和力量利用了观众并使其不再是观众，而是参与者，其本身也因此成为了“创造者”。[12]可能在偶发艺术中存在说教的元素，因为它们是由罗格斯大学（Rutgers University）的一名艺术史教授在1959年创造的，并主要由艺术家、艺术教师和他们在音乐和舞蹈等传统表演艺术领域的朋友所表演。音乐家约翰·凯奇（John Cage）、舞蹈家摩斯·肯宁汉（Merce Cunningham）和艺术家罗伯特·劳森伯格于1952年在具有创新精神的黑山学院（Black Mountain College）的暑期班中表演过和偶发艺术类似的东西——他们称作“事件（The Event）”。然而，这场将偶发与“艺术”和“剧场”区分开来的多媒体集体演出最终带来的是明显的“闹市”氛围而非学术氛围。偶发艺术呈现出它们的表演所位于的“替代空间”的特点。在纽约，偶发艺术的场所包括第四大道的一家艺

---

① 举个例子，20世纪50年代先锋派作曲家约翰·凯奇陈设简陋、占据整层楼面的位于下东区的工作室。“《时尚芭莎》派时装模特去那里拍照，并且，上城的文化界人士争取凯奇的音乐晚会的邀请。”（汤普金斯：《墙外》，第100页）或对于20世纪60年代的地位追求者，“与艺术或艺术家相关的宴会……胜过仅仅只有野心的旁观者。因此，艺术世界里挤满了假货收藏家和企业家——造访工作室并且以想要购买画作和安排交易为借口，诱使艺术家拿出并展示他们作品的全部方面，却没有进一步的结果而只是为来访者提供内部人士谈话的材料”（劳森伯格：《艺术机构》，第392页）。

术画廊、外百老汇生活剧场空间(off-Broadway Living Theater Space)、布利克街(Bleecker Street)的一家咖啡馆、格林威治村一家教堂里的先锋表演中心以及市政厅附近小野洋子(Yoko Ono)的阁楼。[13]

苏珊·桑塔格(Susan Sontag)和其他人将偶发艺术与超现实主义中令人惊奇的元素联系起来,因此按苏珊的话来说,他们创造了"激进并置艺术"。但是,苏珊也将偶发艺术理解为"环境的",这和艺术家对他们大型艺术的设想处于同样的意义层面:反抗艺术市场——"反抗博物馆构想……即艺术家的工作是创造被保护和被珍爱的东西"——和通过购买和出售艺术家作品而赚得盆满钵满的那些人。一个早前的参与者回忆道,在偶发艺术中,"所有东西都是它本身,它不是更大或更奇特的东西的组成部分。并且,奇特人士也不喜欢这个,因为它是便宜和简单的,也没有人能够从中大赚一笔"。[14]

然而,回想起来,偶发艺术的场所对于践行其艺术或动机的大众产生了更大的影响。从这个意义上来说,偶发艺术是重要的,因为它们将艺术世界之外的人引诱至非常规的表演空间——这常常是艺术家的工作室。偶发艺术也使人们意识到现代艺术创造中的表演成分。在数年间,偶发艺术的这一面向都影响了概念论艺术家的表现(或者,真正地,自我展示)并且也有助于将艺术家日益视作一个表演者(因此也就是一个名人)。例如,在最近的一个回忆录中,安迪·沃霍尔回想起,为了看到并接触他和一位他的女性"巨星",4 000 名学生是如何涌入 1965 年费城沃霍尔回顾展的开幕式的。"我想知道,是什么让所有人尖叫,"他写道,"我看见孩子们为猫王和披头士、滚石乐队——摇滚偶像和电影明星——而尖叫,但很难想象这会发生在艺术展开幕式上……但是在那时,我们不仅仅是位于艺术展览，我们就是艺术展览，我们是艺术的化身。”[15]

虽然偶发艺术激发了大众进一步接触的欲望，更为静态的艺术作品的呈现——画作和雕塑——也变得更加接近艺术家的工作室。贝蒂·帕森斯(Betty Parsons)的艺术画廊可能是40年代晚期第一家拥有艺术家阁楼样子和感觉的画廊。显然，这并非是由于对装饰风格有意识的选择，而是由于帕森斯对其艺术家的共情。在20世纪50年代，第十街派的合作画廊也必然地复制了工作室的氛围。但是，像1968年“下城十”那样的展览实际上将大众引至了10位艺术家的工作室。那时一位作家评论到，通过在他们的工作室里展示他们的艺术，这些艺术家“为大众提供了亲密且亲身参与展览过程的新机会”。然而，20世纪70年代在苏荷开设非正式的、未装饰的画廊的经销商有意识地利用它们与艺术家阁楼的相似之处。苏荷的画廊代表了将大众引入艺术家阁楼的顺理成章的商业逻辑。[16]①

激浪派运动(Fluxus Movement)——在苏荷得名以前出现在这里的一个组织松散的艺术家群体——简短但戏剧性的历史将艺术家工作室里的表演所具有的潜意识吸引力与随后生活阁楼的增长联系起来。试图来到室内的街头剧场，或者现实世界的超现实主义版本，激浪派被其从前的参与者充满感情地牢牢记住，因为它使得整个苏荷艺坛变为可能。第一，激浪派为曼哈顿下城的那个区域建立起了作为艺术家实践非正式、参与式、具有街头智慧美学的地点的名声。激浪派真正将桑塔格对偶发艺术的描述具体化为城市垃圾和纽约画派的集成。如果激浪派参与了向环境艺术发展

① 将大众引入艺术家阁楼的这类表现依旧强劲。最近，“下城十”在曼哈顿下城的艺术家工作室里组织了第十四场年度展，并且在布鲁克林水岸阁楼中生活与工作的40名艺术家也在1980年进行了类似的努力。

的趋势，那么苏荷变化中的工厂街区就是它开采和进行模拟表演的环境。“激浪派的活动几乎肯定是休斯敦街和坚尼街之间最早的概念性活动和表演活动，”彼得·法朗士(Peter France)在1979年出版的一本激浪派回忆录中回忆道，“沿着中央大街和西百老汇之间的坚尼街的过剩的文具店正面临倒闭。并且，玻璃废料商人和廉价品经销商正在取代它们。这些旧货店中的小机器和物件使该街区内的艺术家感到着迷……这可以证明，激浪派作品中弥漫的视觉审美主要依靠坚尼街的氛围所培育出的对自然发生的艺术品的感知能力。”[17]

不过，激浪派之所以重要也因为其成员生活在阁楼中。在这个群体中，艾莉森·诺尔斯(Alison Knowles)是第一个在1957年搬入该地区位于百老汇和坚尼街的阁楼的。这是她的老师抽象表现主义者阿道夫·戈特利布(Adolph Gottlieb)提及的。接下来的十年以来，一个愿景慢慢地在激浪艺术家中生长起来，即在阁楼中创造一个艺术家社区。他们所有人中最伟大的梦想家是他们的非正式领袖——乔治·马修纳斯(George Maciunas)。马修纳斯最近刚从德国抵达纽约艺术现场，他想象出一个可以成为来自全世界各个国家、聚集在该城市的艺术家家园的“艺术—表演—概念论者”的游乐园。在马修纳斯的计划中(这被他称为“激浪住宅2号”)，艺术家可以生活并居住在住宅合作社中，即经过用途改建的阁楼。因此，在“边缘性”艺术运动自封领袖这一异乎寻常的想象中，苏荷的“‘艺术家’社区”第一次有了具体的形态。

社会权力：艺术和中产阶级

60年代末搬入苏荷的艺术家不同于自这十年开始时就居住

和生活在阁楼中的艺术家，如激浪派。在20世纪60年代，艺术作品——和艺术工作——都经历了根本性的转变。先前被视作桀骜不驯和离经叛道的艺术家变得和美国主流社会结合得如此紧密，以至于难以将他们和广义上的中产阶级其他群体区分开来。出于同样的原因，艺术家丧失了其几乎是独有的雄性内涵。艺术家租户协会的创始人在1962年声明，“我们是波西米亚一族，但我们并不是另类的避世派”，并且这一转变的关键实际上存在于艺术家从“避世者”变为“波西米亚一族”，再变为“中产阶级”的发展过程中。[18]

这一变化只有部分归功于在世艺术家艺术作品在50年代末开始拥有的高价格。当然，这些价格很大地提升了艺术家的生活标准。它们甚至促使某些艺术家购回自己较早时期的作品并将持有它们作为一种投资。但是，高价格仅仅促成了艺术家的转变。远为重要的是对他们作为艺术家的这一职业的正规化，这使得他们在历史上第一次能够依靠完全自我界定的艺术而谋生。国家在这一转变中扮演了至关重要的角色。从1965年开始，国家支持的教育和文化机构中的艺术工作数量极大地增加。用于艺术活动的政府补助从几乎没有上涨为一个数百万美元的“产业”。需求被建立起来以使得艺术成为“公共空间”不可分割的一部分。国家对艺术事业的贡献也采取了间接的形式——支持高等教育，这较之之前鼓励了更多的年轻人上大学。在60年代，与先前任何一代相比，更多的艺术家受到了高等教育。弗兰克·斯特拉——他从普林斯顿大学毕业后，直接在现代艺术博物馆举办了展览——的成功可能会使这一趋势进一步夸大，但是正如艺术家拉里·里弗斯(Larry Rivers)现在所反思的，在60年代早期“一个人可以和进入法律、医学或政府一样，进入艺术以将其作为一种职业”，这变得明显起来。[19]

和19世纪巴黎原始的波西米亚一族——他们必须依赖父母、

兄弟和爱人而生活，并且他们有时候的经济无保障状态就类似于工厂的无产阶级——不同，20 世纪 60 年代的艺术家被纳入了白领劳动力。这通过定期的晋升和工资上涨，以及新创的荣誉与行政职位而向艺术类职业传达的向上流动的意识让人回想起 1860 年左右巴黎的“第二代”精通文学和艺术的波西米亚人的这一意识。一旦波西米亚主义被认作一种过渡阶段——大多是年轻的，它就被“社会地”接纳了。正如巴尔扎克在《浪荡王孙》中写到的，“波西米亚一族由年轻人组成，他们依旧不知名，但总有一天他们会变得大名鼎鼎”。这当然是布尔乔亚会欣赏的看法。[20]

艺术类职业和其他白领职业之间日益增长的相似性也让普通的中产阶级视野与“艺术眼光”更为接近。例如，波普艺术的讽刺性和阁楼生活的悖论反映了一种 20 世纪 60 年代中产阶级所能理解的社会评价和个人“生活方式”。如果艺术家、评论家和策展人坚持理论化，那么其他受过高等教育的中产阶级成员将会跟随这一言论——或者至少，如同在一些艺术史课堂上，假装跟得上并看懂柯达彩色胶片的幻灯片。无论如何，关于不同路径的言论——比如贾斯珀·约翰斯（Jasper Johns）著名的扁平绘画技巧——更为依赖于“做事的方式”而非“观看的方式”。它们本质上是关于技术的言论。因此，它们攻击或守护了艺术家的专业性而非它们的艺术眼光。在理论化之下是关于艺术家所看到的一切的基本共识。他们看到的世界和中产阶级看到的是一样的：快速社会与技术变迁创造出的“连续的过去”，工业主义的流逝和工业性工作的贬值，以及艺术品和文化标准的大规模生产。在这些情况下，艺术不再反驳或否认社会存在——尤其是中产阶级生活——的价值。相反，艺术发现了其在表现这一存在及其暗含的隐藏性焦虑中的功能。远非“震惊布尔乔亚”，艺术变成了布尔乔亚的审美眼光。“今天，艺术是一种新型工具，”苏珊·桑塔格在60年代写道，“一个修正意识并且规划新模式的感知能力的工具。”不再特别是禁欲的或市侩的，中产阶级接受艺术作为“一种新的（潜在统一的）感知能力”。[21]

将艺术视作“做事的方式”而非独有的“观看的方式”也影响了艺术的教授方式。一方面，哈罗德·劳森伯格所谴责的“惊人的对生产的强调”使一代实践者而非思想家、一代模仿者而非创新者得以产生。由于专业艺术家变得很容易就能从他们的美学和社会语境中抽取出可视化技术，他们圆滑地用对概念和方法论的讨论来维护自身。另一方面，将艺术作为“做事”而进行教授使得艺术看上去不那么精英化了。如果几乎任何人都可以被授以如何遵循技术手段并由此复制出“艺术”，那么任何地点的任何人都可以正当地期望成为一名艺术家。①

总而言之，这些变化带来了将艺术变得更为“专业化”和更为“大众化”的联合影响。在这两种意义上来说，对于先前没有任何特殊艺术目标或眼光的人来说，在“艺术田野”里工作变得容易实现。这将艺术作为一种职业——或者如拉里·里弗斯注意到的，作为其他职业选择中的一种——而向这类人群敞开大门。甚至更为重要的是，它在很大程度上将艺术作为第二职业而向尚未被纳入劳动力市场的人群敞开大门。从这个意义上来说，近来艺术和手工艺类职业对女性——尤其是受过大学教育的中产阶级女性——的吸引与此相关。到了60年代晚期和70年代早期，美国有超过100万的成年人认定自己的职业在某种方面与创造性艺术有关。在60年代初，在纽约工作的艺术家估计从1 000人到

① 这是劳森伯格的标题“艺术的‘去神秘化’”的关键所在，见《教育艺术家》（*Education Artists*），重点是第49页，以及“艺术的‘去神秘化’”，第12至13页。

35 000人波动，但 70 年代初的户口普查资料则表明，大约有 10 万艺术家在这儿生活。与他们对自己是艺术家的信念相比，他们是否创造好的艺术这一问题在社会意义上并没有那么重要。"艺术是拥有创造性意图的任何东西，"国家人文基金会（National Endowment for the Humanities）前主席罗纳德·伯曼（Ronald Berman）讥讽地评论道："'有创造性的'一词已……从成就的领域中被移除出来，并被完整地应用于另一个领域。它现在意味着对自我的态度，并且它并不属于美学而是属于时髦的心理学。"在这一情况下，国家是"谁是艺术家"——即使不是，当然也是"什么是艺术"——的终极和"公正"的仲裁者。那么，讽刺的是，艺术作为一套生产技术的"大众"定义，国家支持的将艺术家作为服务部门的"生产者"而进行雇佣，以及中产阶级向艺术活动的全心投入带来了使艺术受制于政治标准的影响。[22]

20 世纪 70 年代的艺术和手工艺运动也表明了，艺术已深深地被纳入许多中产阶级的消费方式之中。在某种程度上，艺术被作为娱乐而售卖——例如，50 年代对数字绘画（paint-by-numbers）的狂热，或 60 年代杰克逊·波洛克的抽象拼图——并且在某种程度上，艺术被作为时尚而售卖。"到现代艺术博物馆的大型欧普艺术展在 1965 年秋天开幕的时候，"记者汤姆·沃尔夫评论道："为激动人心的开幕之夜而进入西 53 街的玻璃门的每三位女性中就有两位身着印花服装，而这是里面墙上正等候众人的画作的山寨品。"[23] 然而，博物馆的参观人数表明，图坦哈蒙（Tutankhamon）墓的纪念物、金制塞西亚人人像和毕加索的毕生成就也能"叫座"。一场卖出了太多票以至于一些观众不得不坐在舞台上的室内音乐会——无疑表明了对艺术消费的兴趣增强了。十年之前，两位社会学家约瑟夫·贝塞马（Joseph Bensman）和阿瑟·维迪奇(Arthur Vidich)曾声明,"显然,艺术修养、通达程度与消费被用作广泛的中间部门的地位和生活方式的新基础……这是一个全新的发展,并且它已经替代了土里土气的中产阶级布尔乔亚式低级趣味,更不用说新教教堂(Protestant Church)本身"。然而,这一使得农民的妻子在当地西尔斯·罗巴克公司(Sears Roebuck)的走道上争购"原创"油画的"文化革命"很容易被过分夸大,就如同贝塞马和维迪奇的做法。[24]事实上,有些事情已经改变了。但是,回想在大众市场——在西尔斯和克威特(Korvette's)①——出售"原创"艺术尝试的失败及其来龙去脉是值得的。

1966—1971年间,西尔斯和克威特分别独立成立了多半备有由知名艺术家(如毕加索、夏加尔和米罗)签名的石版画的"画廊"。克威特选择的艺术品的质量要高于西尔斯,因为西尔斯也售卖目的在于与标准起居室装饰"相配"的油画。然而,克威特营销原创艺术作品的决定来自于其创始人和主席尤金·法考夫(Eugene Ferkauf)——他也是一名艺术品收藏家——的个人承诺。的确,克威特仅仅在一家分店内设置了艺术门类——和想要在全国售卖艺术品的西尔斯不同——并且,这一分店紧邻法考夫的别墅。克威特的艺术门类看起来似乎和店铺的其他门类没有什么关系。店铺之前的经理现在回忆道,位于高层并有独立入口的艺术门类拥有曼哈顿艺术画廊的氛围。唯一的问题在于,它既不是画廊,也不位于曼哈顿。它位于纽约的外郊皇后区。并且它位于折扣店内。克威特艺术门类失败的原因在于维护其存货的高成本及其所产生的相对较低的单位利润。对于画廊而言,他的利润水平可能是足够的,但是它不能产生出像克威特所诉求的每平方英尺的销售额。

① 西尔斯和克威特均为美国的连锁商店。——译者注

就吸引在店铺其他门类——贝塞马和维迪奇所想象的真正的大众市场——进行购物的顾客而言，它也是失败的。当1971年法考夫退休的时候，克威特淘汰了该艺术门类。想必西尔斯在大众市场售卖艺术品的尝试也遇到了类似的困难。①

在克威特，从艺术品的大规模市场营销中获利的是那些依靠员工折扣以300美元购买了价值翻两番的石版画的员工。然而，他们作为中产阶级艺术品消费者获得成功的原因在于，他们购买了由著名艺术家签名的作品。这表明，至少自20世纪60年代起，中产阶级的艺术品消费就涌动了一股强大的暗流，即购买艺术品作为一种投资而非作为一样美丽的东西或一种地位象征。当然，在我们通货膨胀时期的这点上，那些目的是彻底地混杂在一起。例如，克利斯蒂拍卖行的电台广告由一名天真无邪的少女主演，她说道："是的，妈妈，我知道每个人都在那个商店里购物，但是从别人收藏的精美艺术品而不是设计师的想法开始不是很有意义的吗？"自我表达、地位、品位、投资——谁能计算出艺术的吸引力？克威特和西尔斯的大众市场艺术的尝试中，有趣的一点在于有人（至少是在高级管理人员层面）意识到艺术的支持者就在那儿。同时，国家的最高层面正在进行一项界定和塑造这一支持者的努力。

艺术和国家权力

在20世纪60年代，国家在社会中的作用有了巨大的提升。这一提升部分地带来了如下想法：国家应当成为艺术的集体主顾——的确，最大的主顾。有三位纽约政客在明确国家对艺术的

---

① 与皇后区道格拉斯顿克威特前任经理的访谈，1980年7月。

资助中起到了重要作用：晚些时候的州长尼尔森·洛克菲勒、参议员雅各布·贾维茨(Jacob Javits)和国会议员(后来的市长)约翰·林赛。纽约长期在不同的艺术市场中享有霸权地位，因此，对于这一区域的政客而言，在引导国家支持进入艺术领域中扮演活跃的角色就再自然不过了。但是除此之外，这三位先生的独特之处使其非常适合去将艺术发现——并开发——为一系列的支持者。洛克菲勒和林赛属于纽约贵族精英；洛克菲勒和贾维茨(或贾维茨夫人)是现代艺术的主顾；在那时，这三位都是共和党人，并且因此他们都与大型企业的政治(和慈善)捐助人相联系；并且三位先生都代表了未明确将自身确认为某一主流政党的“自由派”选民的不同群体。在某种程度上来说，他们作为这些群体间支点的个人与政治地位决定了他们乐于接受“艺术选区(arts constituency)”这一概念。

然而，他们也和20世纪60年代刚刚开始的美国选举政治全系统的变化相合拍。这些变化包括选民中政党认同的衰落、对选民产生影响的新社会运动的兴起、单一议题投票和压力集团的出现以及不再由传统社会标准所界定的可辨识支持者的发展。比如，“青年投票”“反对越战”投票，以及林赛第一任市长期间的案例——具有生态意识的“自行车选区”。除了艺术中发生的变化外，20世纪60年代至70年代发生在美国政治中的一些事情使得对艺术的国家支持变得有理有据且机智巧妙。1961年，国会否定了联邦艺术咨询委员会的议案，这早在1955年就由总统艾森豪威尔提出。但在1977年，据长期支持专业艺术立法的前国会议员约翰·勃莱德马斯(John Brademas)称，“今天，艺术在政治上是‘畅销’的。现在，较之投票赞成艺术，一名国会议员将在投票反对艺术上遇到更多困难”。[25]

事实上，洛克菲勒、林赛和贾维茨所属的东海岸权势集团

(East Coast Establishment)——以华尔街和华盛顿为中心的排外性企业、政治和社会成员身份的轮流调度——已经就完成一项大量补充的支持艺术计划做出了决定。早在 1957 年，福特基金会(Ford Foundation)就设立了其第一个关于人文科学和艺术的计划。福特基金会与其他主要的基金会、企业和国家的关系表明，他们这一范例最终将对国家产生影响。大多数对艺术的国家资助的政治和概念基础是在州长洛克菲勒建立了纽约州艺术委员会这一原型机构的 1960—1965 年间打下的，期间国会投票决定建立国家艺术与人文基金。洛克菲勒的朋友与同盟贾维茨和林赛争取国会对这一立法的支持，并且另一位在纽约的合伙人——基金会主席奥古斯特·赫克歇尔主要通过在 1963 年递交给肯尼迪总统的一份总结纽约州艺术委员会(及他自己的)理念的艺术专题报告而充当了纽约州艺术委员会和白宫之间的专家纽带。在那时的政治气候下，贾维茨、林赛和洛克菲勒的努力和想法的相互渗透带来了 20 世纪 60 年代国家对艺术支持的重大突破。通过仔细检视他们所说的，我们发现，对艺术的资助被卷入了国家之间以及国家之内的权力争夺——一战之前在英国、法国和德国重新唤起官方对艺术和工业设计及其对工业出口影响关注的积极性，以及 20 世纪 30 年代苏联和美国分别对社会主义现实主义(Socialist Realism)和社会现实主义(Social Realism)的官方鼓励。①

---

① 我对这一发展的理解区别于这方面的权威著作中的不太"意识形态的"理解，即迪克·奈兹的《被补贴的缪斯：美国对艺术的公共支持》(*The Subsidized Muse: Public Support for the Arts in the United States*)(纽约：剑桥大学出版社，1978 年)一书。见第 61 页以后的页面："艺术基金会(由国会 1965 年投票)的政治历史遵循其他新联邦政府活动的模式。它的孕育期很久，在这过程中，颁布法律的不断努力都失败了。出人意料的是，通过一项法案的政治必要条件出现了：友好(如果不是积极推动)的白宫；国会中大量十分有力的支持者(在这个案例中，参议员佩尔和贾维茨，以及国会议员勃莱德马斯)；以及将这一法案视作糟糕的主意而非对他们核心利益的威胁的反对者。"

二战后，在资本主义国家为政治宣传所做的努力中，对艺术的支持成为一种有用的工具。理想的情况下，这些国家不应该对其所资助的艺术设置限制。“自由世界”的国家支持的艺术看起来是完全自由的，这就足够了——也是必要的。早就起来面对苏联对艺术与文化挑战的英国在1945年根据一项政策成立了国家艺术理事会，这项政策“意在向世界展示，在所谓的‘自由世界’里，艺术家创造出绝美且充满想象力的作品，然而苏联的‘社会主义现实主义’制度只能生产出空洞的、夸张的、学术性的艺术官员”。[26]美国在效仿英国这一榜样上相当滞后。虽然一些商人和政府领导在现代艺术(尤其是抽象表现主义)中看到了一种世界市场和世界政治“前沿”上的美国风格再现，但极右派政客依旧怀疑抽象艺术和现代艺术家表达了“共产主义”倾向。因此，战后时期的美国艺术家开始依赖于中间派政客和往往与其联盟的企业部门主顾的支持。其实，当美国政府回应苏联在20世纪50年代于世界范围内发起的“和平攻势”时，正是像现代艺术博物馆和洛克菲勒兄弟基金(Rockefeller Brothers Fund)这样的私人机构提供了艺术作品以及将艺术作品送至其他国家进行巡回展的财务手段。他们也提供了运用现代艺术再现官方美国意象的公共理由。在这一时期，受到特别优待的文化形式是爵士乐和美术。两者都必须看来无法被政治宣传意图所渗透——爵士乐是因为黑人音乐家的优势，美术是因为其与高雅文化的关联。然而，事实上，这些形式被证明是影响外国社会群体——他们或许被预料对美国的政治与经济目标持有怀疑甚至是反对态度——的精巧并因此而有效的手段。对艺术的明智选择以及展览材料的精心策划准备为国外接受美国战后的自由主义铺平了道路。[①]

与“在国内”推动艺术活动相比，政府可能将更多的金钱花在了将艺术送到国外，以及帮助在国外建立常常被美国中央情报局所渗透的“文化自由”组织。不过，50 年代末苏联空间技术的直接挑战促使美国对苏联发射人造卫星做出反应——带来了对国家教育和文化机构的大规模重组，尤其是在科学领域。

出于种种原因，将对科学的处理同样延伸至对艺术看起来是合乎逻辑的。首先，艺术——与艺术家——并没有 20 世纪 30 年代那么的政治和左翼。战争和繁荣以及代际变迁和对社会主义和社会主义现实主义的失望改变了艺术家的政治观点。其次，政府在出口美国文化中享有的成功以及画家（如纽约画派的画家）的声誉使得艺术家看起来成为了宝贵的国家财产。再次，正如苏珊·桑塔格在 60 年代早期所注意到的，“两种文化”间的传统二元分裂正在消失。因此，美学看起来不再比科学更神秘或者没有科学那么有用。最后，推动在历史上面向自由艺术的交易系统的现代化需要既定组织架构内的政府工作。美国在升级文化课程中的努力——致力于“更强壮的”年青一代——充实了艺术和科学，以及除现代语言之外的体育运动。

很明显，政府中的一些人认为艺术的确属于具有最高国家优先权的项目。1959 年，一个由新任总统肯尼迪任命的艺术专案组

---

① 对代表美国的艺术家的合适选择，见弗朗西斯·K.波尔：《美国在维也纳：1954 年威尼斯双年展上本·沙恩与美国的外交政策，或作为美国自由主义者的艺术家自画像》（*An American in Venice: Ben Shahn and United States Foreign Policy at the 1954 Venice Biennale, or Portrait of the Artist as an American Liberal*），《艺术历史》（*Art History*），1981 年第 4 期，第 80 至 113 页。现代艺术博物馆与中央情报局的联系，见富勒：《抽象表现主义，冷战的武器》（*Abstract Expressionism, Weapon of the Cold War*），《艺术论坛》（*Artforum*），1974 年 6 月第 12 期，第 39 至 41 页。

建议在美国国务院或总统办事机构中设立“教育与文化事务”协调机构，而非在通常的教育或文化的官僚机构中。然而，同时国会持续反对在华盛顿设立艺术顾问团的提案。不过，在少数致力于对艺术进行国家支持的国会代表的讨论中，回荡着对外竞争的主旋律。例如，在赞成奥古斯特·赫克歇尔 1963 年关于《艺术与国民政府》的报告的演讲中，参议员贾维茨提到了一个综合的国家艺术“计划……将使我们能够（比今天我们所做的要好得多）面对世界上共产主义文化理念——他们正花费大量金钱进行传播，并且这再现了他们活动的重要方面，这旨在‘埋葬’自由世界——的挑战”。[27]

除了在对外政策的竞争性目标方面的重要性之外，关于艺术的国家计划也对国内政治斗争具有一些意义。这一领域中政府的强大存在有助于维持国家权力——尤其是以现代福利国家的集中形式——以抵抗想要减少或冲淡国家权力的反对派。从这个意义上来说，国家对艺术支持的增长从三个不同的方面对国家权力做出了贡献。第一，它证明强大的国家是人类普遍目标和渴望的守护者而非自由和文明的破坏者。第二，它维护了新政（New Deal）原则，即国家应当鼓励消费和就业。第三，艺术领域中国家支持就业的扩张，以及艺术和文化领域中就业条件不断增加的理性化，使国家对先前未纳入——或者是“自治的”——劳动力范畴的那部分人群——创意艺术家——的社会再生产的控制成为可能。

用于证明 20 世纪 60 年代强大国家的术语与 20 世纪 30 年代提出新政的术语存在根本性的不同。与公共事业振兴署的艺术项目不同，20 世纪 60 年代的艺术政策并不将艺术视作经济复苏的工具。相反，对艺术的新国家资助赋予了福利国家提高“生活质量”的角色。当约翰·梅纳德·凯恩斯（John Maynard Keynes）讨论这一点时，他所使用的术语和奥古斯特·赫克歇尔几乎是一样的。凯恩斯展望，"'个体且自由的、散漫的、无拘无束的、未受控制的'艺术家开辟了艺术的新黄金时代，这将唤起'公共文明生活的伟大时代'"。几乎是一代人之后，赫克歇尔谈到在美国越来越多的人意识到社会将被"其文明素质"所评判："我们觉得我们是一个民族……随着艺术得到它们的福祉，我们应当拥有与之相称的更高水平的国家福祉。"国家必须随机应变——"文明社会这一真正任务的完成"——唤起那些"时刻……那时政治家清晰地领悟到艺术形式反映了社会秩序的内在理想"。[28]

此时，正如赫克歇尔 1962 年出版的一本书中"公共幸福"这一章所说的，国家必须"超越福利"。虽然政府直到现在都"几乎仅仅沉浸在"经济问题中，但"在某一时刻，对福利的关注预计将离开政治领域而进入行政领域，并且随后政治本身应当关注更为有趣的事情"。处理这些"更为有趣的事情"，国家表现出"最有创造力的一面……随后它是伟大的评论家、塑造家、审判家；它设置了公共生活的模式和风格……在这种时候，统治者变成了伟大的老师，并且模仿他的方式和性格构成了一股在整个社会领域发挥作用的力量"。[29]这一呼吁怎会没能影响到一位正在寻找国家使命的总统呢？此外，赫克歇尔的观点确实是 20 世纪 60 年代的赫伯特·马尔库塞（Herbert Marcuse）和其他人所希望的导向更为理性的社会转型的"转向富裕"设想的自由主义版本。那么，在他自己的领域中，赫克歇尔发挥了和阿瑟·施莱辛格（Arthur M. Schlesinger, Jr.）相似的意识形态作用，因为赫克歇尔所刻画对艺术的资助表明一个强大的国家可以继续做一个自由国家。这指明了 20 世纪 60 年代对艺术的国家支持以及 20 世纪 80 年代这一支持减少的普遍性政治意义。

然而，更确切地说，国家作为资助人的角色适应了野心勃勃的政客的需要。作为州长，洛克菲勒计划了相当多的公共建筑，包括一幢纪念性的州议会大厦和许多州立大学的小区。因此，他被指责有“大厦情结”。作为市长，林赛任命奥古斯特·赫克歇尔为文化事务专员，并且向新的文化“活动”打开城市公园。作为总统，肯尼迪和约翰逊均将艺术作为利用公众认可的一种方式。赫克歇尔颇有深意地将这一元素认作与肯尼迪的成功与失败相关。首先是成功：1960 年就职仪式。正如赫克歇尔在今天所回忆到的，邀请文学与文化领域的代表人物参加约翰·F. 肯尼迪（John F. Kennedy，JFK）就职典礼的想法来自一名为新政府效劳的肯尼迪支持者——一名女性，其家族在克利夫兰拥有一家百货商店。当新闻界对新政府的“文化强调”进行大量正面报道的时候，没有人比新政府更为吃惊了。不过，赫克歇尔和其他顾问迅速转向查明这是否真的表明了一股受欢迎的浪潮。他们在全国范围内的社区内进行调查，询问政府是否应该为艺术做点什么。显然，他们收到的回复是令人鼓舞的。1962 年，肯尼迪任命赫克歇尔为艺术特别顾问。但是，同时，新政府也遭受了一系列失败：猪湾事件（Bay of Pigs Invasion）。在《公共幸福》中，赫克歇尔提议将国家对艺术的资助作为恢复对国家领袖信心的一种方式。他邀请肯尼迪将自身与西班牙的费迪南国王（King Ferdinand）——根据马基雅维利（Machiavelli）的说法，他“通过提供巨大期待”而重新获得了他不太可靠的臣民的效忠——相对照。在赫克歇尔看来，国家对艺术的新资助可以产生类似的反响。[30]

然而，需要注意的是，这些期待是“精神的”而非物质的。理论上，一名耳濡目染艺术与文化的市民，其对经济收益的欲望会受到限制。再次，赫克歇尔做了字面解释：在大众中传播艺术应当允许他们向内心追求"和谐"而不是气势汹汹地寻找不切实际的"舒适"念头。由于一些物质上的匮乏是难以避免的，因此应当阻止人们去"毫无意义地追求"，从而"消除困难或摩擦的最后要素"。[31]毫无疑问，赫克歇尔无意去谴责所有的社会激进主义。但是，艺术能够被用于限制期望的想法吸引了大企业领袖——主要是来自东海岸权势集团的企业高管、银行家和律师——他们在20世纪60年代开始参与对艺术的商业支持。

洛克菲勒家族在商业、政治和个人基金间的联系在这一支持的产生中发挥了重要作用。正如州长尼尔森·洛克菲勒几乎是单枪匹马地将纽约州艺术委员会（NYSCA）建设成全面实施该州慷慨举措的保护机构，他的兄弟大通银行的掌控者大卫·洛克菲勒及其家族的慈善事业"洛克菲勒兄弟基金"和"洛克菲勒基金会"创造了对艺术的扩大的集体资助所需要的经济和组织基础设施。在商界形成对艺术的支持并不比在国会内容易。但是，该州所建立的先例显然刺激到了商界。在州长洛克菲勒建立纽约州艺术委员会的两年后，世界大企业联合会（Conference Board）——一个企业高管的国家组织——的非公开会议邀请了两个艺术组织来讨论他们的资金问题。次年，洛克菲勒兄弟基金指派了一个特别小组——其中包括奥古斯特·赫克歇尔，他刚向肯尼迪总统提交了关于艺术的报告——来研究"表演艺术：问题与前景"。该特别小组的报告在1965年出版，这几乎和林顿·B.约翰逊（Lyndon B. Johnson）总统建立艺术和人文国家基金的提案是同时的。两周后，纽约期货交易所（New York Board of Trade）——以大卫·洛克菲勒为首的联盟——成立了艺术咨询商业委员会（Business Council on the Arts）。1966年，大卫·洛克菲勒建议世界大企业联合会建立常设艺术商业委员会——这在1967年实现了。在这前后，由赫克歇尔任主席的基金会——总部设在纽约的 20 世纪基金(Twentieth Century Fund)——接管了洛克菲勒基金小组——赫克歇尔也参与其中——的工作。20 世纪基金向两位普林斯顿大学的教授委托了一项更为深入的研究——“表演艺术：经济困境”。当联邦政府必须建立两个相关的国家基金会的官僚机构时，在它们产生后的 1965 年高层艺术管理人员开始在洛克菲勒基金会、纽约州艺术委员会和华盛顿的职位中流动。毕竟，还有谁拥有新政策所需要的大规模资助的经验呢?

当然，可以预料到，商界将对这项与国家政策相对照、相对比的政策怀有期待。总体来说，商界与国家的高层领袖——像大卫·洛克菲勒和尼尔森·洛克菲勒这样敏锐的规划师——将艺术视作重建文化与政治霸权的一种方式，以及吸收失业的一种手段。当国家发言人赫克歇尔谈及运用艺术收复社会的“基本凝聚力与目标”时，商业领袖洛克菲勒为艺术设定了有所不同的价值。对于洛克菲勒而言，艺术提供了新的休闲时光和新的富足所产生的“非生产性和无目的性活动”的替代物。虽然洛克菲勒援引文艺复兴的“人文主义革命”，但他的公共目标感确实唤起了社会控制的阴影。类似的，东海岸权势集团的另一成员 C.道格拉斯·狄龙(C. Douglas Dillon)在 1968 年的一次名为“企业、艺术和贫民窟”的演讲中说到，艺术能够“为生活在贫困地区的青年群体赋予话语权”，以及克服社会整体普遍的“失语、隔离、人格解体”。这一做法让人想起来肯尼迪总统在 1963 年 6 月向国会发表的咨文，其中他提出建立艺术咨询委员会。在那时，肯尼迪提到的不仅仅是提升艺术质量，同时还有劳工部对艺术相关领域中就业机会减少的悲观预测。虽然在 60 年代有更大数量的青年开始进入艺术职业领域，但是并没有他们一旦达到入门水平就对其进行支持的工作和补助金。青年失业、令人郁积的城市贫民窟、破碎的社会共识——这些情况使得对艺术更为广泛的支持看起来是对潜在的严重社会问题的紧急反应。“城市问题在蔓延，”一名研究员没有任何讥讽地报告道，“一小群商业领袖——像大卫·洛克菲勒、《时尚先生》(*Esquire*)杂志阿诺德·金里奇(Arnold Gingrich)、菲利普·莫里斯(Philip Morris)集团的乔治·威斯曼(George Weissman)和哥伦比亚广播公司(CBS)的弗兰克·斯坦顿(Frank Stanton)博士这样的人——确定并传播了一个概念，即所谓的礼仪(比如艺术)实际上正是给一个动乱不安的社会注入希望、目标和美好的血液。”[32]

早在国家或企业支持艺术的政策存在之前的1960年，一名精干的观察者可以猜到，像往常一样，作为礼物的马是别有用心的。抽象表现主义者艾德·莱因哈特在那时写道：“任何谈及运用艺术去增进国内或国际关系的人都疯了。”[33]然而，作为支持艺术活动的交换，商业和国家领袖至少可以期待获取三个明确的利益：服务部门工作的创造、政治用途捐款以及税收减除。

第一，提供艺术类工作为满足社会需求指明了一条相对实惠的出路。的确，从降低期待的视角来看，艺术类就业要好于其他类型的工作。它的工资相对较低且声望相对较高。它承诺了一种内在于工作本身或存在于艺术社会地位(而不是从业人员或工作的地位)的满足感。此外，尽管专业化程度不断增加，艺术依旧缺少明确定义的职业等级。与大多数工业和一些白领工作相比，许多艺术相关的职业并没有正式的年资制度或雇佣劳动状况(如被雇佣或被解雇)。因此，可以预期，扩大艺术类工作可以生产出相当无固定结构且相对静态的劳动力。

第二，可以预期，对艺术的国家支持将从不同类型的艺术支持者中产生出不同类型的政治性捐款。一方面，正如参议员贾维茨所明显反映的，当他建议将交响乐团与歌剧纳入1963年专业艺术立法（关于税收减除的基奥·柯蒂斯法案）时，已设立的文化机构的贵族董事会应当或多或少地感激迎合他们利益的立法者。另一方面也可以预期，享受国家直接和间接支持的艺术家将在政治竞选中表达他们的感激。随着这些竞选越来越依赖政治性捐款，艺术家，特别是那些拥有经过考验的市场价值的作品的艺术家能够做出更大的贡献，而不仅仅是一种象征性存在。如果艺术家向一场竞选捐赠了可以进行廉价复制的作品，如罗伯特·劳森伯格或安迪·沃霍尔的丝网印刷作品，那么该竞选就可以进行出售而获得可观的利润。例如，1980年，参议员爱德华·肯尼迪（Edward Kennedy）的总统竞选就从复制和售卖劳森伯格、沃霍尔和其他39位艺术家的作品中筹得40万美元。这代表了更高的边际利润，比如和州长杰里·布朗（Jerry Brown）的摇滚音乐会相比。并且，这看起来比招揽现金捐赠更为优雅。一旦国家提高地方艺术和手工艺活动的基金，这也会增加艺术选区，这可以被认为是将忠诚归于资助它们的立法者。

这些施受关系中最为复杂的可能牵涉了对文化机构捐赠的税收减除问题。在这里，支持者加入了艺术的贵族资助人——他们也常常是艺术收藏家，主要的文化机构——最大的博物馆及其资助的地方交响乐团，以及获得最高市场价值的艺术家。和所有的税收减除一样，这些有益于自然能够负担得起大型捐赠的最为富有的群体。他们可免税的文化捐赠可以有两种形式：财政捐款——现金或商品和服务类礼物，比如博物馆的侧厅，以及艺术作品的捐赠。联邦税法允许个人为他/她的收藏购买一件艺术品并且在大约一年后将其捐赠给博物馆——在那时，根据新的且通常更高的市场价格获得税收减除。当然，博物馆必须同意接受以上谈论的这件艺术品。因此，存在一些可能性，即一名收藏家可能因为审美鉴别能力贫乏而遭受经济压力。然而，在这些税收减除历史的相当早的时期，博物馆及其最亲近的贵族收藏家找到了一套最小化各自风险的系统。一方面，收藏家面临购买一件昂贵的艺术品，而随后博物馆拒绝他们选择的风险。另一方面，博物馆面临着被不适合或不匹配他们藏品的艺术品淹没的风险。解决之道在于博物馆的策展人为收藏家提供关于其潜在可免税的购买行为的建议。

博物馆和收藏家均从背驮式收购过程中获益。而且，至少早在 20 世纪 50 年代，博物馆策展人就试图通过说服富有的收藏家购买并在规定时间后向博物馆捐赠有争议性的艺术品——博物馆董事会并不会同意购买——而从这一系统中获得额外利益。这些收藏家中一些可能已经是董事会的成员，但是由于个人面对潜在的更大的税收减免与整个董事会相比，在投资于未知的或未经检验的艺术家中他们较易应付。① 意味深长的是，博物馆的收购——即便是通过捐赠而非购买——抬高了艺术家的市场价值，因此，这个系统使艺术家，以及个人收藏家和博物馆均获益。

通过将自己的作品捐赠给博物馆，市场价格较高的艺术家也从这些税收减除中得到了好处。他们是从两个方面获益的：税收减除本身，以及博物馆对他们作品的陈列。1969 年，通过将税收减免限于材料成本而非已完成作品的市场价格，国会改变了这种

① 汤普金斯：《墙外》，第 144 页，将阿尔弗雷德·巴尔“在这些案例中的习惯做法”描述为引诱富有的建筑师和现代艺术博物馆的受托人菲利浦·约翰逊“购买（一件作品），以用于日后向博物馆捐赠”。在这一特例中，巴尔说服约翰逊购买贾斯帕·约翰斯的一幅旗画。在麦卡特尼时代之后不久，巴尔认为受托人会不愿购买一幅看起来像是……旗帜的画。

形式的补贴。不过，1969 年《税收改革法案》（*Tax Reform Act*）并没有对富有收藏家的税收减除造成影响。通过获得基于捐赠作品"合理市价"的税收减免，他们继续享受对其艺术收藏的国家补贴。这一系统进一步促成了 60 年代火热艺术市场中已经不断上涨的价格。①

尽管 20 世纪 60 年代大多数时间内已出现了具有社会进步意义的立法，国会从未抨击对"文化"捐赠进行税收减除背后的基本原则。然而，关于富有收藏家应当享有的税收减免总额的周期性的冲突确实会爆发。1963 年，刚好在赫克歇尔提交其关于艺术的报告之前，纽约的代表基奥（Keogh）和密苏里的代表柯蒂斯（Curtis）提出了一项将图书馆和博物馆捐赠的税收减免的上限由 20％提升至 30％的议案。这一比率应用于现金或捐赠的市场价格。在国会大厦里，林赛为基奥—柯蒂斯法案进行辩护；在参议院里，贾维茨将交响乐团和歌剧院加入向其捐赠可获得税收减除的机构之中。自然而然的，每一个艺术选区都进行游说以被纳入。艺术资助人约翰·D.洛克菲勒三世（John D.Rockefeller Ⅲ）建议将芭蕾舞和保留剧目剧团以及社区艺术中心纳入清单之中。赫克歇尔在其报告中支持向所有艺术机构的捐赠全面享有 30％的税收减除。[34] 当然，企业捐赠者和富有的个人捐赠者所享有的税收优惠依旧是美国私人艺术慈善事业基础的一部分。资助背后的

① "对艺术家来说，1969 年新法案是毁灭性的……这一法案的确通过限制他们因艺术作品获得的税收减免的条款使得艺术投机对于私人基金不太具有吸引力。但是，购买作品的富有的个人非创造者可能以许多方式利用它……找到一个有钱的朋友……会计师建议他们的［艺术家］客户。请他购买你的画作，让它被欣赏六个月，随后将它捐赠给博物馆。如果主顾捐赠的是与画作直接价值相当的股票或金钱，每个人都从中受益。较之直接把画作给出去，捐赠能获得更好的税收减免，并且看起来是博物馆搜寻了艺术家的作品。"见赛尔德斯：《马克·罗斯科的遗产》（*Legacy of Mark Rothko*），第 86 页以后的页面。

动机与特权与权力的主题再次结合在了一起。

20 世纪 50 年代至 60 年代对艺术的国家支持政策利用了大量的动机和许多的社会基础，从冷战中的竞争到富有资助者的税收优惠。它将传统支持者——比如贵族及其资助的文化机构——和新的支持者——包括劳动力构成中的艺术家和工艺品活动家——结合在了一起。国家有意利用了这些支持者对资金的竞争，以及博物馆和画廊对中产阶级艺术投资的竞争。在这一过程中，艺术市场中的权力快速转化为社会权力、经济权力和国家权力。许多现代艺术的神秘内涵变成了权力和“无力”的矛盾象征，阐明了艺术评论家约翰·伯格(John Berger)的评论，即“审美权力的图解使它们自己变成了经济权力的象征”。[35] 在这一动机与支持者的漩涡——还联结着不同社会阶级——中，新的对确保艺术生产的关注得以产生。为了实现这一点，资助的模式不得不改变；它必须将艺术资助的传统功能和福利国家的功能结合起来。如果没有这一资助上的改变，20 世纪 70 年代纽约的阁楼景象就不可能被创造出来。

5. 从艺术创作到房地产市场

在城市中为艺术家提供空间，这比表面上看起来要复杂得多。虽然这个想法源于慈善事业——以实物而非金钱形式进行的支付或补贴——它通常具有提升房产价值的影响，因此它变成了房地产开发的跳板。这一现象并不是纽约所特有的。至 60 年代中期，即使是南部阳光地带城市（尤其是达拉斯和洛杉矶）中的地方精英也计划围绕艺术存在对他们的市中心进行再开发。20 世纪早期由较早时候的地方精英规划和建造的“市民中心”为在市中心附近（而非市中心内）集聚文化设施提供了一个先例。更近一些的是 20 世纪 50 年代晚期纽约表演艺术林肯中心（Lincoln Center for the Performing Arts）的建立，这树立了另一个榜样。虽然，林肯中心对稳定的低收入社区中住房存量的破坏的确并非正当有理，但是它对于艺术设施的建造却被视作为社会所认可。此外，一个集聚的艺术存在提供给中产和上层艺术消费者的愉悦，使得最终建造在其附近住房的高要价成为可能。林肯中心证明，将艺术基础设施置于贬值地区可以为房地产开发创造奇迹。十年后，苏荷的阁楼提供了对这条规则意想不到的确认。

在某种程度上，正如对艺术家工作室的讨论所表明的，艺术存在仅仅因为单纯的象征性原因而具有吸引力。然而，现代艺术市场和国家对艺术支持的历史指明，象征主义也和权力主题相联系。这里还存在第三个解释艺术存在之于现代城市价值的因素。这涉及了艺术生产——包含了艺术作品的创造以及呈现或表现——在去工业化中发挥的至关重要的作用。艺术家的阁楼既在物质层面又在象征层面起到了工业城市经济向去工业化城市经济转型中的一类非常特殊的基础设施的作用。一方面，它们是“后工业”生产实际完成的地方。另一方面，它们体现了一个趋向上的转变，即从工业政治经济体转向服务部门所主导的经济体。作为场所和符号，艺术家阁楼在新类型的世界城市中为一个目标服务：银行业、金融和艺术市场之都。从这个意义上来说，像纽约这样的衰退中的制造业中心将艺术家称为一个“产业”就并不令人惊奇了。此外，对于没有增长的经济时期而言，艺术是一个增长性产业，一个质量而非大小是决定因素的部门。“即使在这一地区，可能艺术的经济规模都是小的，”专业艺术倡导者和强大的纽约市政援助公司（Municipal Assistance Corporation）成员迪克·奈兹（Dick Netzer）说道：“但是，艺术‘产业’是我们少有的增长性产业之一……纽约的艺术集聚是使其与众不同的特质之一，这一与众不同是具有积极意义的：纽约的艺术吸引了世界上的其他地区。”[1]

虽然如此，在对艺术家的实体基础设施进行补贴的过程中，还是出现了国家支持意图和结果之间的数个矛盾。第一，艺术家进入阁楼空间的权利受到两类目标不同的支持者的拥护：希望促进艺术家发展并且保护老旧建筑的艺术资助人和贵族政客构成的上层阶级群体，以及希望保护其街区的城市私房房主（包括艺术家）构成的中产阶级群体。这两类支持者的胜利最终向房地产开发商打开了阁楼地区。第二，阁楼生活向更大的中产阶级住房消费者群体的蔓延引起了阁楼市场中两个基本上“不具有生产性”的用途之间的冲突：艺术基础设施和住宅。适时地，对老旧阁楼建筑中有限空间总量的竞争将艺术家的补贴变成了新市场的支点。第三，搬进阁楼并创造了他们自己的阁楼居民构成的选区的人保卫他们住在阁楼的权利，但反对房地产开发。令他们懊恼的是，他们发现他们并不能两者兼顾。对艺术家住房的补贴最后创造了对生活阁楼市场的需求。

艺术家的住房补贴

直到 20 世纪 60 年代，都不存在资助艺术家住房的历史。正如艺术家不再专门为特定的资助人工作而是在艺术市场上售卖作品，他们期望去购买或租用他们能够负担得起的住房和工作室。虽然像罗丹和毕加索，或者德库宁和考尔德这样的成功艺术家能够负担得起建立舒适的居所，大多数艺术家遭受着常年寻找廉价但光线充足的空间之苦。在纽约，最后一个为艺术家建立生活和工作空间的慈善家是 19 世纪的房地产开发商詹姆斯·J.约翰逊(James J. Johnson)。约翰逊在 1857 年建造的第十街工作室(The Tenth Street Studio)拥有类似于阁楼的大型空间，能够容纳用于坐着进行肖像画创作的工作室（以及当天的肖像画创作所需要的服装和配饰的道具室）和与之相连的生活区域。在 19 世纪 60 年代至 80 年代被用作最为出名的格林威治村艺术家的总部后，第十街工作室最终以合作公寓的模式向其艺术家租户出售。值得注意的是，它变成合作公寓的时期——20 世纪 20 年代——是士绅阶级以无法负担的价格将工人阶级和艺术家居民赶出这部分格林威治村的时候。[①]

多年以后，作为赫克歇尔关于艺术的报告的结果，联邦住宅管理局(Federal Housing Administration，FHA)拨出经费用于补贴艺术家的租金支付，无论他们碰巧正住在何处。然而，这一补贴因为数个原因而最终变得不切实际，或者说行不通。一方面，艺术家并没有争着去申请基金。他们可能并不愿意屈服于联邦住宅管理局所强加的严格行政法规。例如，房间大小和房间划分。另一方面，面对来自贫民窟社区更为激烈的抱怨，管理联邦住宅管理局基金的地方政府可能并不情愿将钱款用于一小群未被证实的艺术支持者。除此以外，最为需要租金补贴的艺术家可能拥有的收入在实际上低于由联邦住宅管理局援助接收者指南划定的“适中的”最低收入水平。因此，直到 20 世纪 60 年代中期，个人慈善事业和国家支持都没有带来艺术家补贴住房的重大突破。

突破性进展以地方倡议和机构化慈善事业的形式出现。纽约再一次成为了孵化器。1967 年前后，乔治·马修纳斯有了一个念头，即寻找一位富有的艺术资助人去贴补他的梦想——激浪住宅 2 号(Fluxhouse Number 2)。他与 J.M.卡普兰基金(J. M. Kaplan Fund)——由卡普兰家族、富有的收藏家和艺术爱好者建立并运作的私人基金会——进行接洽，并获得了两万美元的贷款用于购买三栋位于苏荷的阁楼建筑。虽然马修纳斯仅仅成功建造起三栋

① 直到 20 世纪 50 年代，第十街工作室一直抵挡住了房地产价格稳步上涨的冲击。随后，它被售卖给房地产开发商——该开发商将它拆除并新建了一栋公寓楼。它的起源，见玛丽·S.哈维斯多克：《第十街工作室》，《艺术在美国》(*Art in America*)，1966 年 9 月，第 48 页。

计划中的合作公寓中的一栋，该基金会最终还是“免除”了这一贷款。但是，差不多与他们遇到有远见的激浪派在同一时间，卡普兰家族也开始努力解决艺术家住房中的实际问题。一位受该家族长期资助的阿根廷艺术家需要更大的空间——部分是由于他的家庭，部分是由于他的雕塑，而卡普兰家族希望在不逾越资助人—艺术家关系的情况下施以援手。他们认为，低成本的阁楼合作公寓可能可以解决所有问题。因此，卡普兰基金购买了格林威治街西村的一栋阁楼建筑，并且迅速地以成本价将其转卖给包含这位阿根廷雕塑家在内的 12 位艺术家构成的团体。

显然受到他们成功的鼓舞，卡普兰基金在 1969 年购买了一栋大得多的建筑，想要重复这一经验。这栋位于贝修恩街（Bethune Street）、在西边高速公路（West Side Highway）附近的空置办公大楼很快被称作“韦斯特贝斯（WestBeth）”，它被修缮并改建为 400 个大型生活与居住空间，供给超过 1 000 个租户使用。不过，卡普兰家族在韦斯特贝斯打造艺术家住房合作公寓的慈善意图与国家和地方政治精英的特定利益不谋而合。首先，该基金受到罗杰·史蒂文斯（Roger Stevens）——他接替奥古斯特·赫克歇尔出任约翰逊总统的特别艺术顾问，并随后在 1965—1969 年担任了国家艺术理事会主席，在 1969—1972 年又担任了国家艺术基金会主席——的鼓舞而购买了韦斯特贝斯。作为一名房地产开发商，史蒂文斯在 20 世纪 30 年代至 60 年代已经通过私营部门而发家致富了。此外，卡普兰基金就韦斯特贝斯进行的工作也获得了该城市、该州以及联邦政府非比寻常的支持。不仅仅是卡普兰家族和这三个首府拥有良好的私人关系，同时这也是纽约艺术权势集团巧妙地由华盛顿的贾维茨、阿尔巴尼的洛克菲勒和市政厅的林赛所代表的时期。最后，卡普兰家族可能已经准备好去实现这一类型的资助，这是因为他们在曼哈顿拥有大量不动产，并且艺术家住房的策略性布局并不会对他们自身的房地产利益造成损害。[1]

虽然在阁楼街区中补贴艺术家住房的动力起源于上层阶级的“资助人—艺术家”联系，这一想法因为中产阶级艺术支持者的积极支持而变得流行起来。这一类支持者在导致格林威治街合作公寓诞生的一连串不寻常的事件中发挥了促成作用。他们的背景对于这个故事来说至关重要。在 50 年代末和 60 年代初，许多中产阶级家庭在格林威治街附近西村联邦风格的砖石和 19 世纪中期的褐石联排别墅中购置了家园。这些新的私房房主如此骄傲地进行翻新的住宅物业紧邻着这个地区的仓库、印刷工厂和汽车修理厂——商业和轻工业设施与这些住房一起创造出了简·雅各布斯在《美国大城市的死与生》(*The Death and Life of Great American Cities*)一书中所称赞的混合用途街区的理想类型。事实上，这是那时候雅各布斯所居住的街区。她的邻居——中产阶级家庭构成了她所鼓舞的街区保护草根运动的基础。意识到这个地区的居民将他们的动员归因于一项由市长瓦格纳推动的计划是重要的。与东北部与中西部许多衰退中城市的地方商业和政治精英拥有同样的目标，瓦格纳希望将西村宣布为“衰落区”，从而有资格获得联邦城市再开发补贴。一旦这个地区获得了一类基金的资格，该城市就可以运用这笔钱款在此建造低收入群体住房。该“工程”被隔离在哈德逊河未使用的码头和格林威治街与哈德逊街的

---

① 关于激浪派和格林威治街的个人访谈，1980 年 4 月至 6 月；关于韦斯特贝斯，见威尔基·法尔和加拉格尔：《为艺术家提供住房：纽约经验》(*Housing for Artists: The New York Experience*)，《提供给艺术志愿律师组织的报告》(*Study prepared for Volunteer Lawyers for the Arts*)，纽约，1976 年，第 34 至 35 页。最终，韦斯特贝斯发展成了艺术家的租赁住房而非合作公寓，并且随之而来的问题产生或加剧了某些紧张关系，包括租约和建筑的空间使用权。

仓库之间，几乎无法被人看到。它们也无法侵占可能进行价格重组的曼哈顿下城土地。更不用说，这一计划在西村的中产阶级私房房主中激起了反对之声。他们看到，如果该工程被建造在其家园隔壁，他们这笔不小的投资将被下降的房产价值所侵蚀，并且他们的混合用途街区也将被牟利的房地产机构所破坏。西村的私房房主由简·雅各布斯组织起来，与市政厅进行斗争。当瓦格纳在1961年以自由党人身份再次竞选时，他被迫对这一问题做出让步。

这一开始介入地方政治的行动为西村留下了两个深远影响。第一，传统的简·雅各布斯式选民依旧能够被动员起来，并且他们在这个地区的改革民主俱乐部（Reform Democratic Club）和社区委员会内组织了一个更为永久的新基地。第二，私房房主依旧对街区保护问题保持敏感。当他们视线范围内的建筑被拿出销售或出现空置时，他们都保持警惕。1967年，当一位本地的市议会成员听说该街区中的一栋阁楼建筑将被城市政府拍卖以用于支付补缴税款时，她启动了一个链式反应。这个链条贯穿了西村自由党支持者与卡普兰基金的组织联系与私人关系。在拍卖会上，该基金的代表购买了格林威治街的阁楼建筑，并打算将其打造为艺术家的合作公寓。然而，在该基金宣布其意图之前，来自社区委员会的艺术家住房委员会就西村的艺术家住房发出呼吁。在极强的时效性下，卡普兰基金得以对这一呼吁进行回应。

除林肯中心的开发商以外，西村的私有房主至少含蓄地表现出了一种新意识，即艺术存在会对城市房地产开发造成影响。中产阶级支持者最在意的是两个问题：对空间的使用和不动产的价值。一方面，担心新的高层建筑，另一方面，担心对现存单元进行细分带来的破坏。私房房主寻求一条可以反击当前住房市场趋势的空间结果的策略。但是正如私房房主对市长瓦格纳的抗争所表明的，他们也希望在不增加或减少不动产价值的情况下维持街区的中产阶级特征。因此，从这个意义上来说，西村居民也希望找到一条对抗市场力量的策略。艺术家以生产者和居住者存在于该街区中，看起来可以规避全部风险。因为艺术家以他们原来的样子在阁楼中居住与工作，他们给转型中的街区带来的是稳定化而非加速化的影响。这当然在那时候看起来是合情合理的。

最初，同样的中产阶级梦想也主导了苏荷的艺术家居民保卫其阁楼权利的努力。不过，苏荷和西村并不相同。与哈德逊河沿岸的狭长地带相比，苏荷占据了曼哈顿岛中央相当大的一部分。作为再开发曼哈顿下城进一步的通道，这一区域吸引了大型房地产投资商和规划师的兴趣。同时，区划条例也禁止在制造业地带开发居住用途。因此，为了保证在苏荷的住房补贴，艺术家不得不依靠强大实力的直接干预：上层阶级的艺术支持者及其贵族政客。一名苏荷艺术家租户协会的早期活跃人士说道："有钱人拯救了苏荷。"另一位苏荷的艺术家回忆道："我们有'来自上城的朋友'。"他解释道：

> 我们拥有画廊老板。我们当中的许多人在学校和大学里工作。那儿有我们已交易过的固有的收藏家。那里有一些在该地区极具影响力的艺术家——罗伯特·劳森伯格、罗伯特·印第安纳(Robert Indiana)、朱莉·贾德(Julie Judd，极简主义者唐纳德·贾德的妻子)——他们能够对策展人和博物馆董事会成员产生号召力。我们当中的其他人仅仅拥有一些曾经跟我们购买过东西的富人。我们将这些我们打算沟通的人的名字整理出来，发现我们之间拥有一个相当震撼的名单。

它的范围从与艺术毫无关系的人(如银行董事会主席)到策展人和国际艺术品经销商。我们开始给这些人打电话,让他们知道:“嗨,这里正发生着一个没人知道的独特现象,并且,如果我们什么也不做的话,它将被摧毁。”①

尽管最初存在对共同原因的担忧,苏荷的艺术家还是与历史保护支持者以铸铁建筑之友(Friends of Cast Iron Architecture, FCI)的形式结成了联盟。作为贵族构成的市艺术学会(Municipal Arts Society)的衍生物,这一组织成立于1970年——正当“拯救”苏荷斗争之时。该群体由拥有金钱和权力的人群构成。在20世纪60年代,这些人多次建议在苏荷内宣布一个地标性的“铸铁建筑街区”以保护格林街独具特色的阁楼建筑免于拆除。但是,想要再开发这一地区的大型房地产开发商却将历史保护主义者的努力束缚至小范围的招数。一旦艺术家加入了他们,保护主义者就开启了真正的攻势。艺术家进行了大量的用以支持地标街区争论的档案研究。“通过运用历史保护,我们使开发商的困难变得更加复杂。”一位艺术家活跃人士说道,并且当开发商的计划烟消云散的时候,一个官方的地标街区保留下来了。

始于《生活》杂志1970年的一篇饱受赞扬的文章——《在阁楼里享受大空间》,苏荷的艺术家也认识到了平面媒体的价值。一位艺术家这样说:“突然,随《生活》杂志上这篇故事而来的是,我们变成了一种全国现象。”“对于他们来说,我们太大了以至于难以忽视。我们在私底下开始相互认识。于是,我可以打电话给唐纳德·埃利奥特(Donald Elliott)并且有时候直接联系他。我们拥有

① 除非另有说明,本章中的个人素材来自1980年7月和8月在纽约进行的访谈。

分管我们的副市长。”“我们学会使用国外媒体，”另一位艺术家回忆道，“关于我们的故事出现在法国或德国的报纸上。我们的大使馆把它们发回国务院，国务院又把它们发给市长林赛。”面对着想要执掌世界之都的城市当局，艺术家意识到这些新闻故事将会对市政厅产生影响。“我们做了一个政策决定，即和舆论界合作，”一位活跃人士说道，“组织中的很多人反对它并饱受其扰。我们了解舆论界和对（阁楼生活）的立法可能会带来什么。但是如果我们没有这么做的话，今天苏荷将不复存在。”

尽管存在种种焦虑，苏荷的艺术家在斗争中享有一定的政治优势。“一个从来没有被充分承认的事情，”一位早期的活跃人士说道，“是约翰·林赛的重要性。我们的市长是一位有教养的、敏感的、受过良好教育且理解艺术在生活和这座城市中价值的男士。在瓦格纳的手里，苏荷不可能被建立起来，比姆（Beame）也是一样。对于我们的成功而言，林赛政府绝对是至关重要的。通过斗争，我们获得了林赛及其私人助手的支持。正是市长的私人助手告诉我们如何在规划委员会面前为我们的情况进行争辩。”①

虽然贵族对艺术家最初的支持是基于文化资助的特点，他们对开放政治支持的努力争取则依赖于经济论据。市长林赛助手给他们的建议是“在金钱方面展现我们的价值”，“一些艺术家反对，”一位活跃人士说道：“但是我们其他人拿出了艺术就业、旅游、供给的统计数据——委员会能够看得懂的数字。”在这场讨论中，艺术显然屈服于艺术经济。“当我们致力于区划调整时，我们从未谈起过美学，”另一位活跃人士说道：“我们让他们谈论美学。我们采取

① 国会-贵族联系与其他城市政府官员与社会精英更为遥远的关系形成了对照，如在费城，艺术家进入阁楼建筑的路径要难得多。见吉姆·斯垂顿：《开拓城市荒野》（*Pioneering in the Urban Wilderness*），纽约：尤里森出版社，1977年，第87页。

的路径是，我们是需要在生活的地方进行工作，这既有经济原因，也是出于我们工作的本质。我们用空置率和就业人数对他们形成冲击。我们主动提出使房产重回纳税清册。”特定数量的组织混乱也有助于他们的努力。“我们拥有担当工作人员的朋友，”一位早期的苏荷阁楼居民总结道：“尤其是在城市规划委员会任职的朋友……我们运用跨部门协商和相互抗衡的责任领域去使官僚机构反复侵扰我们的努力陷入混乱。”

此外，到了20世纪70年代，对于试图解决城市贫困的政客而言，艺术意味着一个新平台。“我给你讲一个卑鄙的小故事。”这是一名苏荷艺术家的权威人士提供的：

> 在评估委员会(Board of Estimate)投票同意将苏荷设立为艺术家街区的最后的听证会上，有许多其他团体为其他事情作证。来自南布朗克斯(South Bronx)和贝德-斯特伊区(Bed-Stuy)的贫民正抱怨着鼠患、租金控制，诸如此类。委员会只是把这些事情搁置起来，继续推进。他们不知道该怎样进行下去。然后，他们来找我们。所有的新闻秘书和记者都在那儿。强弧光灯亮起了，照相机的胶卷也开始滚动。这些人都开始就艺术对纽约市的重要性发表演讲。这就是千方百计与我们斗争的那群人！这真令人恶心。①

艺术基础设施的生产补贴

随着地方和国家两个层面越来越多地干预艺术经济，阁楼补

① 由全市选举的最高官员组成的评估委员会发挥着土地用途问题终审法院的作用。位于布鲁克林的南布朗克斯和贝德-斯特伊区是种族贫民窟与少数民族贫民窟。

贴的本质发生了变化。它从对艺术家住房的非直接补贴发展成对艺术生产的直接补贴。这与政府支持在苏荷为艺术家进行分区的转向背后的论证相一致。但是,它也与对房地产开发的普遍支持相一致。对艺术生产的补贴使得艺术家无法对城市中的特定地点提出要求。因此,他们也不会触动市场力量。在艺术存在帮助改变了城市特定地区(如苏荷)的价值后,艺术家可以拿着他们的补贴并迁至另一个衰落地带。在短期内被视作创意和表演艺术家成功之机,对艺术基础设施的生产补贴在长期内被证明是住房开发商的聚宝盆。将阁楼用作表演空间就提供了一个好例子,尤其是在以阁楼爵士乐(Loft Jazz)知名的运动的发展中。

始于70年代早期,一些演奏和创作"实验性"或"非主流"爵士乐的音乐家聚集到一起,在阁楼而非酒吧或音乐厅中进行表演。在某种程度上,如同打造了合作画廊的艺术家,他们的作品是没有什么市场的。但是,也在某种程度上,这些音乐家有意地将自身与爵士乐市场的介入点隔绝开来。他们不喜欢努力争取唱片合约和演出日期的商业数值,并且作为黑人穆斯林(Black Muslim),他们当中的许多人对爵士乐酒吧中的嗜酒氛围并不赞成。与爵士乐现场相比,阁楼爵士乐更为严肃,更加吸引人,也更具自觉的美感。1972年,当一年一度的新港爵士音乐节(Newport Jazz Festival)迁往纽约的时候,数个阁楼爵士乐音乐家组织了他们自己的"替代节日"——纽约音乐家节(New York Musician's Festival)。意味深长的是,他们的表演由国家艺术基金会和市长林赛的公园局(Parks Department)资助。在随后的一年,阁楼爵士乐运动被吸纳进了定期性的新港节日计划。一半的表演在三个爵士乐阁楼中上演:苏荷的欧涅·寇曼(Ornette Coleman)的艺术家之家,山姆·里弗(Sam River)在附近的工作室"里弗碧(Rivbea)"①,以及翠贝卡的一个阁楼。因为这一部分的节日被宣传为"社区"努力,其他音乐会被安排在不同街区的社区中心内。但是,节日期间内宣布该节日的新闻发布会是在艺术家之家内举行的。《纽约时报》注意到,周遭环境比烟雾缭绕的小型爵士乐俱乐部要舒适得多。艺术家之家是一个拥有由抱枕覆盖着的镶木地板的大阁楼,在那儿观众在听音乐的时候可以舒适地坐着并慢慢品酒。[2]

到了70年代末,作为音乐运动的阁楼爵士乐结束了,但在阁楼里演奏爵士乐却延续下来。虽然参与建立这些表演空间的主办者并没有曾经那么正式,但表演的组织却变得更加制度化,这多亏了新的各个层面上的国家补贴。一般而言,新的爵士乐俱乐部是由新一代爵士乐音乐家所建立的。这些想要成为演奏家的人是年轻且穷困的,他们受过良好教育,野心勃勃。像已经学会将生活与工作空间结合起来的艺术家一样,这些音乐家使阁楼适应于他们的需求。他们不仅将阁楼的一部分用作排练室,他们也经常出于同样的目的将它们出租给其他身无分文的年轻音乐家。最终,对练习场地的需求带来了对表演空间的需求,并且要么是为了他们自身着想,要么是回应其他音乐家的恳求,这些阁楼租户将他们的房屋变成了爵士乐俱乐部和小型剧场。他们将租金和入场价维持在较低的水平——并且通常是在管治娱乐场所和歌厅的地方法律的边缘进行运作——而且,他们及时地获得了一批追随者。他们为人所知,他们被娱乐指南详细记载,并且他们甚至获得了来自政府的资助。一方面,更为严肃且前卫的表演空间能够拥有获得艺

① 这个工作室由里弗(River)和他的妻子碧(Bea)共同运营,因此得名"里弗碧(Rivbea)"。——译者注

术基金会补贴的资格。作为他们专业训练的指标，越来越多的表演者拥有本科学历——或者在爵士乐的案例中则是拥有伯克利音乐学院（Berklee College of Music）或新英格兰音乐学院（New England Conservatory）的学位，对于获得国家支持而言，他们看起来更有资格。例如，在纽约市，这一类型的援助通过剧场发展基金会（Theater Development Fund，TDF）而实现。剧场发展基金会为被认为处在边缘性经济状况中的剧场和其他演出场所组织出售折扣票。通过"TDF 代币券"这一系统，一个剧场或俱乐部将被补偿其所销售的每一张折扣入场券。在实践中，一个表演场所从 TDF 代币券中赚到的钱要多于从普通折扣票（比如，学生折扣票）中赚到的钱。TDF 是由国家艺术基金会、纽约州艺术委员会以及企业与私人捐赠者所资助的。正如一位年轻的俱乐部老板——其爵士乐表演得到了两种类型的政府补贴——所承认的："《来自布鲁克林名叫赛（Cy）的猫》令我快乐。你能相信吗？！埃克森、福特和国家艺术基金会正在补贴我的俱乐部！"

但对于这类主办者来说不幸的是，国家补贴和公众接受并没能将他们的阁楼保存为城市艺术基础设施的组成部分。如同苏荷和西村的艺术家，通过他们的存在，他们有助于使得其阁楼街区对于公众来说更为显眼且更可接受。在入住的音乐演奏者作为"靠山"的情况下，他们的房东能够非正式地将他们的建筑改建至居住用途。为了支持能够支付得起更高租金的租户并且最终进行完整且合法的居住用途改建，表演公司和表演场所被驱逐出去。具有讽刺意味的是，一些建筑的业主在不止一个方面从艺术基础设施中获利。在相当多的案例中，决定进行居住用途改建的人是从老一辈的阁楼建筑业主中继承或购买了他们的建筑，并且这些新业主本身工作于艺术经济领域。他们当中的许多甚至住在阁楼中。

不过，这些建筑仅仅是更大的变迁过程的前沿。在许多的阁楼街区中，一种新类型的家庭手工业结合了阁楼生活和艺术基础设施，从而创造出一种新的完全保留在服务业部门的混合用途。通常，这些阁楼租户是平面设计师或服装设计师——他们可以将实际制作分包给城市其他地区的工人——以及来自低端第三产业范围的服务性公司，如广告公司和建筑师。尤其是当传统写字楼市场租金上涨的时候，这些租户就要在边缘地带寻求租金更为低廉的空间。虽然企业总部几乎不会搬至阁楼中，但是对他们来说，地址位于阁楼是一件时髦的事儿。同时，已被多元生产用途所破坏的阁楼地区逐渐适应于种种更为同质的中产阶级混合用途。

在这一社会与街区变迁的过程中，在空间方面来说，一栋单体阁楼建筑可以代表一个横截面。例如，一栋位于格林威治街，被“非法”改建为合作阁楼的建筑体现了一种每层不同用途的混合：底层一半是居住功能，一半是一家剧场公司的排练场所；二层一半是居住功能，一半用于牙科设备生意；三层被分成了两个混合用途阁楼——一个住着一位护士和一位建筑家，建筑家将这里用作办公，另一个由一位股票经纪人和一位在阁楼中运营工厂业务的女性所占据；四层全部用于居住；五层一半是一位医生的家，一半是一位平面设计师和美术家的生活与工作场所；六层一半用于居住——最初的买家一位建筑师出售给一位商人，一半为一名学校教师和一名管理医院餐饮部的男性（这对夫妻还拥有其他建筑中的一个阁楼，他们将其租出用作举办聚会）所拥有，用于居住和运作餐饮业；七层一半由一位建筑师出售给一位医生用作居住，一半由两位在此居住并运作邮购业务的男子所使用；八层被分成了一个有孩子的年轻寡妇的生活阁楼和一个女城市规划师的生活阁楼，其中包含了她丈夫——一名陶艺家的工作空间；九层拥有两个生活阁楼。这便是支持将老旧制造业中心转化为新服务部门之都的实体基础设施。

暂时,不同种类的“非生产性”用途可以在这一基础设施内共存。这一创造性的不调和状态是有趣的,并且有时候甚至是高雅的。但是,迟早会有矛盾出现在艺术生产和其他较高租金的用途中。在那时,房地产开发重申了其对艺术经济的支配。被迅速发展的艺术基础设施所抑制、耽搁或掩饰的开发策略表明,任一空间用途在最后都是可以牺牲的。自然而然的,阁楼市场内开发策略的再度出现或者强化引起了阁楼居民的忿恨和反对。多年来为了捍卫这一群支持者利益而形成的组织必须明确地表达出日益增加的反开发的反对意见。不过,正如这一市场发生了变化,阁楼居住的支持者也发生了变化。他们在房地产开发商的立场在某种程度上与他们在阁楼中的生活相矛盾。

阁楼居民支持者中的矛盾

自 20 世纪 60 年代早期起,纽约市有三个不同的组织试图表达阁楼居民的共同利益:在 1960—1961 年短暂的时间里较为活跃,在 1963—1964 年又再次崛起的艺术家租户协会(ATA);在某种意义上于 60 年代晚期接手了较早的支持者的苏荷艺术家租户协会(SoHo Artists' Tenants' Association,SATA);以及 1978 年在更广泛地缘基础上组织起来的曼哈顿下城阁楼租户联合会(Lower Manhattan Loft Tenants,LMLT)。大体上,从一个组织到另一个组织的变迁反映了遍及曼哈顿南半部的居住用途改建——从炮台公园到时代广场,并进入了布鲁克林和皇后区——以及阁楼租户对与艺术生产毫无关联的中产阶级群体的纳入。

正如阁楼市场吸引了这些人群，保护阁楼居民利益的策略就从保卫艺术家的需求转向了保卫租户的需求。“我们多半是艺术家，”一位曼哈顿下城阁楼租户联合会的创始人说道，“但是我们感觉到，早期的团体是从不再发挥作用的艺术家的角度开展工作的。我们在艺术家团体所遗忘的东西中起到作用，而他们依旧寻找来自好心房东的作为艺术家补贴的住房，而这不会再奏效了。”

艺术家租户协会在 60 年代早期的成功归功于三个因素，它们都产生于这个时代的精神与理性。首先，艺术家租户协会的早期示威游行看起来是公众所能理解的普遍抗议气氛的组成部分。在 1961 年夏天，艺术家在街道上游行示威，威胁要联合抵制艺术画廊和博物馆，并且通过油印机进行了一场宣传运动。然而，与其他社会运动不同，它们是“一种为人们所注意到的安全的东西”，正如一位艺术家租户协会的组织者所说：“我们被认为是非常可敬的示威者。”如同稍后的苏荷艺术家活跃人士，艺术家租户协会也充分利用了艺术在城市经济（尤其是在纽约）中不断显露的重要性。由于现代艺术的拍卖和画廊销量都破了纪录，“我们都拥有足够的悟性，可以意识到在这座城市金钱是万能的，而不是文化。不过，我们也意识到许多金钱正流向艺术”。最后，艺术家租户协会顺利实现了其目标——艺术家合法进入阁楼的权利——因为，在那时，对于主导的制造业用途而言，他们并不构成真正的威胁，并且也不存在生活阁楼市场。艺术家租户协会看起来仅仅代表了一些想要其他人并不想要的空间的艺术家。

到了 60 年代末，曼哈顿下城的艺术家面临了来自希望将其建筑拆除并将建成环境从地面重建至高层建筑的房地产开发商的竞争。但是到这时候，许多艺术家已经在他们的阁楼上投入了时间与金钱。与成立艺术家租户协会的艺术家租户不同，大多数建立苏荷艺术家租户协会的艺术家在1968年居住在他们是业主而非租户的合作阁楼里。“我们无非是想保护自己的家园。”一名早期的苏荷艺术家租户协会的活跃人士说道。“在60年代后期，我们满心恐惧，”另一位回忆道，“我们确信，我们将失去家园。”然而，在运营苏荷艺术家租户协会的艺术家业主和很大程度上拒绝加入的艺术家租户间出现了特定的利益分化。一方面，阁楼业主赞成为了艺术家的阁楼对苏荷进行重新分区规划，因为他们认为他们将从不动产价值的上涨中获利。另一方面，阁楼租户倾向于保持“非法”状态，因为他们认为在房产价值上涨后，房租将上升至他们无法承担的水平。

这一分化说明了苏荷艺术家租户协会站位摇摆不定，或者说不坚定的一些原因。回顾过往，创始人声称他们从未将分区问题作为他们的头等大事。相反，他们希望将租金维持在较低水平并且维持混合用途街区的“兴奋点”。事实上，他们发起了一项可以应用于挂牌“驻家艺术家”阁楼的租金稳定计划，但是城市当局拒绝对此进行考虑。为了回应苏荷艺术家租户协会对租金上涨某种控制的需求，城市规划委员会提议进行重新分区规划。即便在那个时候，该提议还是在艺术家的心中引起了怀疑。一些更为精明的苏荷艺术家租户协会代表提出了与之抗衡的提议，即为了艺术家的阁楼生活而不是在苏荷创造艺术家特区而对整个城市进行重新分区规划。曾对60年代早期苏荷制造业阁楼用途进行研究的城市规划师、未来的城市规划委员会成员切斯特·拉普金(Chester Rapkin)建议他们反对重新分区规划。根据他的预测，这将导致租金上涨。但是，在这个问题上，城市规划委员会是绝不动摇的。讽刺的是，如同将艺术家合作住房购为己有的西村中产阶级私房房主，苏荷的艺术家仅仅想推动街区的稳定化。"第一个人发现事物本来的样子是具有吸引力的，"一名自1968年就居住在苏荷的建筑师说道，"他们喜欢在工厂之中安静地居住着。他们并不需要一个居住区域。"

十年后，当曼哈顿下城阁楼租户联合会成立之时，这一情况发生了变化，但是动机依旧是一样的。曼哈顿下城阁楼租户联合会支持混合用途和低租金。"我们将保持不合法的状态直到并不一定以开发为导向的合法化出现——能够允许我们保持制造业和居住的混合用途，能够保持作为有限资源的建筑是可用且可负担的。"一位曼哈顿下城阁楼租户联合会的组织者说道。市场第一次将阁楼居民与制造商置于同样的位置，因为与开发商相比，他们也都第一次成了处于劣势的人。"我们可以与制造商结盟，因为我们都害怕开发，"曼哈顿下城阁楼租户联合会的代表说道，"我们有着同样的需求……我们不需要花哨的大厅以及东奔西跑的宠物狗。我们赞成按照区域本来的样子进行居住。我们不赞成进行住宅开发。"

但是，现在对于曼哈顿下城阁楼租户联合会来说，声称阁楼居民因其是艺术家而应当被保护变得更困难了。虽然调查表明曼哈顿下城阁楼租户联合会的成员中有85%是艺术家①，但其中很多是依据自我定义的。会员中包括大量的摄影师、庞克摇滚乐手、手工艺爱好者以及可能并没有资格获得"驻家艺术家"认证的小本经营的企业家。因此，曼哈顿下城阁楼租户联合会不再强调艺术作为保护其在阁楼市场中位置的一种理由。正如一位组织者所说的，"我们并不想将非艺术家剔除出去，比如在阁楼中住了15年的

① 这一数据是不确定的，因为成员身份包括家庭和个人。

不受世俗陈规束缚的股票经纪人”。在某种程度上，时间和数字当然都站在他们那边。阁楼居民不再害怕城市政府因非法阁楼用途而驱逐他们。他们害怕的是进行居住用途的改建。因为房产价值出现了剧烈增长，阁楼居民必须与更具侵略性的房地产开发策略进行斗争。“我们看到的问题，”这位组织者说道，“出现了来自基本上是同一问题的各种症状。房东意识到他们的房产价值正在增长，并检视了他们房产的用途，然后要么进行合作公寓，要么提升租金，要么售卖。我们也看到了房东任由其建筑坍塌以阻止租户或是因为他们不知道如何处理租户的案例。”折磨曼哈顿下城阁楼租户联合会的居住开发问题是这个组织从艺术家租户协会和苏荷艺术家租户协会的成功——或者说，皮洛士式胜利（Pyrrhic victory）中继承而来的。

在 1960 年至 1970 年间，随着国家政府、大型企业和各种地方机构朝着对艺术的大规模国家补贴而迈进，对于纽约的艺术家而言，依据自身在新兴艺术经济中的位置来保护其进入廉价阁楼空间的权利就变得合乎逻辑。作为这一经济的主要生产者以及“更高的”服务部门的象征，艺术家开始将其转变成用于创造性过程的实体基础设施。但是，艺术存在内在的矛盾和有些意料不到的影响。一方面，它支持了艺术家对来自两类艺术支持者支持的要求：传统的上层阶级艺术资助人和新的城市自由主义者的中产阶级基础。另一方面，艺术存在吸引了数量不断增加的非艺术家，如资助人、公众、租户。由艺术家的存在而提高的房产价值上涨得非常之高以至于它们有效地限制了试图以艺术品或表演谋生的人进入阁楼市场。虽然阁楼的三种非生产性用途——艺术生产、服务部门的家庭手工业以及居住——曾在一段时间内共存于同一空间，但是市场价值倾向于加强居住用途的力量。随着阁楼居民开始纳入更多的业余的外围的艺术家而非专业人士，他们所形成的社会运动从要求对艺术家保护演化为要求对租户的保护。在某种程度上，他们与依旧留在那里的制造商联合起来。但是，他们所回应的市场发生了变化。如同60年代早期的艺术家租户协会，80年代早期的曼哈顿下城阁楼租户联合会依旧在组织示威游行。与在街道和博物馆前示威游行相反，曼哈顿下城阁楼租户联合会的成员在市政厅、布鲁明戴尔百货店（Bloomingdale's）的走道上示威游行，因为这个百货店的家纺部门推动了“苏荷风格阁楼”的装饰。尽管拥有战斗性，但是现在的阁楼居民支持者中有着相互矛盾的群体利益：它支持阁楼生活，但它反对居住开发。

这一矛盾与阁楼市场发展中的其他矛盾相伴而生。在早些年代，上层阶级的艺术支持者对帮助他们所收集其作品的艺术家和保护老旧建筑免受清障车拆除感兴趣。中产阶级的艺术支持者想要保持房产价值和混合用途。对于阁楼居民自身来说，不幸的是，美学并没有抑制住房地产开发，并且中产阶级的街区稳定之梦结果变成了一个幻想。正如迪克·奈兹所认为的，少量的艺术公共支出可以对城市造成很大的影响。但是，什么样的影响是能够被预见的呢？在纽约，相对较小的对艺术基础设施的投资——通常是花国家的钱——创造了对非传统房地产市场的新需求。在这一情况下，开发商证明，其拥有的能力不仅仅只是回应需求。

6. 阁楼市场中的需求与开发

虽然 20 世纪 60 年代围绕着艺术基础设施的品位、风格和意象塑造创造了对阁楼生活的特定主体需求，这一市场的发展也是对两个客观因素的回应。第一，它依赖于对市中心低租金大空间的渴望；第二，它依赖于对不需大量投入进行资金筹措或进行维持的房地产物业的渴望。通常，当人们试图解释一个市场是如何发展时，他们强调第一个或这两个因素，即消费者的需求。无疑，在城市住房危机的条件下，那才是唯一合理的。一段时间以来，如土地价格、建造成本和利率等普遍因素对建筑业的活动造成了影响。尤其，来自更具利润的用途（如办公空间）的竞争降低了建造住房的动力。这一情况对住房市场造成了明显的影响。例如，在纽约市的公寓住房中，空置率低且租金高。在纽约人抱怨的敦促下，市长爱德华·科赫发出警告："如果你想住在曼哈顿 96 街以南，你必须付钱。"或者，如美国住房和城市发展部（Department of Housing and Urban Development）纽约办公室主任艾伦·H.维纳(Alan H.Wiener)在1981年更为准确地注意到的,“市场上不太可能出现许多出租单元以供给大多数年收入低于5万美元的人”。由高级行政官员做出的这种反应强调了消费者需求在纽约住房市场中的力量。从这一需求的视角来看,中产阶级群体乐意迁入或接受阁楼也就不足为奇了。

但是,在60年代早期,阁楼生活依旧更多地代表了一种后天养成的嗜好。当然,许多艺术家在阁楼中生活与工作,但是他们中并不是所有人都需要用于工作的大空间。除了像弗兰克·斯特拉(Frank Stella)这样在大型帆布上进行创作的画家以及需要练习或表演空间的舞蹈家和音乐家外,也还有艺术家发现了阁楼的方便之处——它们邻近能够激发其艺术灵感的制造业地区和供应商。例如,激浪派的坚尼街美学使他们立即成为生活阁楼的消费者。那些并不参与任何创意或表演过程,但经由环境的力量变得认同审美先锋派的人——如同20世纪早期巴黎和伦敦建筑现代运动中的资助人——加入了他们。正如建筑历史学家雷纳·班纳姆(Reyner Banham)在描述早期阁楼居民的这些精神祖先时写到的:

> 现代主义建筑(Modern architecture)的主顾由艺术家及其资助人与经销商构成,还有一些巴黎秋季艺术沙龙(Salon d'Automne)建筑板块的临时参观者。结果是,首先,他们几乎都要求至少一间大型的、采光良好的北向房间以用作工作室或画廊;其次,他们的私人生活往往会十分古怪,以至于对功能规划产生了反类型化的需求;最后,虽然有一些和波利纳公主(Princesse de Polignac)[①]一样慷慨,但是他们当中的大

① 知名的音乐资助人。——译者注

多数只有中等财力且需要相当划算的建筑空间。[1]

类似的，大多数早期的阁楼居民是“古怪”且“节俭”的。受雇于相对新兴的服务业部门或者是服务经济间隙中的个体户，他们并不会受到生活于传统居住社区的客观需求的限制。第一，因为相当一部分在家工作——在家庭办公室或中产阶级家庭手工业——他们可以利用为重负荷使用而建造的大型开敞空间；第二，他们不需要寻求邻近高速公路或公共交通等通勤网络的地方。他们当中的大多数也没有孩子，因此他们也不需要寻找儿童导向的基础设施，如优质的学区、干净的街道和操场。此外，他们在照顾自身需要上足够自给自足，并不需要城市街区通常配备的便利设施：杂货店和干洗店、隔壁邻居或附近的亲戚。最后，相对来说，他们并不受到莱维顿（Levittown）①美学和由像《美家生活》（*Better Homes and Gardens*）这样的杂志所推动的主流家庭消费标准的影响。比早期阁楼所依赖的“城市家园”的概念更具相关性的这一生活风格及其家庭生产的迷你模式确实表明——此时此地，阁楼居民生成了一种“生存住房”形式。与许多生存形式一样，阁楼模式最终升级成奢侈品市场，但是在一开始，搬进阁楼仅仅只需要很小的初始投资。

有趣的是，这一投资的大多数资金直接或间接地来自政府或服务部门。一方面，许多艺术家和表演者将他们的补助金用作购买和整修阁楼的“种子基金”。另一方面，当地的公务员——他们的工作产生了对中心城市生活的特定承诺，特别是当他们涉入城

① 莱维顿（Levittown）指的是莱维特父子建造的郊区城镇，其目的在于解决二战后大批美国大兵返回国内产生的购房需求。这种城镇的发展，引起了美国城市化格局的重大转变，大大促进了美国城市的郊区化。——译者注

市规划或经济开发时——用从公共部门工资中省下来的钱投资于阁楼。许多小规模投资者或首次投资者加入这些群体，参与创收型房地产投资。他们并不是真正的专业开发商，但他们仍然拥有将阁楼视作可行投资机会的金钱与兴趣。因此，通过将由艺术家、专业人士、行政官员和小本经营的企业家构成的异质却典型的中产阶级群体团结起来，阁楼市场拉开了序幕。

在两层含义上，这些人搬进了阁楼：他们固然是居民、占有者或使用者，但也是投资者。他们投资的规模决定了他们在"开发"其不动产中各自所遵照的策略。然而，在或多或少的集体层面，他们投资的规模也影响到阁楼市场的大体开发策略。从古怪的、自住型阁楼到标准化的、大规模居住用途转换的市场进程至少反映了不同房地产投资者的决定，这也同样反映了住房消费者品位的变化。的确，可能有人会说，任何房地产市场中，在做出改变时享有优势的是投资者而非消费者。正是需求的客观因素——对布局(placement)而非地方(place)的需求——在很大程度上决定了以何种方式在什么时间、什么地点被建造。

阁楼市场中的投资策略

就此而论，生活阁楼中市场的崛起仅仅是中产阶级投资资本进入老旧工业城市衰退地区的一般运动的变种而已。明显的相似物可以在位于或邻近历史上的市中心的工人阶级居住街区的"褐石化"或绅士化中找到。这两个市场——阁楼和褐石建筑——都被数个城市政治经济的一般条件所影响。始于20世纪60年代中期，地方商界和地方政治精英间的新共识倾向于重新评估依旧遭受着故意制造的私人投资资本长期短缺的市中心。从经济角度来说，这预示了从这些地区的贬值到重新估值的变化。大约在同一时间，一段相当长时期的通货膨胀和经济衰退的来临，在美国全国范围内带来了房产价值和建造成本的上涨。因此，重新利用而不是拆除老旧建筑就变得更为合算。但是，也有一些特定条件影响了房地产投资，尤其是在贬值了的房产中——它们将中产阶级的金钱吸取进阁楼和褐石建筑市场。

首先，进入贬值房产市场的价格是低廉的。廉价建筑的可获得性意味着，那些仅仅有少量金钱可用于投资的人能够变成公寓楼和阁楼的房主。并且，这些建筑相对较小的规模提供了部分时间参与房产管理的可能性。没有必要拥有洛克菲勒那么多的财富或这些财富能够购买的专业知识去处理并不像洛克菲勒中心那么大、或者那么复杂的房产。此外，这一种投资通常是有利可图的。对稳定的中产阶级租赁住房的小规模投资每年的利润回报率在15％。大规模投资的资产利润回报率通常在25％至35％。1970年前后，对于小型投资者而言，15％的回报率是不错的。这是普通储蓄利率的三倍之高，大约和股票市场的回报率持平，并且在货币基金出现之前，这比股票或商品的风险要低很多。的确，在那时，对于非专业的中产阶级投资者而言，房地产看起来是最为可靠的。

但是，利润并不一定是投资房地产的唯一动机。由于“税级攀升”，一些人可能会发现遭受损失是有利可图的。当通货膨胀将高工资的专业人士、行政人员或运动员的收入推向必须将超过一半的收入用作纳税的收入档次时，他们寻求减少——虽然并不会真的失去——应纳税收入的方式。他们所需要的是合法避税手段。根据美国的免税条例，对出租房产的投资提供了这样的避税手段，因为一部分的房产投资与维护成本是可减税的。这一减免也不会在一年中用尽。免税代码所允许的加速折旧情况——尤其是使得快速周转的房产能够双倍获利的“双倍余额递减法”——使得投资者得以“冲销”他们数年来的投资总额。于是，随着他们的工资收入因为通货膨胀而上涨，他们的合法避税手段使他们得以减少需缴税的收入总额。即便他们在房地产投资中遭遇金钱损失，他们也能因为所节省的税款而获得净收益。值得注意的是，当中心城市贬值房产的市场开始成长的时候，通货膨胀使得所有房地产合法避税手段对中等收入纳税等级来说更有价值。例如，在1969—1979年间，一个中等收入家庭——1969年的收入可能为1.5万美元，十年后可能为3万美元——发现这一类型的节税价值增加了48%。[2]

虽然20世纪60年代阁楼建筑的低回报率使它们成为合法避税手段中可能的“招徕顾客的特价品”，但将这些建筑向居住用途的改建所表现出的利润很快使他们的意义出现了翻转。阁楼市场中早期投资者和居民的多元动机让步于一个占据主导地位的考虑：如何从阁楼生活中谋利。其他城市房地产市场中短期的利润率下降，与居住用途改建的盈利能力一道将越来越多的专业开发商引向了阁楼。投资重点的变化反映在空间上。从60年代中到70年代初，早期阁楼市场中小型投资者的多样性带来了对阁楼空间用途一定的创新和实验。1975年左右，通过专业开发商住房标准的影响，阁楼展现出了空间、时间和金钱之间更为传统的关系。专业开发商获得的法律许可和银行融资为更为广泛、也更为密集的阁楼建筑开发铺平了道路。这些趋势也没有被中期经济前景所抑制。与新建筑的成本相比，拆除重建的成本持续下降。大通银行关于20世纪80年代前5年纽约城市经济活动的研究表明，曼哈顿一半以上的建造工程由老旧建筑的改建构成。在那时，据纽约经济发展办公室（Office of Economic Development）称，曼哈顿

59街以南的全部阁楼空间中，有11％已被改建为居住用途，还有17.5％“正在被改建为居住用途”。

阁楼市场从保障住房发展为奢侈住房表明，各种各样拥有不同投资利用策略的开发商是如何在一个单一市场内共存的。正如在任何普通的住房市场中一样，这些投资者包含了主要从投资中获取“使用价值”的业主型居住者甚至租户，到主要从购买、销售或出租房产而获取“交换价值”的非居住型业主的全部范畴。根据阁楼市场中的投资规模，一方面，我们可以区分出多种类型的小型或“零售型”投资者；另一方面，我们可以区分出多种类型的大型或“批发型”投资者(见表8)。

表8　阁楼市场中的投资者

投资者	操作
零售型	
阁楼租户，业主型居住者	收取固定费用，设定售价
阁楼房东	增加租金，启动周转，削减维修费
建筑业主(1)	将楼层作为光地出售
批发型	
建筑业主(2)	持有或腾出建筑
合作公寓赞助人	一层层进行销售，或多或少进行改善
开发商	进行向公寓的居住用途改建

零售型投资者包括个人阁楼的租户或业主，以及没有介入可以使房产增值的开发策略的建筑业主。换句话说，这些是小本经营的企业家。位于这一分类相当底层的是将阁楼一分为二并将其中部分空间出租给别人的阁楼居民。在阁楼市场的早年间，当几乎全部的阁楼租赁都是非法的时候，这样的转租是很常见的。然而，一般来说，租户和业主型居住者只有在腾空阁楼的时候才能获

得资本收益。出租人从收取下一位租户的固定费用中获利，业主当然从高售价中获利。表面上看，这一利润抵消了租户或业主改善房产的开销。但是，在某种程度上，业主和租户都利用了他们在阁楼市场中的有利地位。本质上，他们是从想要进入竞争相当激烈的卖方市场的人中收取费用。对于租户而言，这意味着以相对便宜的租金获得长期租约。对于业主而言，它意味着售价不仅由当下的情况也由预期价值所决定。如同在任何住房市场中一样，人们可以用售卖房产获得的利润在市场中通过以更高的价格购买更大或更好的家园来“卖次买好”。或者，他们可以用这些利润去支持一些企业家的阁楼投资。

另一类别的零售型投资者包括阁楼建筑业主——他们对待他们的出租房屋就好像它位于贫民窟的贫困街区而非位于稳定的中产阶级住房市场。他们的利润来自恶房东对其建筑和租户的典型剥削。如同恶房东，他们希望开启租户的快速周转，以及一样快的租金上涨且不用花钱用于房屋改善。阁楼房东因骚扰租户使其离开建筑而为人熟知，其目的在于将租金提升 50%到 200%，并且使租期变得太短以至于租户没有机会从他们自己花钱所做的改善中收回一些使用价值。阁楼房东也隐藏在纽约非法阁楼生活状况的双重标准背后。直到 1979 年一个激烈的法庭案件，阁楼房东都试图逐出反抗的租户。阁楼房东假惺惺地选择“非法居住”作为驱逐的根据。

零售型投资者的最后一个类别由从一层层售卖其未加改善的阁楼建筑空间中获得利润的人组成。虽然阁楼没有被合法地授权用于居住，它们仍被作为生活阁楼而销售。买家和卖家都了解这一点，但是对于卖家而言，买入价购买的是一定量的阁楼空间以及阁楼市场的进入权。对于业主而言，这些情况提供了进行快速周转的可能性，并且利润可用于扩大企业家活动。因为许多阁楼建筑业主看到以这种方式周转房产的好处，短时间内阁楼建筑的多次销售有助于它们市场价值的快速上涨。

与零售型投资者相比，批发型投资者以整栋建筑而非单个阁楼来开启他们的活动，并且他们介入一些增加其房产价值的运作之中。这一运作以一种或另一种形式构成了一个投机策略。预计价值将因为新用途而上涨，一个批发型投资者甚至是通过持有一栋建筑，并且尤其是腾空一栋建筑而改变市场。通过操纵供给，该投资者对价格和需求都产生了影响。这一情况和改善房产并没有什么关系。

第二种类型的批发型投资者确实进行改善。他进行结构和装饰上的改善从而一层层地以“成品”空间来售卖建筑。由于投资了更多的时间和金钱，他坚持创造更大的收益。虽然这一类型的投资者本质上售卖的是“合作”阁楼，他们常常拒绝实施国家要求的进行合法销售的全部改善措施。购买和销售建筑的财务安排越是复杂，就越需要机构贷款人，并且通常这些机构要求满足法律条款和许可以此将其风险降至最低。结果，较高价格合作阁楼的赞助人可能要为更多的改善(而非仅仅市场所暗指的)负责。

最后，第三种类型的批发型投资者包含那些选择对出租公寓进行完全合法的全范围居住用途改建的人。当然，这一策略需要最大的投资，但它也提供了最高的回报。此外，建设贷款和 J－51 福利也许是很棒，以至于它们的确减少了现金支出。一旦他们成为本质上是公寓住宅的业主，这些开发商开始从第一个公寓出租中收回投资。开发租赁房屋的风险一方面通过税收优惠，另一方面通过紧俏住房市场而得到缓解。这一类型的投资者仅限于专业房地产开发商。

久而久之，市场价值的大幅度增加带来了批发型投资者对零售型投资者的替代。虽然这也是绅士化街区中褐石建筑市场的典型特征，三个例子突出显示了阁楼市场价格膨胀的程度。1968年，激浪派领军人物乔治·马修纳斯用1.2万美元在苏荷购买了两栋六层附联式阁楼建筑。通过使用未被雇佣的从事手工艺的劳动力，他装配上了浴室、厨房、管道部件和电线。几年内，马修纳斯将这2栋建筑卖给了在那里租用阁楼的6名艺术家。他们为2 400平方英尺的每个楼层支付了5 300美元，并建立了一个合作公寓。为了筹措资金购买，他们以普遍较低的利率申请了2.5万美元的按揭贷款。当1982年还清这一按揭的时候，这些业主型居住者将无债一身轻或自由地进行再融资。1980年当每个阁楼的月度维护费用依旧低至180美元的时候，建筑中阁楼的市场价值达到了18万美元。①

也是在60年代后期，一名纽约房地产经纪人、一名抽象表现主义领军画家和一名雕塑家购买了诺荷的一栋阁楼建筑。正如该房地产经纪人所回忆的，"阿尔曼(雕塑家)、戈特利布(画家)和我用8万美元购买了一栋建筑，就在现在是拉瓜地亚广场(LaGuardia Place)的地方，其中3万美元是用现金支付的。我们每人仅提供了1万美元。戈特利布拿了两层楼，阿尔曼一层，我一层，并且我们在底层打造了一个租赁单元。今天，这栋建筑得要60万到80万美元"。

举个例子，到了80年代早期，开发商在进行改建的过程中在

① 除非另有说明，关于投资者和开发商的资料来自于1977—1980年在纽约进行的个人访谈。一个正在进行翻新的街区中一连串的投资者，见霍华德·J.萨姆卡：《活化中社区的迁移：回顾和研究策略》(*Displacement in Revitalizing Neighborhoods: A Review and Research Strategy*)，为美国住房与城市开发署社区保育部政策发展与研究办公室撰写的报告，华盛顿(特区)，1978年。

图 6.1　位于休斯敦街以南王子街上的阁楼建筑是 19 世纪末为制造商而开发的。图片拍摄于 1904 年。(由纽约市纽约历史学会提供)

单体工厂或仓库内打造 49 个合作公寓或 95 个较小的租赁公寓就并不罕见了。在后一个案例中——布鲁克林水岸的一项工程——开发商为购置成本支付了 53 万美元,为翻新花费了接近 300 万美元。在前一个案例中——对时代广场附近的前钢琴工厂进行改建——当在市场上出售其公寓时,开发商每月支付 150 万美元用于按揭贷款的利息,支付 4 万美元用于基建贷款的利息。在这两个案例中,可以假定,整建和开放的平面布局使得开发商得以降低成本。[①]

① 布鲁克林与时代广场的改建信息来自《纽约时报》1980 年 8 月 8 日与 1981 年 6 月 19 日。

图 6.2　在苏荷的中心区，老旧建筑适应了新用途。先锋艺术、精品店和阁楼生活散发着街区的神韵。

阁楼市场中的开发商

在批发型投资者这一分类中存在着从业余的小规模开发商到拥有更大资源以及相应更大开发领域影响力的专业人士的发展。

因为这一原因，我在1978年进行的13个阁楼开发商的代表性样本访谈为房地产开发商的专业化、他们市场的本地化以及支撑他们活动的动机提供了一些有趣的线索（见表9）。① 这些访谈明显表明，在更为专业的开发商的介入下，对阁楼本身的投入减少了，甚至是在越来越多的阁楼公寓被制造出来的时候。业余开发商承认艺术家或阁楼场景的魅力，而专业开发商——包括数个房地产王朝的第二代成员——则倾向于将阁楼仅仅视作更大的城市重建市场的一部分。在他们的公司里，阁楼开发往往委托给初级合伙人——这有时候是才刚刚进入开发领域的较为年轻的家庭成员。类似的，与因能在阁楼市场获得的利润而被拉入这一市场的小型开发商不同，大型开发商是被其传统市场中不断上涨的开发成本推入阁楼市场的。

表9　阁楼市场中的开发商，1968—1978年

主要职业	进入重建市场的年份	产量（重建单元的数量）	产品		之前在房地产领域的经历	在房地产开发领域的年限
			合法/非法	租赁/出售		
1. 投资者	20世纪60年代早期	16	非法	租赁	—	15—20年
2. 建筑家	1977年	10	非法	出售	—	1—2年
3. 代理律师	1977年	12	非法	出售	阁楼租户、艺术家的代理律师	10年
4. 房地产中介	1970—1972年	60	非法	出售	中介/经纪人	20年
5. 开发商	1973年	30	合法	租赁	开发商，管理者	20年

① 我对开发商进行的访谈受到克里斯蒂安·托巴洛夫令人印象深刻的对巴黎房地产开发商的研究的影响，即《房地产开发商：对法国资本主义住房生产的分析》（*Les Promoteurs immobiliers: Contribution à l'analyse de la production capitaliste du logement en France*），巴黎和海牙：穆顿出版社，1974年。

续 表

主要职业	进入重建市场的年份	产量（重建单元的数量）	产品		之前在房地产领域的经历	在房地产开发领域的年限
			合法/非法	租赁/出售		
6. 开发商	1976 年	100	合法	租赁	租赁公寓的开发商	10 年
7. 开发商	1977 年	15 栋公寓楼	合法	两者兼有	租赁公寓的开发商	17—18 年
8. 开发商	1973 年	180	合法	租赁	中介/经纪人，一揽子融资方案提供者	10 年
9. 开发商	1973 年	每年 30—40	合法	出售	公寓、写字楼管理者	5[a]年
10. 开发商	1976 年	400	合法	出售	租户代理人	2 年
11. 建造商/投资者	1970 年	每年 500	合法	租赁	租赁公寓新建工程	20 年
12. 建造商/管理者	1965 年	每年 400—500	合法	租赁	租赁公寓新建工程	30[a]年
13. 开发商	1969 年	每年 550	合法	租赁	—	9[a]年

注：[a]家族企业的第二代。

在开发商的专业化和资产之间存在着一个有趣的关系，这在老话中多次被确认，即“时间就是金钱”。首先，经验较少的开发商对其项目投入了更多的资产与“资本分担”。基本上，他们必须自己投入很大一部分资本，因为银行不会信任他们并提供贷款直到他们建立了“业绩记录”。经验丰富的阁楼开发商能够将其资产投入限定在 25%，虽然有时候他们更希望自己为他们较小的项目提供资金。非专业开发商必须提供 30%至 50%的项目总成本。鉴于此，小型开发商不得不尽快从他们进行改建的每一个房产中抽身。在阁楼市场中，这常常意味着将光地作为非法合作阁楼而销售。然而，专业开发商能够——或者说，甚至是必须——不急不忙地分期偿还修缮费和各种贷款的利息。通常，这意味着他们成为租赁住房的房东。虽然租金收入是在涉及房产的时期内延续的，但它们确实为开发商的金库提供了持续的现金流。不过，不一定所有的开发商都自行管理其房产。他们可能将管理功能委托给他们公司的分部或雇用代管人。于是，最大型的开发商为租赁租房提供好资金并做好组织上的准备，他们可能会无限期地持有这一房产。然而，在今天的市场中，他们——和小型开发商一样——发现提前撤出对他们来说是有利的。这一市场中的开发商现在拥有一个短至两年的“周转时间”。在那时，他们将房产作为合作公寓廉价出售。正如这一场景所示，所有的开发商都对时间压力敏感。当贷款支付的时钟一分一秒地流逝，他们必须设计方案、清空交付时并不是空置状态的楼宇、雇用开发“团队”（建筑师、承包商、工程师以及其他专门劳动力），并且申请必要的区划特许证和批准。实施一个单独的改建计划需要两年时间。

正如项目变得愈发复杂，它们需要更为繁复的融资安排。小型开发商较为简单的项目可以由私人而非机构融资完成——家里的钱，来自朋友的借贷，或者通过与银行官员的私人关系而获得的银行贷款。专业开发商学会为每个项目打造“一揽子”贷款。这开始于来自地方储蓄银行的永久贷款或购屋贷款，反过来这被用作获得商业银行临时贷款或基建贷款的杠杆。与抵押贷款相比，这些需要偿还得更为迅速，并且利率也更高。连同开发商的资本分担，一揽子贷款为高达 100 万美元的项目进行支付。对于较大的项目——在阁楼改建中，可能总价达 400 万到 500 万美元——开发商必须去找较大的机构贷款人，主要是保险公司。这些大型贷款人越来越多地要求分红或参股，以此作为对他们在融资中的资本分担的回报。因此，开发项目规模的扩大深化了借贷机构在开发商开发中的参与程度。美国房地产投资的诱惑也将一些国外资金带入了改建市场。拥有国外银行或投资者作为合资伙伴，即便是小型开发商也能够承担大型项目。但是，通过其在地方抵押贷款市场中的主导地位，储蓄银行构成了阁楼改建中最大的机构性存在。如同在较低利润上运作的开发商一样，在较大的投资者插手之前，储蓄银行就筹备了阁楼市场。①

与广泛流传的住房消费者是受到街区"特性"吸引的假设——如苏荷、诺荷和丹波这些高度原创的营销缩写所揭示的——相反，阁楼开发商在寻找投资地点时并没有表现出这样的标准。他们以建筑物属性和普遍的房地产市场划分的措辞形容其征用过程。几乎最小型的房地产开发商的首要目标都在于上中层阶级的住房市场。可能是对曼哈顿大部分地区绅士化的思考，他们觉察到，他们的市场要比这座岛屿南端的阁楼街区更大。他们在整个曼哈顿寻找可以进行翻新和改建的房产，从东到西，在 96 街以南。一些开发商试图变得更有选择性，除格林威治村外指定东区而非西区，或者是 86 街的分界点。值得注意的是，这些开发商在市场中的两个方向上采取行动。他们要么通过他们的根据地"更新换代"，扩张至房产价值更高的区域，要么在边缘地区征用较为便宜的房产，并希望通过用定制产品弥补区位不足以出售更多的单元。这些开发商从来没有投资于旗舰型阁楼街区苏荷。那里阁楼市场的早期且有问题的形构将开发活动限制于极其小型的、兼职的开发商，尤其是艺术家和建筑师。随着该市场变得更加成熟，苏荷的房价上涨

① 这与哈维·默里奇的发现相类似，即在某种意义上，地方房地产开发商"准备好了"一个真正强势的大型国有开发商能够进入的地方市场。(《美国的资本与邻里街区：一些概念上的联系》，《城市事务杂志》，1979 年第 14 期，第 289 至 312 页)

得太高，以至于无法允许小型开发商继续进入。同时，大型开发商倾向于征用更加可靠的中产街区里的更大、更好的建筑进行改建。

尽管他们有着几乎没有隐藏或几乎未受抑制的商业动机，开发商倾向于将自身视作在城市政治经济中扮演着仁慈的社会角色。当然，作为住房的销售者，他们因为夸大其词而为人所知。他们热情洋溢地描绘为“美丽空间”的阁楼可能在现实中是一个相当破旧的空壳以至于满是缝隙的地板中长出了杂草。但是，开发商说得好像他们是通过生产曼哈顿市场里的高租金住房来履行公共服务。特别是，最小型的和最早的阁楼开发商声称是艺术家的主顾——不完全是艺术资助人，但是接近。“我是催化剂，”一位这样的开发商说道，“我为艺术家提供（进行居住用途改建）的专业技术和信心。”并且，阁楼生活“教化了环境”，正如一位对阁楼建筑进行非法合作开发的律师—开发商所说：“它为艺术家提供了进行工作的地方。”为奢侈市场进行居住用途改建的较为大型的开发商声称，他们的开发策略使中产阶级受益。通过选择改造而非新建，他们压低成本并且将这些节约下来的钱以低于市场租金的形式转移至其租户。因此，他们使中产阶级住房消费者得以住在曼哈顿，否则他们将无法承担曼哈顿的租金。在某种程度上，这一声称是由J-51所支持的。纽约市规定，作为对税收优惠的回报，开发商必须将租金提交给当地租金稳定指导委员会。但是，正是开发商在最初设定了租金结构。由开发商，而不是纽约，判断“市场租金”是多少。虽然，一般而言阁楼开发商觉得通过将工厂空间改建为居住用途，他们是在帮助纽约。通过建造中产阶级住宅，“我在拯救这座城市。”一位同时也是房地产中介的小型非法开发商说道。“我想为这座城市做些什么，”一位制造合法合作阁楼的律师说道，“我在改变城市的景观。”更为脚踏实地是将阁楼改建为租赁公寓的一位开发商。“我知道这一区域将会出现一个小单元的奢侈建筑市场,”他就一个完全的租赁项目说道,“在这里,人们能够感受到一种没有大量占地面积的空间感。我创造美丽的公寓,将传统与新兴融合起来。我在每一层上都花费了大量金钱。”

较之城市恩主的自我形象,不那么令人吃惊的是开发商对于住房市场中政府干预的矛盾的利己主义。对于开发的补贴“请进来”;对于开发的管理“请出去”。开发商批评当地政府的所有三个分支——其举措让他们花费了时间与金钱:遵守房屋与消防局的行政法规、房屋法庭对租户争端的裁决,以及市议会成员设定的租金控制。(当然,所有和租户的看法都是矛盾的。)不过,分区调整最能激起开发商的愤怒。一位合法合作阁楼—公寓的律师—开发商用愤愤不平的话语描述了他与当地社区委员会的区划委员会第一次接触的经历。“昨天晚上的区划委员会会议上,只有三个人露面,”他说道,“并且他们让我备受煎熬。来的人是抱着倾向来的,让人泄气……他们一直想要知道这些建筑是否会有商业用途……真可笑!”但是,他仍然提出了有经验的开发商克服这一障碍的方法。他们在购买建筑之前而非之后就申请分区调整。这不仅降低了开发商时间和金钱上的成本,也降低了银行所看到的该项目的风险,因此能够更加容易地获得机构融资。

即便是用于开发的补贴也会创造出市场内开发商中的不同支持者,这是根据补贴是如何影响其自身行动而决定的。例如,所有专业阁楼开发商通过J-51宣誓并声明,在没有补贴的情况下,他们永远不会选择改造而舍弃新建,或者选择住房而舍弃其他用途。然而,无力负担J-51写明的全面改造的非法阁楼开发商则更具批判性。一位非法阁楼开发商说到,J-51“扼杀了艺术家,也摧毁了小经营者。它带来的是房地产人”。另一位非法阁楼开发商——在成为开发商之前，他是起草保护阁楼居民法规的律师——批评城市规划委员会合法化阁楼生活的努力："这一立法扼杀了市场。它将使开发商花费相当多的钱以执行法律所要求的(使建筑达到区划条例)，开发商倒不如先去做内部的重建。该法规使市场的较低端部分关门大吉了。"

但是，正如在任何产业中一样，大经营者在管制中幸存下来。他们通过在更广泛的范围内寻找更大的补贴和市场而兴盛发达。在曼哈顿阁楼市场中积累了改造方面专业知识的开发商可以将这一经验转移至其他衰退中的城市地区，或者甚至是传统工业或磨坊小镇。在那些地区，一方面是历史和街区保护，另一方面是政府补助金，形塑了开发策略。"经济开发生意，"该律师—开发商说道，"是城镇中下一个游戏。这里有为恰当的申请人提供的联邦资金。"随着曼哈顿征地和建造成本继续上涨，能够在各州首府和华盛顿培育政治联系并心甘情愿办理手续的开发商——目前，特别包括了因阁楼市场而成为开发商的原先的律师和建筑师——发现改造为他们提供了可行且有利可图的市场。"我们现在在看纽约以外的地方，"从事合法阁楼开发的律师—开发商说道，"如果这一经验是可复制的……在任何拥有 100 年历史建筑的城市——那么，我们真的很感兴趣。"

阁楼市场中的消费者需求

虽然政府补贴和投资者的需求在形塑开发策略中扮演着主要的角色，但开发商也对"市场力量"做出回应。向居住用途的改建的扩散无疑是对消费者需求的回应。然而，这也是对该需求进行某些操纵的结果。当一个住房市场内的需求下降时，在那里建立起来的未能得到满足的需求便渗透到其他市场中。虽然这一看法被用来解释内城住房消费者——面临其街区内体面住房的短缺——向邻近的不同种族和阶级的飞地地流动,但它也描述了中产阶级住房消费者向非传统城市住房市场的流动。换句话说,如果“江景六间房”真的可以在曼哈顿提供合理的租金,那么生活阁楼市场就永远不会出现。然而,事实上,整个国家内的租赁住房正从三个重要的维度上被逐渐减少:每年用于租赁的新公寓越来越少,它们变得更小,且人们为此花费了更多的金钱。自 1974 年起,美国的公寓大小每年可能被缩减了差不多 5%。在租赁住房竞争可能最为激烈的纽约,上一波公寓住房建造潮发生在 20 世纪 60 年代早期。从 1961—1965 年每年向曼哈顿租赁市场投放约1.45 万新公寓的生产高位开始,1966—1970 年间新单元的数量跌至每年 5 600 个。到了 20 世纪 70 年代末,一年只有 3 000 至4 000 个新公寓是为租赁市场而建造的。[①] 由此而来的低空置率使得找房子的人诉诸不常见的或昂贵的策略,比如与陌生人共享空间,并且支付高达 15%的租金费用。不仅如此,他们必须习惯居住在不同类型的空间中,而非他们所熟悉的空间。市中心街区的新建建筑以拥有休憩阁楼、角落或平台而非独立卧室的一居室公寓为特点。“奢华”单元使用小入口而非通风良好的门厅勉强对付过去,以及在内就餐的厨房而非“普通”或附加的餐厅。

空间减少在一定程度上是对人口结构变化做出回应。例如,在曼哈顿,家庭通常是由单身人士或还没有孩子的双职工所构成的,一位专攻豪华市场新建建筑的建筑师在过去的 15 年间将其公寓的面积削减了 10%。这一市场中的另一位建筑师——他的父

---

① 新建公寓的数据来自《纽约时报》1980 年 6 月 8 日。

亲和祖父也在曼哈顿设计豪华公寓——设计的公寓和其祖父时代的差异明显。“1929 年，罗斯先生的祖父……设计了贝雷斯福德(Beresford)大厦……里面有拥有 11 个房间的公寓，27 英尺长的过道(被称为走廊)，佣人房，以及大型餐厅。相比之下，理查德·罗斯，豪华的东塔……拥有贝雷斯福德四分之三面积的 L 型起居室，缩水 40%的厨房，以及一半大小的次卧室。”豪华公寓的居民也发现，工艺比过去劣质了，材料比过去廉价了。镶木地板是预加工、预装配的，并且用胶粘住，而非费力地一条条地用钉钉牢。泥墙被由石膏支撑的泥板所取代，天花板喷洒的是沙基油漆而非涂以灰泥。[3]

虽然如此，这些空间的租金在绝对值和相对值上——人们为租金花费的美元和其收入中用于租金的比重——都出现了稳步增长。在纽约，租金的平均年增长在 1950—1970 年间稳定在 4.9%——这在很大程度上是因为全面的租金控制计划，在 1970 年至 1975 年间跃升至 11.4%——在计划取消的影响下，在 1975 年至 1978 年间小幅度地降至 7.8%。租金增长始终高于消费者物价指数(Consumer Price Index)。中产阶级人群过去常常从其家庭总收入中拿出 25%的预算用作租金支付。然而，在像纽约这样的城市中，现在他们打算将至少三分之一的收入用于租金。意味深长的是，和租金本身一起，至少将 25%、30%和 35%家庭收入用于支付租金的纽约市家庭占比也持续上升，并且最沉重的“租金负担”时期看起来在 20 世纪 70 年代就开始了。1975 年，接近一半的纽约市租房家庭将其收入的 25%以上用于租金。1978 年，他们中接近一半的家庭租金支付占家庭收入比重超过 30%。这些租金上涨使曼哈顿受到了尤为严重的打击。在 1970—1975 年间，曼哈顿的租金每年上涨了 11.5%。在接下来的三年中，租金又上涨了 27.9%。最后，随着租金控制计划被逐步废止，自二战结束后由租金控制和租金稳定所提供的对市场力量的缓解消失了。[①]

在这样的情况下，中产阶级住房消费者向阁楼市场的进入——或闯入——不能不对阁楼租金造成影响。1968 年，按中产阶级标准来看，大多数生活阁楼的租金水平都是相对温和的，一般每个月少于 200 美元（见图 6.3）。但是，一年内，租金突然上涨。在《纽约时报·周日版》和《村声》杂志——这类广告的主要载体——上做广告的阁楼中不足一半依旧按之前的价格出租。大多数的租金上涨使得阁楼被提升至了每个月 200 至 300 美元的水平。到了 1970 年，令人不安的迹象表明，阁楼租金刚刚开始攀升。每月 300 至 400 美元的租金压倒了较低的租金。并且，到了 1971 年，昂贵的租金第一次在阁楼市场中出现了。一些阁楼的租金要价达到每月 500 至 800 美元。这部分地反映出由苏荷艺术家阁楼生活的合法化而引起的价值上涨。不过，这也表明阁楼市场中的消费与投资需求都在增长。两年内，至 1973 年，最便宜的阁楼的供给已经耗尽。大约一半的阁楼每月租金为 200 至 300 美元，剩下的一半平均分布在不同的中产阶级租金类别中。虽然这个年代标志了苏荷历史保护街区的创造以及随之而来的该地房地产价值的进一步上涨，但类似的增长只是稍有延迟地在曼哈顿所有的阁楼街区中出现了。1973 年后，越来越多的高租金阁楼出现了。1974 年，一些阁楼的租金达到每月 600 至 800 美元。1975 年，租金达到每月1 000美元的阁楼进入了市场。而在 1978 年，每月 800

① 全部租赁数据来自彼得·马尔库塞：《纽约市的租赁住房：供给与条件，1975 至 1978 年》（*Rental Housing in the city of New York: Supply and Condition, 1975 - 1978*）（为纽约市住房保护与开发委员会准备的研究，1979 年 1 月）。马尔库塞的数据更多的是强调最贫困的租户群体的住房困境而非中产阶级的。

至 1 000 美元的租金水平主导了市场，然而，紧随其后的是 300 至 400 美元的租金水平。但是，一个租金水平在每月 600 至 800 美元或 400 至 500 美元的阁楼仍拥有几乎均等的机会。1980 年 3 月对阁楼广告的抽查确认了这一大趋势。到此时，每月租金中位数的范围在 600 至 800 美元之间不等。阁楼租金的平均数达到 1 044 美元，相当数量的阁楼集聚在每月 800 至 1 400 美元的昂贵水平。[①]

但是，这些租金涉及了不同大小的阁楼。公平地说，我们应当调整租金数据以反映阁楼的大小，并且用每平方英尺价格的标准商业术语来计算月租金。这一调整展示出了甚至更为戏剧性的变化（见图 6.4）。最低的租金类别（低于每平方英尺 1 美元）——这和当时最低的制造业阁楼租金大致相当——在 1971 年永远地消失了，并且早在 1969 年，较高的租金类别就开始取代较低的租金类别了。不过，1969 年的租金依旧保持在可接受的商业阁楼租金结构中。换言之，按照中产阶级标准，生活阁楼直到 1971 年都是物美价廉的。

调整后的数据表明，居住阁楼的租金在 1972 年和 1973 年开始飞速上涨。在那时，每平方英尺 7 到 10 美元的离奇租金——相当于商业街区繁忙主干道上的零售店租金——出现了。从那时起，调整后的租金达到平衡，因此较高的每月 2 至 2.5 美元的租金类别和一些较为低廉的阁楼（每平方英尺 1 至 1.5 美元）以及更为昂贵的阁楼（每平方英尺 3 至 5 美元）一道主导了市场。1980 年

① 与合作阁楼的售价相比，租金更容易进行比较，这是因为大多数合作阁楼出售中出现改进。虽然如此，有趣的是，至 1981 年 6 月，一个位于下第五大道区域的面积达 4 500 平方英尺的顶层空地登广告出售的价格为 4.5 万美元——对于非法合作阁楼中未经改善的空间来说是一个惊人的价格——并且，格林威治村的豪华阁楼的要价达到 100 万美元。

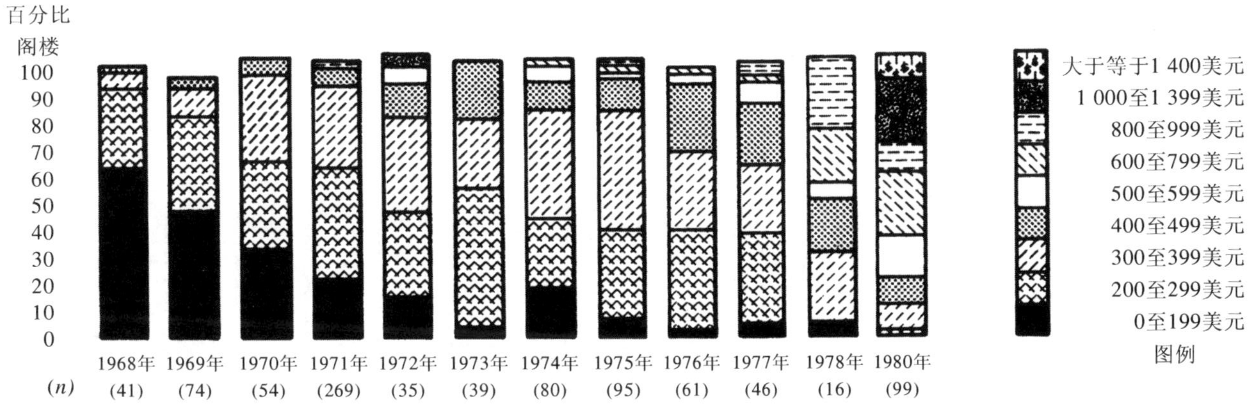

图6.3　1968—1978年和1980年曼哈顿居住阁楼市场的租金结构——随时间而变化的月租金（单位：美元/月）。数据来自于1968—1978年（1975年和1978年仅为前6个月）《村声》和《纽约时报》生活阁楼的广告中的25%的样本，以及1980年3月1日至7日的100%的样本。

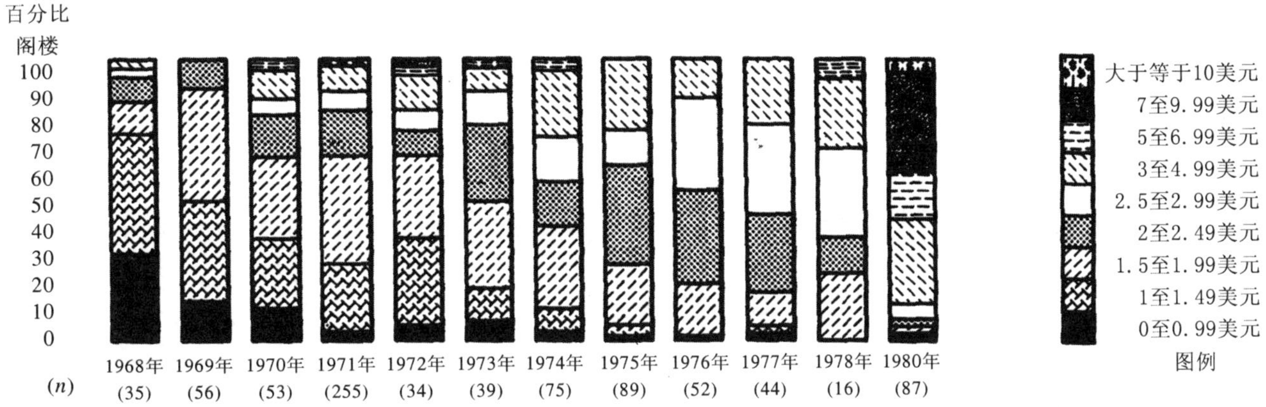

图6.4　1968—1978年和1980年曼哈顿居住阁楼市场的租金结构——随时间而变化的调整后的月租金（单位：美元/平方英尺）。数据来自于1968—1978年（1975年和1978年仅为前6个月）《村声》和《纽约时报》生活阁楼的广告中的25%的样本，以及1980年3月1日至7日的100%的样本。

的抽查确认，曾经被认为高得夸张的租金水平主导了市场。大量的阁楼集聚在每平方英尺 3 至 5.5 美元的租金水平，但是也有相当数量的阁楼每平方英尺的租金超过了 9 美元，并且平均值是每平方英尺 5.65 美元。

然而，关于这些租金最为重要的一点并不是它们很高或者它们随着时间的推移而上涨。毕竟，在出现通货膨胀的经济体中，房产价值和住房价格的确增长了，尤其是在像曼哈顿这样的国际商业之都中。更为有趣的是，租金表明生活阁楼市场的形成要比大多数人想象中的更早。随着低廉的阁楼租金在 1971 年消失，生活阁楼市场被牢固地建立为中产阶级飞地。无疑到那时候，消费者需求是极大的以至于人们为了进入该市场支付了高价。1971 年后，苏荷“倾向”于更高租金的艺术、零售和居住用途，并且阁楼市场波及曼哈顿所有的阁楼区域。然而，这些区域并不再比苏荷廉价。这表明，与苏荷作为阁楼市场“创始者”的盛行观点相比，苏荷是因定位了这一已经开始了的市场而做出了其对阁楼生活的主要贡献。换句话说，苏荷的可见性决定了生活阁楼的租金涨得更高且更快。它加速了消费者的需求。它也鼓励了遍布曼哈顿的居住用途改建。不过，阁楼市场的租金结构意味着，苏荷本身并不代表一个街区或一个市场。苏荷扩大而非地方化了阁楼现象。大型房地产开发商早在 1973 年便能看到这一点。这就是为什么他们开始游说市议会改写 J－51 以包含大型改建。但是，公众、阁楼租户和艺术家依旧没有注意到市场力量之于阁楼市场的累积效应。

阁楼市场中的开发或投机？

在阁楼市场中，与开发相反，需求问题在决定投机的影响中是至关重要的。在其通常意义上，投机仅仅意味着一件产品按需求预期被生产出来。虽然这对于也许并不能上市销售产品的个体投机者来说可能是有问题的，但它对于其他人并不构成问题。但是，因为在一些案例中，投机被怀疑一方面对价格存在有害影响，另一方面对现有用途存在有害影响。由此，它可能会给特定阶层的人群和整个社会制造麻烦。即便是在普遍意义上，投机与开发对抗的案例也是重要的。作为经济活动，开发被认为比投机更具生产力。开发商通过对其房产进行改进、雇佣工人并且购买建造或整修材料，以及最后通过为去工作的人提供住房而创造经济价值。然而，购买和出售房产，将其利润再次投资于更多的房地产购买中的投机者仅仅是保持资本流入并不产生经济价值的那部分经济——银行、保险公司和其他致力于制造利润而非产品的机构。并且，作为社会活动，开发比投机享有更多的合法性。投机者从猜测向何地、在何时投资中，而非从生产一个具有竞争力且常常必须在压力下进行出售的产品中获取利润。

在阁楼市场中，开发在多个方面唤起了投机的负面内涵。首先，租金合理的大型空间的短缺引起了在中产阶级住房市场中的建造压力。随着社会、文化和美学价值发生了特定变化，这一压力外溢或扩散至非传统住房市场。但是，如果中产阶级住房市场的开发商没有操纵需求的话，那么需求并不会增加到如此强度。在这层意义上，他们表现得像投机者。阁楼开发商也对价格造成了非自然的影响。因为老旧工业中心的阁楼供给毕竟是有限的，因此阁楼需求的增强使得开发商得以获取垄断价格。尤其是当住房消费者竞争历史建筑和地标街区的空间时，他们没有其他选择，只能支付独有的稀缺供给产品所要求的高昂价格。虽然这些情况的产生可能是公共行动的非预期结果，但是能够全部买进阁楼房产的开发商实际上构成了市场中的寡头垄断。此外，当特定的投资者购买了阁楼建筑并为未来居住开发持有或清空它们时，他们便在投机，且这一投机对市场价格造成了即时影响。不仅是阁楼建筑的售价和改建后阁楼公寓的租金大幅上涨，未经改善的阁楼空间的价格也是如此——它们的供给变得受制于甚至更为严格的垄断状态。[①]

市场价格与投资者策略之间的关系可以通过特定建筑所有权的变化来追踪。正如阁楼市场首先倾向于居住用途，其次倾向于高租金的公寓改建，建筑业主在投机和开发中摇摆不定。例如，这可以在下第五大道下端制造业地区一栋 8 层高的前阁楼建筑近来的经历中看到。这栋有 3 000 平方英尺的建筑直到 1974 年都留在其最初的业主手中。该业主在 1943、1959、1963 和 1971 年能够定期进行抵押贷款再融资。自 1959 年起，该抵押贷款由两个地方储蓄银行所持有，并且在 1971 年，抵押贷款债务总额达到 15 万美元。但是在 1974 年，该业主以 12 万美元出售了该建筑，这看起来少于，或者说，勉强等同于他对这栋建筑的投资。出售价也低于该建筑以及其所位于的土地的总评估价值。然而，这一情况是纽约市长期低估土地和建筑价值的典型特征，这反过来象征了中心城市房产的普遍贬值。三年后，在没有进行任何改进的情况下，新的业主以 52.5 万美元出售了该建筑——在那时，这比两倍的评估价值还要多。在这三年的时间内仅仅持有该建筑或可能清空了该建筑，其结果是大致三倍于投资的利润。1978 年，这栋建筑再次被出售。这回销售价为 80 万美元，代表了一年时间内接近 30 万美

① 井喷、垄断地租与内城住房的关系，见大卫·哈维：《社会正义与城市》(*Social Justice and the City*)，巴尔的摩：约翰·霍普金斯大学出版社，1973 年。

元的利润或160%的回报率。由于在1977年购买该建筑的业主的名字再次出现在1978年购买该建筑的合作伙伴列表中，他有可能通过某种方式策划这场转售。无论如何，该建筑的新抵押贷款——拥有更高的资本和更高的利率——由四家本地储蓄银行所持有。新的业主将该建筑改建为租赁公寓。①

这些所有权变化戏剧性地呈现了阁楼市场中投机与开发的对抗。尤其引人注目的是多次销售对建筑价格的影响，储蓄银行对产生新抵押贷款债务而非维持旧贷款的旧利率的兴趣，为税务目的通过低估而为房地产投机准备好市中心的房产，以及越来越多地将投资吸入阁楼房产的打算，即对主导用途将从制造业转向居住的推测。虽然阁楼市场的早期投资者断定他们的街区将维持不变，后来的投资只在预期它们会发生变化时买进。

从阁楼市场中首先将小型制造商，随后将艺术生产者置换出来便是其结果，这可能是阁楼投机中最具问题性的影响。即便是从新古典经济学的观点来看，这样的置换可能会产生反作用。如果在新的需求建立起来以填补可供量之前，使用者就被扔出市场，那么缺口就会依旧存在于供给和需求之间。在新古典主义的书本中，打破平衡和激进视角下的设置与垄断价格一样罪恶。此外，在置换既有用途以满足潜在需求中包含了一个社会问题。原先的使用者能够去哪里呢？价值重置的城市房产并没有为原先支付低租金的租户提供进入新市场的现成渠道。尤其是当生产性用途被非生产性用途取代时，或者是当不太具有生产性的用途（如住房）取代更具生产性的用途（如表演和艺术创作）时，投机给整个社会带

① 建筑历史来自纽约房地产委员会所收集的数据，按揭记录来自纽约市金融局。

来了问题。在这种情况下，原有基础设施不可能在没有大规模国家干预的情况下重建。不过，对以补贴来抵消市场力量影响的论述重申了资本主义社会中国家干预的经典道德困境。阁楼市场仅仅代表了该系统中的一个小地方——在这里，这一困境被感知。

7. 投机与国家

虽然人们向政府寻求帮助以抵抗房地产投机，但是国家的站位必定要比他们的站位来得复杂得多。对于大多数地方官员来说，使街区不稳定的变化看起来似乎是经济增长的迹象。尤其是在经济基于衰退中的工业部门的城市中，房产价值的上涨看起来表明经由"更好的"用途而实现的复兴和再开发就像是社区的新生活。不过，一般来说，地方政府对房地产开发商是没有意见的。通过一种互惠，开发商让政客得以将美名冠到自己头上。但是，任何由互惠互利所支配的关系也意味着义务。运作于资本流动构成准则的经济系统内，政客和开发商都希望能够得到保障。开发商希望知道他们今天进行的项目不会在明天因外部因素而被推翻。政客希望看到开发商承诺的持续提供的工作与金钱，直到下一次选举。不管怎样，由此发展起来的互相迁就看起来对国家更具限制性。资本外流的威胁使得官员减弱管制，并同时不断推进对开发商的让步——要不然，他们就会说离开这座城市。尤其是在过去的 20 年中，以税收优惠和分区特许形式出现的补贴使开发商和政府之间的交换流通得以产生。运用这些补贴与私营部门签订合同进行建成环境改建取代了谋划开发的尝试。

从政府的角度来看，反对投机或开发最有力的观点是它强加了经济成本。如果开发策略中的“损失者”必须被补偿的话，如果开发项目要求国家出资的基础设施的话，并且如果“赢家”要求补贴以执行其计划的话，那么国家可能最后要支付比其预期及其承受能力更多的钱。这部分是因为国家是从开发商的前提开始的，即市场是不确定的且风险应当被控制。虽然这听起来并不像自由市场经济学，但它确实遵循了现代资本主义国家的标准运作流程。凭借在过去一百年中协商而成的复杂机制——这些机制包括免税条例、贷款担保和直接补贴，政府学会了付钱给投资者让他们投资。这意味着，国家使所有种类经济活动中的投资成本社会化了，或者，用公共资金支付了这些投资成本。一旦该先例建立起来，很难消除或几乎不可能去避免应用它，哪怕是在利润看起来受到保障的市场中。风险要素是理所当然的而非进行论证的。

但这并不能成为对政府承担成本的公共证成的一部分。对于公共消费，政府进行了成本收益分析。这表明，就政府投资于私营部门的每一美元而言，都产生了用于公共福祉的一个好处。在当最大的好处看起来是投资减少和出现衰退的地方呈现出经济活动前景时，任何种类的房地产开发都可以轻松地与公共目标相调和。因此，在不景气的时期以及繁荣的时期，国家依旧在地方层面发挥着一部分“增长机器”的功能。[①]

---

① 对于政府的一般角色，詹姆斯·奥康纳的《国家的财政危机》(*The Fiscal Crisis of the State*)(纽约：圣马丁出版社，1973 年)依旧提供了最佳解释；对于地方政府，见哈维·默里奇：《城市作为增长机器：地点的政治经济学》(*The City as a Growth Machine*: *Toward a Political Economy of Place*)，《美国社会学学刊》(*American Journal of Sociology*)，1976 年第 82 期，第 309 至 332 页。

国家的运作方式相当微妙。它既改变了围绕建成环境的社会风气，也使得因此施加于投资者和消费者立场上的社会风气变得制度化。它既应对成功，也应对失败。正如它为一些投资成本提供担保，因此它补偿了一些消费负担。对于任何单个群体，国家所提供的只能卸除部分负荷。但是，这样做时，它在暗中调整了相互冲突的需求，并确认其作为公共目标仲裁者的独特地位。国家选择的重要标准在于对私营部门的干预是否将产生对经济的更多投资并因此使整个"游戏"运行起来。然而，国家影响投资环境的能力受限于两个关键因素。第一，国家依赖于开发商关于回报率是否令人满意的话语；第二，国家不能直接影响房地产市场中对开发商产品的需求。鉴于在各方面存在的不确定性，地方房地产市场中总是存在增长期与停滞期的交替。

直到近年来，所有地方联盟所致力于的城市经济的扩张都依赖于城市范围内的工业增长。[①] 然而，随着资本投资被移至其他地区和其他国家，当地政府不得不修正其策略。进行操纵一如既往的复杂，甚至有些自相矛盾。城市政府必须站在大型投资的这边促进对工业的脱离，并同时表明对保持工业就业的关切。它必须补偿其税基中重要部分的损失，并阻止溢出效应带来更大的灾难。在一个已经相当多样化的地方经济体中，政府试图跟着资本流进更具利润的非生产性部门。随着对城市进行支撑的闲置或未充分使用的工业工厂和城市基础设施——街道、运输路线、公共建筑——出现衰退，城市试图通过赋予交替使用价值而止损。城市

---

① 对于这一政治体系运作方式的分析，见约翰·莫伦科夫：《城市开发的战后政治学》(*The Post-War Politics of Urban Development*)，《政治与社会》(*Politics and Society*)1975 年第 3 期，第 247 至 296 页；国家层面的安排，见：大卫·戈德：《凯恩斯主义联盟的崛起与衰落》(*The Rise and Decline of the Keynesian Coalition*)，《资本主义国家》(*Kapitalistate*)，1977 年第 6 期，第 129 至 161 页。

官员曾经领导并正在领导随之发生的社会变迁过程，如果他们可以的话，他们将选择新的投资环境。一方面，城市运用其相当大的权力去隔离和摆脱曾经工业的残余。分区在全市范围内将土地用途与新的房产价值联系起来，并且通过征用或合法接受而将房产从市场中移出使得对个人财产的使用与整体计划相协调。另一方面，城市政府的三个分支完成了涉及这一大规模转换的扫尾工作。市议会修订了法律和法规以反映新兴投资实践，市法院开创了基于市场地位的先例，市政部门每日处理随之产生的人员伤亡。

当然，联邦政府的干预设定了许多新房地产市场得以从旧工业废墟中兴起的条件。例如，自 20 世纪 60 年代起，对于艺术的国家补贴影响了对生活阁楼的需求，1976—1978 年的免税条例修正鼓励了重修和再利用。但是，正是地方层面的国家干预策略真正地决定了这一新市场能变得多么成功。在阁楼市场的案例中，四种地方干预具有这种影响(见表 10)。第一，重新分区促进了变化而非稳定，并因此有助于将剩余的工业用途从为升级至服务业部门价值而做好准备的房产中驱逐出来；第二，地方政府通过运用传统财政手段和开发非传统司法形式来帮助旧建筑上的新投资更安全。重新估值的传统方法是以针对项目符合公共目标的开发商的税收优惠的形式出现的。新方法是相当复杂的针对来自地方非营利公司开发商的非直接补贴。通过起到将转移支付从公共部门转至私营部门的作用，这些扮演了开发商隐名合伙人的角色。对房地产市场起到重大影响的地方政府干预的最后一个策略涉及了司法裁决，或法院通过在法律上承认并因此在社会上对租户新权力和业主新业务进行规范化而帮助消费社会化的方法。虽然这尤为指涉纽约城市阁楼情况的古怪的合法性，但就一般而言，它在各个方面确立了在中心城市以居住用途取代制造业用途。

表 10　城市更新下房地产市场中的政府干预策略:生活阁楼市场的形成

策略	方法	案例
转化		
去工业化	重新分区	城市规划,分区变更
	拖延上市	在物权上接手欠税楼宇
重新估价	对开发的补贴	税收减免
	隐名合伙人	将房产转移至非营利性开发公司
制度化		
法典化	修订法律、法规和规章	建筑规范改变,驻家艺术家认证,批准合作公寓计划书
使消费社会化	司法裁决	租户权利对抗业主/开发商权利的法庭判例
使失败社会化	补偿和安置	咨询服务,防止骚扰,来自开发商的经济协议保证

注:这里的分类有些武断,在现实生活中,补贴和法律修订拥有不止一类影响,并且每一类“影响”拥有超过一个“原因”。

重新分区

美国城市与郊区的历史使我们想到分区是致力于保护现有用途免于被新用途侵蚀的排他性实践。但是在现实中,分区则更为模棱两可。从理论上来说,分区运用国家权力去保护公共利益。“它真正的目的,”建筑评论家艾达·露易丝·贺克斯苔博(Ada Louise Huxtable)说道,“在于使城市成为适合居住的地方。”然而,她承认这一设计也有一些让人沮丧的地方。“有些事情显然已经不对劲了。纽约的分区变成了通过权衡以使得房地产回报最大化的工具。”为什么这令人吃惊呢?一旦如何使用土地的决定被公共政策所控制,那么做出这些决定——或就这些决定提出期待——

就变得非常有利可图。尤其是当政府官员必须将一般规则应用于特殊情况时，他们看起来似乎会歪曲这些法规以付诸实施。当更广泛的市民群体拥有就分区规则投票的机会时，他们倾向于运用这些规则来保护他们在房地产市场中的位置。[1]

此外，在纽约生活阁楼的案例中，分区通过逐步使现存工业用途“贫民窟化”以及最终用更高租金的服务部门租户取代它们而动摇房地产市场。虽然成功的制造商通常希望在其所在地进行扩张，①1961 年的分区决议禁止他们在大多数曼哈顿下城地区进行这样的扩张。和早些时候对临近区域工人阶级居住社区的清除一样，工业从曼哈顿下城地区的被迫离开从两个方面使房地产开发商获利：通过在布朗克斯和皇后区的偏远地区创造对工业园区的“需求”以及在城市中心地带创造用于再开发的闲置或未充分使用的空间的“供给”。1971—1976 年有选择性的重新分区摧毁了曼哈顿轻工业依旧依赖的集群。在实体层面，在人们的脑海中，特定街区和社区内的传统工业中心不复存在了，因此到 20 世纪 80 年代，并没有对闯入神圣不可侵犯的中城制衣中心生活阁楼数量的公开抗议。1981 年，一个新的分区调整重新定义了较早时期在压力下已于此建立的服装街区，以使得低级制造业用途贫民窟化。1980—1981 年城市规划委员会和代表服装交易工人的工会之间的漫长讨论之后，位于被指定为东制衣中心的地区的生活阁楼被合法化了。即便是在混合用途的东部区域，征购房产以用于居住改建的开发商必须获得等量的地面空间并将其用作制造业或商业租赁。虽然如此，南向邻近地区的居住用途的合法化，以及西向地

① 例如，罗杰·施麦纳：《制造业选址决策》(*The Manufacturing Location Decision*)，影印材料(剑桥，马萨诸塞州：哈佛商学院出版社，1978 年)。

区大量作为正当权利的改建，有效地将制造业限制在制衣中心的现有边界内。制造商所盘算的任何扩张必须位于曼哈顿之外，可能远至亚特兰大的新制衣中心。①

这些分区决议表明分区机制可以多么地模棱两可。一方面，很难证明重新分区是否主要引起了或遵循了用途的改变；另一方面，很难从影响中分辨出意图。自 20 世纪 60 年代晚期就居住和生活在苏荷的一位建筑师抱怨到，从这层意义上说，“分区从来都让人搞不清楚。它并非要使这里成为居住地区”。在他及其同事的脑海里，为了制造业和艺术家生活阁楼而进行的苏荷重新分区将保护街区的现有用途。“我们将分区调整看作拖延行动，”他说道，“来保护还在这儿的制造商。”理论上，分区应该做到这些。但是，实践上，重新分区在工业阁楼市场中撬开了一道可以用于促进居住用途的“缝隙”。“分区使我们体面起来。”这位建筑师就 1971 年的法规说道。

四年后，一个不同种类的分区使得该地区不仅仅是体面了。在苏荷居民的强烈游说之后，纽约市教育委员会于 1975 年设立了一个覆盖了格林街以西的苏荷地区的特别学区。与纽约市其他所有的学区相比，在那里，家长可以选择将孩子送到哪所小学。其原因在于，作为一个没有自己学校的工业地区，苏荷按说应当属于包括小意大利、中国城和其他下东区的学区。然而，与下东区典型的内城学校相比，苏荷的家长更喜欢位于西村的另一个邻近校区内的“进步教育”与“特色教育”学校。通过使苏荷的居民能够进入中

① 意味深长的是，在这个时候，城市当局正围绕在中城那个地区建造会议中心的计划而展开行动。由剑桥肯尼迪图书馆的设计师贝聿铭起草的位于哈德逊河沿岸的巨大工程将会和制衣中心的传统阁楼在审美上、社会上都形成冲突。这一不协调性已被不断上涨的、与制造业用途完全不相称的房产价值表明了。

上层阶级家庭所偏好的“好”学校，当地教育委员会将苏荷确认为城市中心的中产阶级飞地。即使在 1971 年为重新分区展开游说的苏荷艺术家也没有料想到这种影响。同样，1975 年对重新划区的要求也不能被认为是清白的。①

无论何种在全面性和选择性的重新分区下都毫发无损的工业用途都往往被在分区规则外进行例外处理的分区变更“连根拔起”。一个变更可以覆盖几乎任何种类的例外，从建筑的大小和形状——太大、太高、太笨重——到特定楼层的用途。“变更处理”的问题可能相对较小，或涉及面很大，以至于在实际上需要规则的全部豁免。哪里的房产价值高，开发商就在哪儿运用变更来扩大其项目规模，而不需要增加购置成本。在阁楼市场中，开发商常常申请变更：第一，因为老旧阁楼建筑基本较小；第二，为了规避留存在非工业用途之上的分区限制。

一个开发商就诺荷的一栋 12 层阁楼建筑的居住改建而进行的多次变更申请很好地阐释了变更可以应用的用途。虽然和英国一样，它们不能把女人变成男人，但它们能将艺术家的生活阁楼变成中上层阶级市场的住宅楼和购物中心。诺荷开发商所申请的变更一般关注的是大小、不符规定的用途和安全问题。在大小方面，该开发商购买了一栋极大的建筑——就土地面积或每层面积而言——以至于 1976 年对诺荷的分区决议特别将其保护为制造业用途。因此，这栋建筑必须获得豁免。该开发商也希望通过将两层用于购物夹层和顶层公寓而增大建筑空间。这需要获得豁免，因为这栋建筑已经被认为在高度上过高。该开发商还希望通过将大多数楼层细分为小于 1 200 平方英尺的公寓来使可租赁单元的

① 个人访谈，1980 年 7 月和 9 月。

数量最大化。但是，1 200 平方英尺是 1976 年分区所要求的艺术家居住与生活阁楼的最小面积，毕竟这是诺荷唯一被合法化的居住改建。剩下的 4 个分区变更不过使得这一讽刺性更加凸显。因为该开发商想要从沿街的商铺中获得高租金，他要求将诺荷的底层建筑空间从保留为制造业用途的分区规则中获得豁免。他还要求从特定的消防规则中豁免以减少建造成本。考虑到这些变化的范围，该开发商雇佣了一位工于心计的人来为其申诉就并不令人惊讶了。他的法律事务所有三位合伙人，分别是图福（Tufo）、约翰逊（Johnson）和祖科蒂（Zuccotti）。其中，具有主导地位的合伙人约翰·祖科蒂既是城市规划委员会主席也是第一副市长。[2]

在一个精英成员在商界和政界中自由流动的世界中，祖科蒂从谈判桌的一边转向另一边并非不寻常。在过去，即改革成为市政厅广泛接受的词语之前，房地产开发商被委任以最高的城市规划岗位。自 20 世纪 60 年代起，开发商被其他种类的专业人士所取代，大多是代理律师。这几乎没有对开发商的利益造成危害。当他们回到其律师事务所时，他们仅仅是雇佣了前官员。在开发商对城市当局的应对中，作为代理律师，前官员代表了开发商。这一关系中存在多个变数。例如，祖科蒂之前的身份是城市委员会主席，现在则是一家位于为大型开发商而重新分区的中城核心区的私营非营利性开发公司的董事长。另一位专攻与城市规划委员会进行分区特许谈判的重要律师考虑到自己——从那种意义上说——作为一名开发商，在这一圈子中保持了家族联系。他的兄弟，一位著名的地方权力掮客，是“一位拥有强大政治联系的布鲁克林房地产律师，他在市政厅拥有更强大的后台……作为律师、说客、募集资金者和顾问”。[3]

因此，取得分区变更在地方权力政治中是一种运作方式。但是，雇佣拥有良好关系的代理律师并不是唯一体现这是“政治的”方式。甚至在制度上，这一过程也是具有政治性的。例如，在纽约市，申请分区变更可以选择两种方式中的任意一种，由地方社区委员会或全市标准与申诉委员会(Board of Standards and Appeals，BSA)着手。如果地方社区委员会拒绝了该申请，那么开发商可以向标准与申诉委员会进行申诉。无论在理论上还是实践上，地方社区委员会和标准与申诉委员会都代表了不同的支持者。多达50位成员的社区委员会是由当选的区长从纽约市5个区的社区领袖和志愿活动家中指定的。虽然他们的任期为两年，但如果区长乐意，他们的在任时间普遍超出两年。在当地政治俱乐部和邻里组织中的自我选择、“关系”和服务的结合中招募而来的社区委员会，其成员构成了一幅城市社区的异质且常常是分化的微观图景。尽管如此，在代表社区利益的政治过程中他们最为亲密。与之相比，标准与申诉委员会被设想为代表了一种公平的专业旨趣。标准与申诉委员会由6位委员构成，其中必须包括两位注册建筑师、两位注册规划师，以及一位类似受官方认可的城市规划师。这些官员由市长任命，任期为六年。他们的工资超过4万美元一年，且他们的职责大多在每周会议上履行，这使得该政府机关成为一个“肥缺”。标准与申诉委员会被公认为对“房地产利益”有利。

的确，标准与申诉委员会同意在许多阁楼建筑聚集的曼哈顿地区——社区委员会街区包括苏荷、诺荷和格林威治村——进行居住改建的分区变更上的记录表明了对开发商计划丝毫没有任何反对。在1969—1979年间，51个对这种变更的申请直接地或通过申诉而提交至标准与申诉委员会，没有一个被拒绝。同时地方社区委员会批准了39个申请，拒绝了21个。(在某些案例中，地方委员会的反对足以扼杀开发商的兴趣，且他/她从未将这一决定申诉至标准与申诉委员会。)然而,意味深长的是,社区委员会直到1976年才开始拒绝用于居住改建的分区变更的申请。从1976—1979年,地方委员会的21个拒绝中有19个发生在这仅仅四年的时间内。这一转变的原因是简单的。在先前的十年中,该委员会的成员支持艺术家阁楼。一些成员参与了格林威治街的艺术家住房合作社,并且整个委员会推动了苏荷和诺荷的重新分区。不过,该委员会略带失望地从其经验中吸取了教训。为部分因其行动而带来的别致景象和高市场价格而感到痛心,该委员会试图运用他们有权支配的有限权力来阻止阁楼开发压倒一切的势头。[4]

然而,面对市场力量,该委员会无力推进社区稳定的目标。其追求反开发策略的潜力被其组织结构、城市政治格局及其成员的态度所约束。从制度上来说,社区委员会并不是按照规划机构来设立的,并且他们的决定不具备法律效力。虽然它们是在20世纪50年代效仿"地方自治"而建立起来的,并且可能在20世纪70年代早期作为为分权而采取的安抚草根需求的措施而强大起来,该社区委员会仅仅具有顾问角色。因此,虽然它们可能表达了社区的愤慨或者社区的乐事,但它们缺少社区控制所必要的法定权力。它们当中也没有太多协调政策的动力。即便是在该委员会有机会影响决策的两个重要领域——预算和分区——中,它们也没有表现出形塑政策的意愿与方式。在某种程度上,这一问题应归于委员会成员未能弥合将志愿者从专业政客中划分出来的抱负与控制之间的巨大间隙这一事实。无论他们多么尖锐或多么有经验——并且,苏荷—诺荷—格林威治村委员会包括一些非常精明的地方活动家,在解决有争议问题和对抗真正的精英中,委员会成员并没有既得利益。一些委员会成员可能享受与一些强有力的权力机构——或者,更为常见的是地方开发商或私人机构——进行以弱战强的对抗。但是，他们的确没有准备好去动员一场反对作为社会问题的资本主义、种族主义或房地产开发的斗争。在许多方面，他们仅仅是希望坚守住自身在阶级结构中的位置。委员会成员越来越多地在具有社会异质性的街区中代表单个利益的支持者——他们在内部就特定问题而展开争夺，但很少唤起公众与银行、开发商或政治权力结构较量的兴趣。

值得注意的是，土地使用决策的体制程序的确阻止了委员会，使其只能成为开发商策略的一个障碍。开发商已经拥有了建造不违背分区法规项目(并且进行依法改建)的权利。因为变更是具体问题具体分析的，即便是拒绝也不能对一般政策产生影响。并且，由于标准与申诉委员会在这些问题上拥有驳回地方委员会的权力，它们甚至很难开创先例。终究，社区委员会依赖于如市议会成员和街区领袖这样的选任官员——区长，以及最重要的——市长。的确，格林威治村的委员发现难以去对抗住在该街区并且是自由主义事业长期战友的市长。至少有一次，该市长最亲密的顾问致电委员会成员，并要求他们减轻对居住改建的反抗。另外，该市长公开支持中产阶级住房。在这些情况下，委员会难以使其决定的反开发重点明晰起来。①

---

① 这一社区委员会的确在1977—1978年与纽约大学进行了一场激烈且持久的斗争。那时候，纽约大学将一个位于百老汇走廊的方形阁楼建筑街区租给了一位国有房地产开发商——为将阁楼改建为高租金公寓，他赶走了制造业租户。该委员会成功地向纽约大学施加了帮助这些制造商寻找新空间并给予他们安置津贴的压力。然而，该委员会无法影响纽约大学以使其重新考虑将这些建筑改建为居住用途的决定。它也无法阻止该项目，因为这是依法进行的改建。尽管为失业状况洒下了鳄鱼的眼泪，比姆和科赫政府并未进行任何干预。

税收减免

为房地产开发商提供税收优惠的支持者主张，这是吸引投资的必要手段，否则这些投资可能不会发生。尽管先例可以追溯到二战后的城市更新时期，这一地方开发策略在极大程度上是响应20世纪70年代早期针对城市的联邦政策的变化。在那个时候，短期拨款和一揽子拨款取代了针对特定项目和长期开发计划的补贴。但是，房地产开发商感觉到他们似乎被舍弃不顾了。不论华盛顿是否想要促进分权——经由社区开发拨款和分税——或资助金的扩散，对地方层面的影响则是发起对不那么繁琐且更加可靠的补贴的争夺。这一时期的衰退和通货膨胀也使得开发商对投资资本感到不安，并且地方政府希望获得机动处理其地区投资回报率的自由。

不仅如此，针对开发项目的免税与减税通常被认为相对来说是不需要地方政府花费什么成本的。仅仅通过放弃税债，地方政府就可以在不需要"大大方方地"将钱提供给开发商的情况下，获得开发项目。选民也不需要通过债券发行而负担公共债务。相反，这些补贴的美妙之处在于，为了回报神秘的成本，它们产生出真正的利润。这一恩惠包括对建筑的建造或整修、更高的房产价值，以及具有获益性质的工资和对建筑工程的销售。然而，最大的收益被认为来自未来。当免税到期时，新的房产税将会反映出改善的地方以及由此带来的房产价值的上涨。城市将会变得繁荣。最后，通过指定哪种类型的开发有资格获得税收优惠，城市能够为符合公共目标的建成环境的改变订下契约。

因为这些原因，纽约市的J－51税收计划被认为是再开发的宝贵工具。本质上，它解除了通过提高翻新房产的房产税来处罚进行改善的业主的二元困境。申请 J－51 的业主获得了双重减税。一方面，对于经过改善的建筑而言，其评估值的上涨拥有 12 年的免税期。另一方面，每年也有总量达到修缮“合理成本”的 8.33%的税收减免，年限在 9 到 20 年。虽然这缓解了无法充分提高租金以补贴提高了的税额的小房东的压力，但这的确有利于践行规模经济的开发商。随着价值出现相称的大幅增长，一项拆除重建工程获得的是更有益的税收减免，而非只是小小的改善。将这些税收优惠扩大至居住改建也具有重要意义，城市当局将它们定义为升级的社会理想形式。[5]

有资格申请 J－51 改建必须满足特定条件，即被期望能够保证租金在可负担水平的用于中产阶级住房的公寓数量的增加。这些条件比通常的公寓有更广泛的要求，要有单独的卧室，租金必须符合城市《租金稳定指南》(*Rent Stabilization Guidelines*)。但是，阁楼开发商可以享受到特殊的豁免政策。至少 1 000 平方英尺的“阁楼—公寓”不需要拥有单独的卧室，超过 600 平方英尺的公寓可以拆除两面内墙。此外，租金稳定并不能禁止建筑业主将初始租金设定在市场水平上。因此，当 70 年代早期房地产市场出现危机时，大型开发商游说城市政府在 1975 年扩充 J－51 并在 1978 年和 1981 年进行更新就并不令人惊奇了。

像 J－51 这样的税收减免计划通常是在表面上看起来客观的标准下进行讨论的。这样的补贴是否有效的标准在于它是否产生经济活动。另一个标准是开发项目能否在没有它的情况下进行。然而，这两条标准存在的基本问题在于，没有办法去衡量或证实开发商就证明这一补贴是合理的而提出的各项主张。在没有办法得到开发商账簿的情况下，城市当局难以真正猜测出税收优惠对于他们的盘算是多么的重要——或者它是否带来了意外利润。同样,也没有任何诚实的方式去断定就长期来看,是否特定用途对于经济增长来说更具促进作用。当然,若不是 J-51 的话,他们不会选择重建而非新建。但是,常识和当前的市场都不能证实这一主张。

直到最近,评估 J-51 有效性的尝试遭受了严重缺陷之苦。数据要么太不完整,要么异质性过高,以至于难以得出结论。因为分析师没有将 J-51 申请与业主型居住者、大型开发商分离开来,他们无法在个案中加以区别。城市当局模糊了分析的界限,以此传达一种印象,即税收优惠帮助了“小人物”。此外,这条法规仅仅是 1975 年为资助大型项目而修订的。因此,在数年内对其影响进行评估都为时尚早。虽然如此,两位城市经济学家在 20 世纪 70 年代中期进行的一项研究发现,J-51 资助项目的回报率与私人资助的改造项目的回报率一样高。这意味着,该补贴并不是一个重建项目能否支付自身开支的决定因素。相反,决定因素看起来是区位。任何位于“良好”区位的建筑能够以上涨的租金补足改造成本。因此,研究者提出,即便没有 J-51 的各项优惠,可能一般的项目也能够完成。[6]为了回应另一个标准,第二项同时进行的研究发现,J-51 确实促进了经济活动。但是,这些研究者提出了另一个引起城市政府兴趣的问题——改建住房是否能够吸引新居民,要不然他们就不会来到中心城市。他们的研究发现从这个意义上来说,J-51 并不是特别有效。[7]最后一个关于J-51 的研究提出了第四个问题:哪种类型的项目从 J-51 中获益最多?其结果构成了严厉的控诉。这一由市议会工作人员在 1981 年进行的研究表明,J-51 补贴很大程度上是为曼哈顿高租金地区的奢华住房进行支付的。自从该法规于 1975 年进行了改写,新的J-51在曼哈顿——这座城市的高层租赁市场中心——所资助项目数量的增长是皇后区或布朗克斯的 5 倍有余，是布鲁克林的 1.5 倍有余。因此，城市外围地区的低层家庭住房的业主型居住者和房东从这一政府补贴中的获益要少于曼哈顿昂贵房产的开发商。[8]

但是，如果补贴在广义上产生了比成本更多的收益，那么这一切都不值得吗？"就此而论，"一些认真的城市分析师说道，"像……J-51 这样的计划可能并不能仅仅视作对开发商和中高等收入租户的补贴，而是城市政府的一种投资，一种可能在实际上通过……广泛的促进效应而实现对自身的回报。"[9]然而，当这些分析师将 J-51 的"促进效应"和其他类似的用于补贴多种新建住房的州计划（1971 年纽约州房地产税法第 421 章节）进行比较时，他们发现，丧失的税款使这一城市计划的成本更高。1981 年的研究试图计算出这些成本。在假设的"敏感度分析"下，研究者测算了城市政府为那些否则无法完成的项目花费了多少金钱，并与城市政府为那些没有补贴也能够完成的项目花费了多少金钱进行对比。他们得出的结论是，由于在 J-51 下，城市有长期放弃税收的义务，因此，纽约失去的钱比得到的钱多得多。

增长问题最为重要的方面可能是质性的而非量性的，是社会的而非经济的。什么样的增长是被鼓励的，它的发生又需要谁来承担成本？即使是早期用于小型开发商的 J-51 优惠实际上补贴的是流向高收入租户的公寓。[10]到了 20 世纪 80 年代，优惠政策在曼哈顿高租金地区的集聚仅仅是增强了这一趋势。如果我们在长期财政预算不足的城市中考虑这一问题，被放弃的房产税就代表了经营收入的重大损失；那么显然，真正为这一类型"增长"进行支付的人群是低收入城市居民，他们进入公共服务的渠道被由此而来的预算削减大幅地减少。此外，税收减免带给公共部门和私营部门的好处具有质的不同。开发商获得实实在在的经济收益——这和直接补贴一样有用——当城市减少税单时。另外，税收减免有助于保证银行融资。反过来，公共部门得到的则是泛泛而论的好处。例如，最近一项对圣路易斯税收补贴的研究发现，公共部门获得了“衰落区的再开发”“非房产税收的增加”“财产权的稳定化”，以及许多新的写字楼与酒店。[11]这在本质上意味着，税收补贴是改变社区和城市特性的工具。这包含了公务人员在其所服务的公共目标上玩弄的一些花招。

然而，就其自身而言，税收补贴在重造一座城市中既不足够大，也不足够广泛。它也不能抵消市场力量。当对阁楼—公寓的需求热潮涌动时，J-51 使可行项目显得更加迷人。但是，当居住空间的市场价值相对于其他用途跌落时，J-51 并没有影响开发商去扭转这一趋势。到了 1981 年，当市议会最终取消了针对曼哈顿最高租金地区项目的 J-51 优惠时，市场力量在实际上使这一问题变成了伪命题。在那时，在这些社区中，置入商业用途再一次变得更具利润。与主导 20 世纪 70 年代的老旧建筑居住改建相比，20 世纪 80 年代的新市场倾向于商业用户的公寓改建。并且，城市当局焦急地探索它可以提供给这类改建的税收优惠。

虽然，J-51 将工业驱赶出纽约市的说法一直未能得到证实，但税收补贴在去工业化过程中发挥了至关重要的作用。首先，在缺少城市总体规划的情况下，像 J-51 这样的计划充当了城市开发策略的领头羊。其次，这样的补贴对于房地产开发有着“示范效应”，因为它增加了一种类型的基础设施的供给——以另一种类型为代价。总而言之，在社会效益方面，通过像 J-51 这样的计划，城市当局支持新型的白领和专业劳动力取代传统的蓝领劳工。在面对居住改建时传统纽约工会的无能为力阐明了公共政策的这一转向。

其他衰退中的工业城市看起来共享了同样的策略。它们运用全部的税收补贴将再开发成本从开发商转移至工人阶级和低收入纳税人，并且将收益从公共部门转移至私营部门。例如，在波士顿，税收补贴支付了包括法尼尔厅、波士顿市政厅广场、邻近的联邦与州办公大楼以及南站与码头附近的阁楼建筑在内的大型滨水地区的再开发。虽然该项目有助于为私人开发商改变社区价值，但将这一房产的部分用作政府建筑将其永久地从房地产纳税清册中删除了。尽管如此，由于该地区的精品店和饭店将会在未来带来销售税，地方官员还是为他们授予法尼尔厅开发商的税收优惠进行辩护。但是，在马萨诸塞州，销售税到了州一级而非市一级。此外，滨水地区改建为居住用途的阁楼建筑的税收减免减少了城市的房产税收入。因为不得不离开这些建筑的小企业和制造商面临了日趋紧张的房地产市场，他（它）们中的一些因破产可能离开这座城市并因此使这座城市损失了来自工商税的税收。像纽约一样，波士顿看起来从用于房地产开发的税收优惠中蒙受了不可估算的损失。[12]

从更大的经济和政治角度来看，在升级至服务部门之都的过程中，衰退中的城市付出的比得到的更多。一方面，到目前为止，即使再多的房地产补贴也没有扭转资本外流的方向。较为老旧的市中心地区在吸引开发商上花费了最多的金钱，并且它们用最小的投资回报举债经营。[13]另一方面，城市政府几乎不能控制开发策略。国家不能强迫私营部门进行投资。当不存在民主控制的可能性时，公共目标也没有多大意义。在纽约市，当市议会成员向住房委员会抱怨J－51“可能会生产出如此大小、形状、租金的公寓以至于建筑租户的特性将会发生巨大变化”，住房委员耸了耸肩。他坚持，在决定用于开发的税收优惠应当去往何处时，社区控制是没有话语空间的。[14]

隐名合伙人：城市与开发公司

地方“开发公司”代表了另一种将再开发成本转移至公共部门和将收益转移至私营部门的政府企业主义。这些半政府部门是在政府许可下设立的私营但是非营利性组织，它们在开发过程中扮演着中间人的角色。它们手上有着各种各样的动机——取决于它们所获许可的条款，它们致力于吸引和协调新的投资资本。一般相信，它们较之政府机构或私人开发商更为有效地代表了公共目标，因为虽然它们的目标是“社会的”，但它们的做法是“经济的”。就其成员身份及其赞助商来看，它们主要是基于商界。正如它们常常所说的，它们的显性目标是简化官僚程序和公众认同的繁琐手续，以此促进开发项目。地方开发公司会拒绝接受私营部门的开发策略，这是不可想象的，因为在许多方面它们正是私营部门。

尽管在房地产市场中有着持续干预，资本主义国家并不真正在“篡夺”房东和开发商的私营部门角色中感到舒适。① 因此，地方开发公司能够从政府手中接过房产管理的经济与行政负担。这一类型的组织在将房产从公共所有制转向私人所有制中尤为有用。国家一度将以某种方式受其控制的房产转移至开发公司。因为这是半公共部门，所以国家并不能被指责和私营部门有不正当交易。虽然开发商从其介入中获得利润，他的干预因符合促进发

---

① 即便是在拥有悠久公共住房历史的国家中，如英国，更为保守的政府依旧对该原则提出质疑。在法国，公私“混合”结构的公司由私营部门运营。在纽约市，被其业主大规模遗弃荒废的公寓楼使得城市政府成为第二大房东，房产局一直表现出它不能也不愿意管理房产。

展的公共目标而正当化。开发公司是否将其策略与市场挂钩,或市场是否受到该公司开发策略的影响,这是毫无干系的问题。真正重要的是公共目标再一次屈从于私人利益。

位于格林威治村的大型且未使用的仓库——联邦档案馆(Federal Archive Building)的再开发强调了特定用途的开发公司"纽约地标保护协会"(New York Landmarks Conservancy)在使重建成为对私人开发商有利可图中的作用。该保护协会存在的理由是保护会被拆除的老旧建筑。这一对历史保护的承诺至少也象征性地意味着对社区保护的承诺。然而,在联邦档案馆的案例中,社区抵抗该公司的开发策略。这提出了一个问题,谁来决定该公司所代表的公共目标——社区或私营部门?

地标保护协会服务于历史保护和贵族艺术支持者的利益,这是毫无疑问的。它的孕育期是20世纪60年代"流失的纽约"时期。那时候,市民团体开始抗议拆除地标建筑或令人钟爱的老旧建筑。到了1965年,城市当局组建了一个官方的地标保护委员会(Landmarks Preservation Commission),但是上级市艺术学会(Municipal Arts Society)觉得该委员会被政治压力拖了后腿。例如,该委员会没有权力去强制地进行保护。因此,贵族们有一个更好的主意:通过使得保护的利润不亚于新建,他们帮助市场这只看不见的手。他们想法的关键在于保护策略中从再造到再利用的历史转向。通过适当的改造和选择租户,他们证明对老旧建筑进行适当的再利用是正当的,它们将变得在经济上自给自足。当然,在那时候,这听起来就像痴心妄想。①

当地标保护协会在1971年成立的时候,新办公建筑房地产市

---

① 地标保护协会的背景来自个人访谈,1978年1月。

场的崩塌开始使其策略变得更为可行。事实上，该组织符合州长洛克菲勒在20世纪60年代创造促进纽约州经济开发的超级机构城市开发公司时所设计的法律模式。1969年，该州通过了《非营利公司法》(*Not-for-Profit Corporation Law*)，这使得在不需要州立法机构或选民参与的情况下构造较小版本的城市开发公司变得容易。根据地标保护协会所获得的特许，该团体拥有以自己名义持有、管理、出租和出售房产的权力。在实践中，它雇佣顾问，委托制订计划，提出建议并为在其庇护下的每栋建筑挑选再开发策略。地标保护协会也“协助”运作每个更新项目的管理部门的合法公司。它确保并安排翻修过的建筑的租赁——“并且通过这样做”，正如地标保护协会对目标的陈述，“它将试图将房产转移至更有裨益的手中”。最后，该保护协会从公共和私营机构“争取支持”或对其进行游说，以使得每个项目都尽可能可见且可行。

虽然再开发和再利用可能与公众利益相一致，但是这种对项目的独有关注在公共部门中是罕见的。此外，该保护协会比公共机构更具选择性。它在纽约市指定历史地标的相当受限的市场中运作。在曼哈顿，这些包括中央车站、被纳入新的中城酒店的维拉德别墅(Villard Houses)，以及华尔街区域的前美国海关大楼(现为博物馆)。因此，该保护协会常常对黄金地段感兴趣。这帮助建立起其项目的经济可行性，以及其自身在房地产界的可信性。

然而，历史保护与再利用也得到了法律因素的大力帮助。1972年，美国国会通过了首次允许将政府所有的建筑用于创收目的用途的公共法92-362。1976年，《公共建筑合作利用法》(*Public Buildings Cooperative Use Act*)使用于公私混合用途的公共建筑的私人再开发合法化。1976年税收改革法案开启了允许对“被认证历史建筑”进行翻新而不用考虑这样的建筑被如何使用的实践。这条法律广为人知的 2 124 章节将税收优惠扩展至商业房产并将翻新的注销期缩短至五年。这一税法也软硬兼施，禁止在历史建筑上进行的新建工程使用加速折旧法。1978 年，一项更进一步的税收法案为整修老旧商业建筑给予投资税抵免。并且，两年后技术修正法案确保出租翻新物业的商业伙伴关系能够得到这些税收抵免。这样的法律对投资者具有明显的意义。历史建筑整建在 1977 年值 320 万美元，然而在 1981 年，根据早期的估计，由 1976 年税收改革法案和 1978 年税收法案所补贴的改造项目价值达到 7.95 亿美元。到了 80 年代早期，国会准备好将整建历史建筑的税收抵免增加至 25%，外加将建筑折旧期和整建成本分摊期增加至超过 15 年。这些一起构成了对基于保护和再利用的再开发的重要补贴。①

鉴于获认证历史建筑业主目前所享有的税收优惠，纽约地标保护协会继续吸引东海岸权势集团的支持就不足为奇了。它的机构捐赠者属于国家和国际资本的最高圈层。在环环相扣的文化联系中，它的董事会再生产了权力精英的专门部门。在 1977—1978 年，当该保护协会与地方社区委员会围绕联邦档案馆的再开发争执不下的时候，其董事会成员包括 8 位华尔街律师；7 位艺术管理、历史保护与艺术领域的高级教授；4 位建筑师；3 位规划师和开发顾问；2 位贵族女性；2 位房地产开发商；1 位投资银行家；1 位商人；1 位国际拍卖行的副总裁和 1 位美国参议员。该保护协会与城市当局的关系也不远。它的执行董事是城市规划委员的亲密好友。

---

① 项目数据来自《纽约时报》，1981 年 7 月 22 日；对于富人是如何从这些规定中获利的强烈批评性观点，见罗伯特 · L.内森：《宝库》(*Treasure Houses*)，《哈珀杂志》(*Harper's Magazine*)，1978 年 12 月，第 16 至 20 页。

该保护协会对联邦档案馆的介入可追溯至1974年。在那时，这栋大型的高密度建筑——实际上达1.2英亩(即5.2万平方英尺)的封闭方形街区——被联邦总务署(General Services Administration)用作档案库。在总务署将其档案文件移至新泽西的一个“水平”仓库后，它将这栋建筑归类为过剩财产。总务署对该建筑的建筑风格——被《纽约时报》的一位评论家称作这一地区最好的19世纪工业砌砖建筑——无动于衷，它决定将这一建筑脱手。对于地标保护协会来说，如此好的财产不能错过。正如该保护协会的副主席，建筑师杰弗里·普拉特(Geoffrey Platt)所说：“联邦档案馆……是被认定的纽约市地标，也被列入国家名录。当我们了解到它即将被宣布为过剩财产时，我们抓住这个机会来证明我们存在的理由。”但是，联邦档案馆也是一件有价值的财产。这一地区的价值被近年来附近西村大量的居住改建所重估，该地区成为了繁华的艺术—剧院—酒店基础设施的中心，以及中产阶级褐石支持者的支柱。它也是格林威治村同性恋团体的主街。①

1974—1975年间，该保护协会委托了哥伦比亚大学建筑学院的特别研究中心制定了联邦档案馆的报告，并且批准了研究团队的再利用计划。到了1976年，该保护协会使市长比姆去请求总务署将这一过剩财产免费移交给纽约市。市政府会反过来将联邦档案馆出租给该保护协会。因为国会刚通过了允许将公共所有建筑开发为公私混合用途的法律，市长比姆赶紧将该保护协会的角色与该法案的条款联系起来。他写道：“联邦档案馆将由纽约地标保

① 关于该建筑，见保罗·戈德伯格：《观察纽约》(*The City Observed: New York*)，纽约：兰登书屋，1979年，第84页；关于保护协会的涉入，见《联邦档案馆：混合再利用的提案》(*The New York Federal Archive Building: A Proposal for a Mixed Re-Use*)，纽约：城市与环境事务高级研究中心，哥伦比亚大学建筑与规划研究生院，1976年，第3页。附加材料来自社区委员会Ⅱ和鲁丝·威滕伯格。

护协会代表纽约市进行再开发，以作为包围城市新主要中心的能创收的混合再利用建筑。在其混合利用中，将融合纽约这一地区的典型生活，该建筑不会成为任何一个公共或私人使用者的私人领地。”[15]

但是互惠是有限度的。虽然总务署被期望将该建筑免费地移交给纽约市，并且纽约市也被期望将该建筑以与协商后的年租金——与这种类型的再开发项目税金相当——以及“名义上的”地租移交给保护协会，但是私营部门可以预见大得多的回报。一方面，该保护协会有权选择的开发商必须向城市支付和保护协会一样的年租金以“代替税金”。这意味着开发商的征购成本是非常低的。另一方面，开发商必须将其“合理利润”的一定比例作为“实质上的”地租进行支付。然而，这一笔钱归保护协会而非城市所有。当然，保护协会所获得的特许并不允许其获得利润。因此，这一收入将会作为“建立和维持纽约市地标周转基金”的专项资金。与任何组织一样，该保护协会捍卫其基于能动性的资金权利。在这个案例中，它已经承担的项目数量——“监督”。至 1978 年，100 万平方英尺的地标建筑——以及它不得不拒绝的项目数量“是该保护协会发展壮大需求的铁证”。

1977 年，鉴于纽约市统一土地使用审批程序（Uniform Land Use Review Procedure）——它要求与地方社区委员会就其范围内的所有重要土地使用决策进行磋商——格林威治村社区委员会开始介入联邦档案馆。然而，公共部门再一次输给了私营部门。虽然社区委员会有提议权，但保护协会拥有处置权。在 1977—1980 年三年的时间内，社区委员会对保护协会开发思路的抵抗使得协商变成了羞辱，使开发变成了混战。该委员会与保护协会在两个问题上存在分歧。在一个层面上，该社区委员会为在决策过程中发挥更为重要的公共作用而斗争，在另一个层面上，它为“可负担的”租金而非奢华住房进行游说。该委员会也迫切要求偏重于现存社区的社会需求的混合利用，而不是为富裕的新来者建造可预期的零售设施。无疑，该委员会推进了其在20世纪60年代支持西村艺术家住房时同样的反开发策略——为了混合用途与社区稳定化。

特别是在四个关键领域中，社区委员会对保护协会的立场表示反对：对开发商的选择，翻新后建筑中空间的使用方式，决策过程以及开发商“租金”支付中公共部门份额的分配。虽然从一开始社区委员会就厌恶针对该建筑的任何私营再开发中的高租金住房和零售空间的主导地位，但是城市当局和保护协会协调后的商讨条款妨碍了该委员会的主动权或否决权的实现。正如该委员会成员所看到的，从他们的立场出发，他们只能在同样不利的选择中进行选择。所以，他们反而选择拖延决议。当该委员会针对这一项目扣留其批准时，它对保护协会最初选取的开发商进行游说——提供更多的“半公共”空间、社区设施以及更多租金较为便宜的公寓。当开发商抗议，认为他必须从其资产净值中获得25%的“合理回报”时，该委员会建议他可以通过申请联邦补贴以弥补其放弃的利润。在这个位于其社区的大型新项目中，该委员会的成员显然希望再生产“他们的同类”。但是，他们没有影响市场力量和开发策略的手段。像他们自己一样，希望在联邦档案馆项目中看到居住可能的中产阶级人群——正如开发商的建筑师在与委员会的会议中敏锐指出的——是“太富有以至于不具备补贴资格或太贫穷以至于无法支付市场租金的人群”。

在两年的僵持期后，开发商退出了联邦档案馆项目。他们在政治游戏中失去了太多的时间与金钱。为了绕过社区委员会并加快推进项目，将该房产移交至私营部门的替代策略被设计出来。联邦总务署第二次将该房产交给了纽约州城市开发公司——拥有大量政治影响力的典型开发公司。城市开发公司转而将该建筑租给了一直在待命的另一开发商。市长顾问向委员会成员求情，希望他们停止其阻挠议事的策略，并且在围绕分割该委员会在公共部门获得的支付金中的份额的两败俱伤的争端中，该委员会驱散了最后的怒火。在控制联邦档案馆项目的争斗中，该社区委员会得到了一次性支付的用于“社区保护”的 60 万美元——这笔钱在社区团体、城市垃圾车投入和其他公益事业中进行分配——以及 6 万平方英尺的租金为每平方英尺 4 美元每年的“补贴”性质的半公共空间。在接下来 15 年的经费补贴中，地标保护协会将会变得更为富有，共计 600 万美元。开发商获得了 10.5 万平方英尺的理想商业空间和 347 个平均面积约 1 000 平方英尺的热销合作公寓。当然，对于私营部门来说，这不是个糟糕的买卖。但是另一方面，我们是从以下命题开始的，即开发公司并不以反驳私营部门开发策略为目标。

司法裁决

在很大程度上，法院干预阁楼市场是为了使居住型租户的身份合法化。这样做时，它们有助于使阁楼从工厂空间向住房的制度化转变，也有助于阁楼市场的去工业化。与城市当局不同，法院从没有叫停居住改建的倾向性。只要他们的租约开始生效，商业租户便享受着法律的保护。当商业或制造业街区的重新分区阻止了续约，那些租户也不会向法院求援。然而他们可以尝试通过施加政治压力来扩大其法定权利。在这层意义上，正是立法机构——市议会、州议会和参议院——必须处理开发策略的人力成本，这时候法院在调整利益时发挥着重要的作用。

然而，在过去的数年中，当更富侵略性的开发策略取代了大多数阁楼业主的被动投资取向时，现有租户呼求法院提供保护。与任何住房市场中受到较高租金用途入侵的相对低租金的居民一样，这些租户恳求获得稳定。但是法院只能处理动荡市场的后果。它们不能预先制止以"市场力量"的能量运行且没有与法律相抵触的开发方案。就法律能够保护阁楼居民的范围而言，它们保护居民免受阁楼房东而非开发商的侵害。换句话说，抓到的是微不足道的坏人。基本上，这些阁楼建筑业主是受困于他们自身的贪婪。如果阁楼租户已经展示出通过将阁楼出租给他们，房东在实际上进行了居住改建（即使并不合法），他们就能获得保护。正如纽约民事法院法官布鲁斯·M.赖特（Bruce M. Wright）在 1979 年《克罗船长管理公司（Captain Crow Management）（业主）诉卡利古拉娱乐公司（Caligula Amusements）（租户）》这一裁决中所写的："当居住用途与房东的知识和一些积极参与相结合的时候，正是居住用途这一事实构成了获得保护的正当理由。"

在阁楼市场中确立合法先例的法院裁决关注三个简单的问题：阁楼房东的策略、为出售房产或将房产改为合作公寓而对现有租户的驱逐以及租金的稳定。不用说，在真实的房东与租户的语境下，每个问题都变得复杂得多。

四起关键讼案与阁楼房东伊莱·利普克斯（Eli Lipkis）和居住在其位于曼哈顿下城两栋建筑中的居住型租户有关。在全部的四起讼案中，法院都是从对租户有利的角度进行裁决的。这些裁决的影响是，房东既不能因非法居住——缺少租房契约——而驱逐租户，也不能在没有房屋占用权批准的情况下向这样的租户收取租金。法院迫使倾向于将阁楼租给居住用途而非制造业用途的阁楼建筑业主去进行合法的居住改建。保留制造业用途的不彻底的改建不会再出现。其实际效果是使居住市场变得均质化，且使所有阁楼更高水平的租金变得普遍化。[①]

在另一起讼案中——苏荷一个新建的艺术家居住合作公寓试图驱逐在该建筑中租赁生活阁楼、租期为十年的一名作家以出售该阁楼。州最高法院裁定，房东不能驱逐租期在获得用于实际居住改建的占用权证明之前到期的居住型阁楼租户。虽然这一裁决与该法院之前对阁楼房东利普克斯的裁决相当类似，律师们认为这一讼案，即《155号伍斯特街协会(155 Wooster Street Association)(业主)诉本吉斯(Bengis)(租户)》比对利普克斯的裁决更为“干净”，因为在业主一方并不存在骚扰与纵容。在《克罗船长管理公司诉卡利古拉娱乐公司》中，法官也裁定租期已到期的居住型阁楼租户因业主希望将建筑改为合作公寓而不得被驱逐。不过，对阁楼市场内的关系拥有最大影响力的讼案是《曼德尔(Mandel)(业主)诉皮考斯基(Pitkowsky)(租户)》。在这个讼案中，问题最终出乎意料地变成了租金稳定——或业主无法在没有限制的情况下提高生活阁楼租金。在《曼德尔诉皮考斯基》中，州最高法院遵循了《155号伍斯特街协会诉本吉斯》的先例，再次裁决实际用于居住的建筑内的居住型租户不能在缺少占用权批准的情况下被驱逐。然而，出乎意料的是，法院还一致裁决该建筑中的居住型租户有权享有租金稳定的保护。因为这些租户表明业主明知故犯，在1974年1

① 利普克斯的四起讼案是：《利普克斯诉皮库斯》(*Lipkis v. Pikus*)，由纽约市民事法院裁定，1978年10月；上诉，《利普克斯诉皮库斯》，由纽约州最高法院裁定，1979年3月；另一上诉，《利普克斯诉皮库斯》，由纽约州最高法院五名法官组成的审裁小组裁定，1979年11月；以及《利普克斯诉塞莱克》(*Lipkis v. Silleck*)，民事法院裁定，1979年9月。

月1日之前将建筑中六间以上的阁楼出租为居住用途。因此，法官应用了使之前未纳入保护的公寓租金稳定的《1974年租户紧急保护法》(*Emergency Tenant Protection Act of 1974*)。由于这一裁决影响了遍及阁楼市场的租户，阁楼建筑业主发现他们自身处在公寓楼房东的位置上，面临所有的租金限制且承担着在纽约拥有一个公寓所意味着的维修责任。既然他们的阁楼租户拥有了租赁市场上公寓租户的标准租约保护，他们当中的许多选择售空房产。他们也游说州立法机构撤回法院所授予的利益。①

随着日积月累，这些裁决对稳定阁楼市场——在居住改建后——造成了影响。就阁楼租户在卖方市场上争夺空间的程度而言，法院的介入为他们提供了一些保护。法院无法稳定阁楼市场以叫停市场所采取的开发策略。但是它们可以保护居住型阁楼市场中居住型租户，使其避免因这一策略的进一步推进而"连根拔起"。法院对阁楼市场的介入以一种有趣的方式凸显出阁楼支持者的演变。正如与标准公寓居民相比，阁楼居民不再更具波西米亚风格，也不再更具艺术性，因此他们在阁楼市场中的位置被确认为租户的站位而非艺术家所享有的例外。他们现在能够享受公寓租户的正常权利。艺术家对社会支持的要求和怪人对善意忽视的渴望一去不复返了。

房地产市场中的国家干预是致力于吸引流向特定领域的新投资的更大的政府企业主义模式的一部分。除了构造资本流动所依

① 《155号伍斯特街协会诉本吉斯》的讼案依房东上诉由州最高法院在1979年7月裁定。《曼德尔诉皮考斯基》依房东上诉由州最高法院三名法官组成的审裁小组裁定，1979年12月。《克罗船长管理公司诉卡利古拉娱乐公司》由民事法院裁定，1980年5月。

赖的社会与经济关系，国际力量也影响了资本运动所采取的空间形式。从衰退的制造业中心向服务部门之都的转型以投资减少开始，但它却通过国家选择性的回应而确认和增强。将赌注压在这一回应上是房地产开发商投机的组成部分。

在阁楼市场的案例中，地位受到更高租金居住用途威胁的制造业租户在国家机器中得不到任何救济。在很大程度上，“大资本”对小工业的支配已经使他们丧失能力。虽然近年来城市当局向地方工业利益集团支付了强制性的口头债务，但它们真正关心的是吸引“干净的”服务部门工作和扩大理想的昂贵住房市场。例如，纽约市的重新分区不断侵蚀了作为制衣业和印刷业主要构成的小企业的空间基础。在他们的地盘上，城市官员热情洋溢地描述着旅游业的增长——“最好的过去与最坏的当下的交叉”，如同有人对世界不同地方的评论。[16]

由于真的不情愿介入毕竟是私人财产的所有权与管理中，国家设计出许多策略（或者使这些策略合法化）以用于将开发权转移至私营部门。国家也在刺激普遍经济增长的伪装下为开发策略提供帮助。除重新分区之外，地方政府提供了开发补贴、税收减免以及提高开发商兴趣并且将开发成本转移至公共部门的基础设施改善。地方政府也进行了富有创意的共同努力，其中它们扮演了私下被授意但公开被特许的“开发公司”隐名合伙人的角色。这些半国家组织几乎不受公共控制的管制。的确，它们存在的主要原因在于它们为私人开发商提供通过公共政策障碍的捷径。开发公司也通过公款使自己变得更为富有。但是，由于它们将利润用于“善举”，谁能说清楚私人得利是从哪儿和公共目标背道而驰了呢？纽约地标保护协会并不是唯一一个令人生疑的非盈利企业。我们完全可以检视纽约南街海港博物馆（South Street Seaport Museum）。

位于富尔顿渔市场的18世纪的谢莫洪排屋(Schermerhorn Row)和追溯至荷兰殖民时期的古老港口,南街海港博物馆和纽约州对法尼尔厅的开发商表示欢迎。它们以相当不错的租金签订了水岸地区的75年至95年的租约,以用于开发类似的以航海为主题的购物中心。尽管将租金支付给南街海港博物馆,但是该博物馆欠各类地方银行600万美元。银行业拥有选择邻近地区项目的开发商的权力。来自再开发的利润再一次地流入了私营部门。

虽然国家的司法机器不能主动制定政策,但是法院能够并且的确介入了对特定类型的房地产市场参与者的保护。法官不能控制不存在租金控制地区的租金,并且他们不能强迫非制造业地区的业主继续将阁楼租给制造商。然而,即便是在居住用途被视作不合法的情况下,阁楼市场中的居住型租户也合法化了自身的地位。在某种意义上,这提供了一种人们常常在房地产市场中寻找的虚幻的稳定性。然而在另一种意义上,法院确认了阁楼市场在总体上的不稳定性。简单来说,阁楼市场中国家干预的最终效果在于使为中上等阶层而进行的城市再开发受益。从最初阁楼社区自下而上的视角来看,国家扮演着房地产投机者的角色,因为其干预的实际效果是人们无家可归。但是,从市政厅自上而下的视角来看,这代表了唯一可能的开发策略。

8. 美国城市中的资本转向与文化先锋

当刮起大风、大雨倾盆而下时……

有许多工作室的工作要做，也有许多用于工作的装着临时工作室窗户的精美老阁楼。

《远足》，1984 年 1 月 31 日

对阁楼生活崛起的仔细检视警告我们不要将任何风格当作其表面上看上去的那样。尤其是当这一问题关乎“生活风格”时，在个人品位和其社会来源，或在表面的不一致性与社会约束中进行区分是至关重要的。当然，人们常常表达其所处时代与环境的美学价值。但是，他们各自占用集体财产的方式也反映出市场结构的方式以及市场中相互竞争的用途与使用者之间的关系。20 世纪 70 年代出现在纽约市的生活阁楼的房地产市场看起来是这种竞争的例证。小型制造商的市场慢慢让步于艺术家、工匠、中产阶级至中上层阶级的空间需求。接二连三的使用者将阁楼空间改建

为愈发“更好”的用途，并且通过这样做，改变了空间使用的最为本质的形式。该市场中用途与使用者的演替反映了更大社会中的社会变迁过程。这不仅与许多城市中工人阶级社区的绅士化同时发生，也使传统轻制造业中心的工业生产的错位及更高水平的“后工业”活动对其明显的替代变得具体化。新阁楼市场中的需求甚至是主流审美模式变化的关键。生产过程中的技术变化对工业生产更为诗意的审美和对工业产品的家庭占用产生了影响。此外，一些艺术家进行工作的阁楼-工作室产生了不可抗拒的社会与存在诉求。这一需求也回应了中产阶级中的经济变化。从艺术的社会地位和艺术作品的经济生存能力中获得的收益，以及中产阶级投资资本可用性的增加，使得捕捉新市场所需要的阁楼供给变得可能。

虽然如此，生活阁楼市场也由乍看起来并未直接涉入市场竞争的机构与个人所生成。这些是银行、国家和上层阶级。数年来，银行选择性的撤回投资以及城市政府选择性的重新分区削弱了工业对中心城市基础设施的控制。当它们清理城市中心的计划被阻止时，城市贵族及其政客在国家支持替换用途的基础上建立了联盟，这一联盟瓜分了现存阁楼市场并帮助置换了那些留下的小型制造商。他们指望的是来自市内其他地方的高竞争性中产阶级住房市场需求的溢出或井喷，从而对阁楼市场施加进一步的压力。这一期望也刺激了小规模的中产阶级投资冒险进入阁楼地区并资助居住用途改建。久而久之，这增加了贵族大型开发项目及其在周边地区所拥有的房产的价值。

这些考虑表明，与市场相比，阁楼生活的实际意义位于更深的层次——的确，位于代表了主要社会力量争论之下的空间、符号和地点这一潜在领域层次上。正是这一领域中的关系决定了房地产市场。在这层意义上，生活阁楼市场作为争夺城市控制的最新战场出现了。虽然在这场斗争中阁楼租户是明显的棋子，但是他们的确担当了市场外各类群体利益的代理人。

这样的解读与对阁楼市场崛起的惯常理解——根据这一理解，阁楼生活是“市场力量”的自然结果——形成了鲜明对比。一般看来，未充分使用的阁楼建筑的存在或供给激发了创造性的适应。在有价值的(虽然是非物质上的)艺术家和表演家中出现了对阁楼的需求。他们勇敢地在城市“冻原”上安顿下来，修建社区以摆脱荒芜状态。正当他们成功地改良了他们的铸铁环境时，一群新来的人——他们对工业审美的家庭很感兴趣——进入了他们的领地。这一波阁楼租户既不承认各类诉求，也不承认各种协定，他们哄抬房产价值、开设精品店并将他们单一的居住理念硬塞给最初的居民。

但是，这并非城市历史。这仅仅对城市生态学家或艺术支持者具有意义。一位生态学家在其中发现了对领地不可避免的竞争的证据，尤其是当这一竞争中的一方能够支付市场租金。艺术支持者中的一员发现了令人满意的例证，即虽然艺术家看起来获得了作为英雄的新社会地位，他或她实际上仍旧被挤到了社会受害者的位置上。然而，这两种观点都不能解释阁楼市场形构方式中的两个明显矛盾。一方面，阁楼生活是以“边缘”现象拉开序幕的，但最终变成了一种时髦；另一方面，搬进阁楼的艺术家是“无能为力的”，然而他们设法获得通向被争夺的城市空间的入口。要解决这些矛盾，只能考虑阁楼市场在更大的城市领地竞争中的意义。

在这一领域中，真正处在紧要关头的是城市中心：为高阶级使用者和高租金用途而夺回市中心。从某种程度上来说，这代表了简单的扩张问题。处于扩张中服务业部门的公司希望扩大他们的办公室规模，并让自己周边围绕着所需要的各种便利设施。它们对空间的需求与其他城市群体的需求相冲突，尤其是遍布市中心地区的低租金集聚区中所集聚的小型企业。但是，这些公司的需求也反映出其他的盘算。就它们中的一些是金融街区的大型物业业主或从高层商业开发项目中获利来说，它们希望将该空间的价值抬高至最高水平。轻制造业、批发商和批发市场在他们领地中继续存在是令人恼火的，也构成了障碍。这就是它们如此努力去破坏这些集群的原因。此外，公司对市中心空间的需求是流线型城市新观点的例证。在这一观点中，通过将城市整体改变至“更高的”用途，尤其是改建为金融之都，重新估值变成可能。

当然，这样的改建策略并不会无中生有地发挥作用。然而，在已经拥有不断扩张的银行业和金融服务业基础的城市中，私营部门产生了空间扩张以及将这一空间扩张落实为新城市形态创造的资本的需求。其中所涉及的利益以及它们的影响力表明了一个与20世纪70年代早期的广泛宣传相当不同的再开发或复兴计划。银行视角下的重新投资，或利益受损者视角下的被迫迁移，为新用途清空了领地。由此产生的形式再生产了一个昂贵的、非生产性的且极为有利可图的白领世界。虽然阁楼生活在市中心领地的崛起或多或少有点偶然，但它表达了这些优先事项。因此，正是该领地，而非阁楼的空间或形式，被赋予了阁楼市场意义。不过，阁楼作为空间、阁楼生活作为形式的显著特征澄清了在这一领域中发生的变化类型。复兴的确涉及了将积累策略和文化策略注入空间。该结合表明我们正处在城市政治经济的历史转折点上。[①]

“生产的艺术模式”

主导阶级积累策略的转变通常援引新的文化规范以此证明不同寻常的社会控制形式是合理的，并促进其实现。虽然如此，当前城市形态中积累和文化的联系比历史上大多数的例子看起来更为矛盾——或可能仅仅是更为微妙。在这一案例中，这一联系通过对艺术的使用和历史保护而实现。由此被创造——更精确地说，被保存和被改变的城市形态变成了生产的艺术模式（Artistic Mode of Production）的基础。生产的艺术模式远非对美学问题的回应，它真正代表的是大规模投资者在建成环境中安然渡过和控制特定投资环境的尝试。生产的艺术模式部分起源于对可能事件的回应。一方面，大型投资者面临着难以应对的他们与国家联合起来所实践的城市更新原始策略的政治对立程度。另一方面，在

① 在阁楼市场崛起中发挥作用的过程大体和在少量但越来越多的对“绅士化”与“城市活化”的文献中详尽描述的那些过程同时发生。然而，到目前为止，这些文献未能将居住空间的使用者的变化与一方面主导城市形态的变化，或另一方面积累策略的变化联系起来。例如，雪莉·B.洛什卡、达芙妮·斯班编辑的《回到城市：街区革新中的问题》（*Back to the City: Issues in Neighborhood Renovation*）（纽约：培格曼出版社，1980 年）一书中对特定城市的研究。将这类街区变化的过程置于结构性框架中进行理解的文献——最频繁出现的是资本主义经济世界中的城市——遭遇了另一种短见。未能将城市活化的动力机制安放在起源于产业部门的积累策略下的房地产市场的使用中，那些城市不能够将主要现象——产业工作的非本地化——与低收入居民被迫迁离家园联系起来。这一概念上的失败无意地再生产出早期好心的、但缺少系统化的城市社会根本性分析尝试的实质性限制。值得注意的例外是罗杰·弗里德兰的研究，他发现后二战时期城市更新是不同城市中的本地企业所制定的，用以回应清理土地以用作市中心扩张的问题，见《企业力量与城市增长：城市更新的案例》（*Corporate Power and Urban Growth: The Case of Urban Renewal*），《政治与社会》，1980 年第 10 期，第 203 至 224 页。除弗里德兰之外，对城市活化的批判性讨论关注穷人而非富人、关注迁移而非扩张。讨论者也没有看到城市空间的特定用途与普遍性积累策略之间至关重要的文化联系——来自近来对 19 世纪工人阶级的历史研究的方法论步骤。

一些较古老的城市中，用于再开发的易于拼装的大型场地——在那里，推土机式铲平依旧有效——日益短缺。开发商也因几个其他因素而被迫去寻找新的城市空间和廉价城市形态的供给：新建建筑不断上升的成本、郊区购物中心的过度建设，以及中心城区写字楼市场的临时性饱和。此外，新开发投资环境的不确定性也使得大型项目暂时搁置。这为基于艺术与历史保护的看起来适度的开发策略的出现提供了动机与机会。

然而，生产的艺术模式也遵从于积累策略中几个长期的优先事项。在国家经济的层面，19 世纪 90 年代起投资就转移至生产者的耐用品和消费者产品的生产，并且建成环境的新形式——（在城市和郊区）反映出资本密集而非劳动力密集的生产过程和个体化而非集体的消费。从这个意义上来说，生产的艺术环境可以被理解为对更多的“休闲”时间和更“精细的”消费模式的回应。不过，它也适应于同样长期的美国上层阶级的积累策略模式。由于在 19 世纪 80 年代一些工业家开始购买印象派画家的作品，他们对艺术有了一种双重理解，即作为投资和社会化手段。这些想法可能并没有变得协调一致，直到一战后，那时候人口膨胀表达出该时期的激进政治观点，并且看起来做好准备借用欧洲的革命实践。然而同时，美国社会中的文化精英群体越来越多地处于欧洲大陆抽象艺术和现代建筑的影响之下，并且他们中的一些做好准备借用这些革命性的美学实践。

虽然如此，对现代艺术的潜在社会性使用直到大萧条时期才表现出一种紧迫感。在经济危机和社会绝望的情况下，一个拥有较高补贴且广为传播的文化“产品”拥有重新整合美国社会的可能——只要生产这一产品的艺术家能够被包含在国家纪律之内。的确，从这个角度看，新政时期的艺术、戏剧和摄影计划看起来是通过记录和超越危机来尝试合法化“美国”。这些计划也代表了将美国艺术家吸纳进政治化但社会地建构起来的劳动力群体中的努力。那时所有艺术领域中颇有成效地发展起来的纪实风格表明了一种与苏联对社会主义现实主义的使用的明显相似性。但是，国家庇护之下的美国艺术家组织提供了一种与20世纪30年代出现在西欧和东欧的社团主义倾向更广泛的相似性。

然而，与这些社会中（并且尤其是苏联）的艺术不同，20世纪美国的艺术表明它拥有更为直接的“资本主义的”用途。尤其引人注目的是艺术在城市房地产开发中的功用。在蓬勃发展的国际贸易与金融中心，如东海岸的纽约和西海岸的旧金山，开发商发现当艺术被置于适当的物质与制度框架——博物馆或文化中心——中的时候，它可以成为使自身增值的工具。艺术日益增长的价值也提升了相关因素的价值：围绕它发展起来的城市形态，从事它的活动，以及最为重要的消费它的地位。这些增值的过程控制了——或甚至需要——直到现在才存在的更为广泛的艺术与文化公众。在整个20世纪，通过具有不同程度复杂性与竞争性的艺术市场的松散连接系统，文化消费者这一公众被扩大化且被整合了，其中明显的加速出现在二战后。先锋艺术对一般积累过程的有用性正是来自扩张与整合这些市场的需求。[1]

这样的动机表明，工业资本主义晚期存在积累与文化消费的紧密联系。所以，整体经济投资中的部门转移是与建造用于艺术与文化的城市基础设施的社会决策以及由上层阶级成员及其所管理的公司打造艺术收藏品的个体决策相联系的。除了购买艺术品带来的个体或集体利益（对于具有特殊价值的收藏家而言，税收减

① 我对先锋艺术用途的理解与丹尼尔·贝尔的错觉相矛盾，他认为先锋艺术是通过对现代艺术形式的普遍接受来俘获中产阶级社会的。

除代表了一种制度化利益)外,艺术的增值对于积累过程来说具有普遍性价值。尤其是去工业化所包含的大规模转变中,运用文化消费将积累策略落实到位是至关重要的。该先例似乎来自于在艺术中制定强有力的国家政策,并以此作为一整套国家优先事项的组成部分。二战后,美国在世界艺术市场中的卓越地位促进并象征了文化控制和经济主导从欧洲向美国转移。美国不断强化的现代艺术生产不仅吸收了投资并吸引了艺术人才,也提供了国际政治竞争的工具。正如那时一名国家资助美国艺术出国展览的倡议者所说的:"一个国家的艺术应当与一个国家的生活极为紧密地结合起来,以使得发布的任何综合性展览都能够成为一面镜子。陌生人应当能在其中进行观察,并看到其所反映的这个国家的活力、创造力和精神力量——是的,还包括混乱、多元和物质主义。"[1]

但是,最终这一策略转向内部,来到了美国城市——在这里,这一策略对城市形态与城市人民都产生了影响。当然,多年来,处在增值过程关键点的国家对艺术的干预对于城市形态影响深远。然而,近来国家对艺术的干预在改变这些形态的用途以及在试图占有它们的社会群体的诉求中进行决策上起到了重要的作用。这在城市中心的复兴或"收复"中尤为明显。在美国的金融之都纽约,生产的艺术模式自 20 世纪 60 年代早期以来已经将这一策略转化为一个合适的社会与建成环境。到目前为止,明显的影响可以分成五类。第一,通过对城市形态的巧妙操控,生产的艺术模式将城市空间从工业"旧"世界转化为金融"新"世界,或从生产性经济活动区域转化为非生产性经济活动区域。第二,生产的艺术模式改变了地方劳动力市场。第三,它有助于降低人们的期待。第四,从长远的历史视角来看,它降低了工业社会的即时性。最后,它使得回到任何版本的传统城市工业基础设施的考虑都变成不可能。让我们简短地回顾一下。

通过在城市中心创造艺术基础社会设施，生产的艺术模式以非生产性用途占据了该地带中的关键点。认为他们正在到处挤入小众市场的艺术家真正激活了使现有用途及其市场变得不稳定的重新估值的机制。虽然艺术存在承诺——并寻求——社区稳定性，它还是成为新市场竞争的中心点。虽然由于该市场所涉及的周转，对一些小型房产业主而言这可能是有利的，但是最大的受益者是大型房地产利益集团，因为它重新定义了数个新市场可能进行开发的地带。在和阁楼稍微不同的语境下，位于曼哈顿上西区的林肯表演艺术中心提供了一个重要案例。林肯中心的地基是在一个典型的20世纪50年代后期低收入与贫民窟住宅区的小地块上组装起来的，虽然还没有破败到可怕的地步。这一组装涉及城市战略家和公共部门建立者罗伯特·摩西关于清除贫民窟的想法。然而，在该地点嵌入表演艺术设施集聚区的理念来自于摩西常常打交道的贵族。特别是洛克菲勒家族，他们对林肯中心进行赞助，并着手集聚表演类租约以填充这些设施。他们保证将有支付租约的受众的努力一直延续到今天。同时，从60年代后期到70年代后期，毗邻林肯中心的房产被清除且重建为中上层阶级住房。这一市场的成功将西区的意义从单调乏味改写为时髦别致，使得这一地区成为高阶层居住区，并提升了全部西区写字楼市场开发的价值。[①]

---

① 林肯中心的全部故事还没有被讲出来，更不用说从房地产投机的角度来看它的故事了。然而，零零碎碎的信息，见彼得·高利亚、大卫·霍罗威茨：《洛克菲勒家族：美国王朝》(*The Rockefellers*: *An American Dynasty*)(纽约：新美国图书馆出版社，1977年)，第370至372页；罗伯特·A.卡罗：《权力掮客：罗伯特·摩西和纽约的衰败》(纽约：文塔吉出版社，1975年)，第1013至1016页；艾德加·B.杨：《林肯中心：制度的建筑》(*Lincoin Center*: *The Building of an Institution*)(纽约：纽约大学出版社，1981年)。

因为生产的艺术模式提供了建成环境中的物质基础，它重组了围绕低工资、服务部门活动、兼职工作和在家工作的地方劳动力市场。这一类劳动力的优势在于——尤其对于在私营部门中占据主导地位的那些群体而言——它吸纳了那些否则将处于无业和不满状态的人群。一方面，它训练并吸收了来自这一地区的吟游诗人和芭蕾舞演员；另一方面，它吸引了大学毕业生，尤其是女性——自20世纪50年代与60年代教育系统的扩张起，并没有足够的高水平工作为她们创造出来。虽然艺术领域中的工作表明了职业选择、增加的休闲时间以及有意义的工作，但它也强加了成本。例如，大多数艺术无产阶级为了接近艺术市场，付出了从事侍应工作和“地下经济”的代价。一个有趣的例子涉及苏荷的两家餐厅：一家的老板仅雇佣演员作为服务生，另一家仅雇佣舞者作为服务生。对于社会生态学者而言，这是值得称赞的“共生”案例，但是，它确实呈现出生产的艺术模式下的新劳动力是如何在围绕低端服务部门而重组的劳动力市场中被开发利用。类似的，将阁楼用于艺术品或表演的人通过承担持续的风险来付出代价——家庭手工业将因对单一居住用途的支持而被驱逐。

此外，生产的艺术模式使城市新劳动力习惯于降低期待。作为空间和形态，阁楼在这里一直是很重要的。当中心城区的住房必要却昂贵的时候，房东和开发商可以通过为饥饿的市场提供空地而侥幸成功。阁楼生活获得认同的个体化消费模式——在禁欲主义到新居家崇拜的通路中——需要大量金钱进行维系。并且，制造业阁楼的居住改建也意味着习惯于更加密集的城市空间用途。阁楼内部宽敞的感觉与传统制造业街区中更高的人口密度共存。实际上，伴随着阁楼空间被纳入更为传统的公寓形态，它消失了。不过，即使是在一般意义上，正如20世纪60年代关于艺术的自由主义观点所表明的，满足“精神”生活的需要可能会抑制物质欲望。大肆渲染艺术将批评从强势国家、侵略性外交政策及国有资本的国际扩张中转移出来。它也至少从原则上抵偿了经济中的无增长状态。

生产的艺术模式的第四个用途甚至具有更深的思想性。通过历史保护社会思潮的扩张，它将工业城市的建成遗产从工业生产的社会环境中解救出来。当原本用于轻制造业的阁楼沦为被视作文化产品的东西时，它们的经济功能完全被废弃的图景强化了。在这样的功能缺失的情况下，城市-工业基础设施服从于“如画”原则。的确，《迷失的纽约》出版后，陆续出版了《迷失的芝加哥》《迷失的波士顿》《迷失的新奥尔良》等画册；其显而易见的审美价值不应当掩盖其社会老化的图景对“市场价值”的影响。当蓝领劳动力从金融城市中心撤出时，一幅图景被创造出来——城市经济到达了后工业化水平。起码，这将工业劳动关系的问题移至另一地带。①

即便当艺术的生产模式摧毁了旧有建成环境的思想基础时，它意味着赋予那里的积累策略已经消耗殆尽。当然，从稳定且有组织的工人阶级、阁楼与阁楼建筑的低周转率以及低租金的制造业用途中能够挤出的价值有客观和主观上的限制。然而，通过进行依靠将城市形态改建为其他用途的活化，生产的艺术模式排除了任何在旧有基础设施内扩大生产性活动的合理可能性。一旦制造业集群被破坏了且它们的房屋及地基变成了居住或商业用途，

① 这是批评性学术的老生常谈，即工业城市的社会矩阵将“家”与“工作”分离开来。然而在这里，“家”和“工作”被从任何作为“城市”问题的考虑中除去。但是对于中产阶级而言，城市变成了全部的“家”且没有“工作”。虽然如此，对于那些在服务部门家庭手工业工作的中产阶级成员来说，“家”现在纳入了“工作”。

那么,想要开始的替代性生产活动根本就无地可寻。这确实迫使基础设施和经济被完整地改建为非生产性活动。虽然重工业和工业扩张很早就被排除在像纽约这样的商业经济体外,但小型企业——对它们而言,在曼哈顿选址依旧是至关重要的——现在被有效地排除在核心之外。[①]

尽管在纽约这类城市构建生产的艺术模式有着显而易见的理由,但是那些要么缺少合适的基础设施、要么拥有一系列不同问题的地方却乐意地将这一模式作为城市改建的策略就令人吃惊了。例如,在阳光地带的城市中,地方政府和私营部门将其再开发策略定位于一个多年前就不复存在的市中心。在洛杉矶,邦克山(Bunker Hill)维多利亚时期的住房因城市更新而被拆除,这并没有阻止用于中上层阶级的住宅和办公用房的新建建筑借用该地区的传统名称及其历史魅力。在凤凰城,市中心的贫民窟将其名称从"堕落街(The Deuce)"改为"遗产广场(Heritage Square)",并且随后通过"历史保护"以及将一个新的艺术中心改建为类似的服务部门用途而实现复苏。当然,联邦政府的城市开发行动拨付基金对这一策略有一些影响,但也有人计算过,从主观上来说,需要付出多大代价才能引发重新估值。另一个阳光地带的城市提供了证明该规则的例外。在达拉斯,地方商业精英突然撤回了其对在中心商业街区附近建立艺术基础设施的项目的支持——在那里的土地价值上涨得如此之高以至于在该地区对艺术家街区进行资助看

① 先前对城市经济的分析——至少是那些早于20世纪70年代服务部门入侵的那些分析,强调了具有一定年代的低租金小建筑对于新创公司的意义,以及在小型商业集聚中的重要性,见简·雅各布斯:《美国大城市的死与生》(*The Death and Life of Great American Cities*),纽约:文塔吉出版社,1961年;埃德加·M.胡佛、雷蒙德·弗农:《都市解析》(*Anatomy of a Metropolis*),剑桥,马萨诸塞州:哈佛大学出版社,1959年。

起来是荒谬的滞后。

像西雅图和罗彻斯特(Rochester)这样的城市代表了对不同压力的回应。在20世纪70年代早期,为西雅图提供经济基础的航空与航天工业的危机引发了大规模失业。在随后的阴霾中,在地方艺术商业委员会的指挥下,商业领袖与城市规划师游说城市政府为艺术基础设施的扩张提供资金。由此带来的艺术生产与艺术消费的热潮为西雅图在全国性媒体上获得了有利的宣传。其所声称的向"生活质量之都"的转变被期待能够产生新的投资和新的工作。最后,在纽约州的罗彻斯特——伊士曼柯达公司(Eastman Kodak)和美国国际商用机器公司(IBM)的总部所在地,一个出现像时代广场那样脏乱不堪迹象的市中心按照苏荷的一些吸引要素而进行了修整。一个现存的艺术基础设施是专门为了适应伊士曼音乐学校(Eastman School of Music)的扩张,并且该学校校长游说制定新的分区法规,以取缔市中心的按摩院。伊士曼音乐学校成为新文化街区的基地。

这些经历提出了一个问题,即文化之都中运作的改建策略是否能移植到核心之外。当然,在过去的15至20年中,通过艺术活动的专业化与大众化,这一转化的人口与职业基础业已建立。例如,在1980年,400万美国人参与了某种手工生产,他们中的25万人靠这一工作的收入生活。[2]但是,单独的艺术生产既不能带来投资,也不能带来经济增长。去设想一个没有高竞争性艺术市场和对其进行支撑的资本集聚的艺术家街区聚落也是不现实的。在评价艺术的生产模式对城市政治经济的影响时,有三个问题的确值得考虑:什么种类的基础是必要的?它需要付出什么样的成本?以及可能会出现哪些矛盾?

基础

本质上，两个前提限制了使用生产的艺术模式作为城市改建策略的有效性。第一，售卖表演和创意的艺术市场的集聚必须存在。第二，必须和已经经历过对“更高”用途需求的房产市场存在联系。这些前提建立了艺术市场和房地产市场拥有相互强化效应的情境，这反过来又影响了潜在地带。无疑，对艺术家而非推土机的偏好在特定时刻发展起来。然而，植入艺术基础设施的众多好处对于控制房产和具有资助能力的一个群体具有吸引力——贵族。正如林肯中心所表明的，当艺术基础设施被合理地管理时，它带来了周边贵族要么已经拥有要么便于征用的房产的增值。它也加速了贵族和企业艺术收藏品的增值，由此使得艺术捐赠的税收优惠发挥双重作用，既减少现时收入，又增加未来来自房地产的收入。第三，在合适的情况下——尤其是艺术消费公众的扩张——一个艺术基础设施甚至可以收回自身的成本。

苏荷为这一过程提供了一个有趣的案例，因为那里艺术消费者的涌入使实验性艺术形式成为具有商业可行性的关注点。但是，当被禁止进入巴黎官方艺术沙龙的印象派画家在政府庇护下于落选者沙龙(Salon des Refusés)展览其作品时，“替代空间”就至少从19世纪60年代起就拥有了具备这一双重意义的可能性。对于艺术家和大多数公众而言，替代空间代表了规避官方品位或“市场”以及二者中每一个反过来所施加的压力的方式。然而在现实中，替代空间在筛选工序中发挥着过滤器的作用，即将最有销路或最易接近的艺术导入已建立的分销渠道。事实上，成功的先锋艺术生产的衍生物，其发生在替代空间中最重要的经济影响出现在它们移植至主流艺术生产时。因此，外百老汇剧院、艺术家合作画廊以及爵士阁楼并不仅仅是替代空间。它们是支持主流艺术市场的主导性城市形态——“百老汇”“麦迪逊大道”、林肯中心的音乐厅——的附属物。

这一主流市场的集聚以及与主流市场的联系使得看似对苏荷无穷无尽的复制变得可能，即使是在曼哈顿没什么阁楼的街区。位于西42街的曼哈顿广场(Manhattan Plaza)的例子是值得注意的。在20世纪70年代中期，表演艺术家获得了进入剧院街区西面的补贴空间的权利，这是因为城市当局无法租用它们刚刚在此建造完毕的全新的华而不实的住房项目中的公寓。事实上，与低收入街区的居民不同，艺术家被予以优待。艺术家和音乐家的存在，以及他们所上演的边缘性百老汇戏剧使处境艰难、遭受新创作高成本之苦的传统百老汇剧院系统得到了滋养。但是，它也紧靠再开发42街以用于新企业总部与酒店建设的计划的西端。一旦表演艺术家就位，一位该项目的支持者就宣称：“建筑已满，租客已建立独特的友情……并且42街再开发公司(Forty-second Street Redevelopment Corporation)的计划正在全力推进……包括一排位于42街、在曼哈顿广场对面的外百老汇剧院的开业，西部航空航站楼(West Airline Terminal)舞蹈中心的改建，马术冰球场、溜冰场以及临近水岸的昆西市场风格的农夫市场的建造……”[3]然而，没有一个区域像曼哈顿下城这样很好地说明了文化与金融核心再开发的集聚以及与文化与金融核心再开发的联系的显著性。从这一地带的视角来看，这一故事需要进行简短的复述。

从20世纪60年代初开始，对曼哈顿下城房地产拥有最大兴趣的纽约贵族意识到，用于未来再开发的地点需要通过不同于过去所使用的技术来进行清除。与社区组织爆发的小冲突代价高昂又令人不悦，融资是如此的麻烦与复杂以至于它需要新的国家支持工具，并且写字楼市场中开发商与建筑业主之间的竞争往往是如此激烈以至于并不能容易地假定存在对商业项目的支持。出于这些原因，贵族依靠敏锐性和压力来创造市中心空间的新鲜供给。正如法国社会学家克里斯蒂安·托巴洛夫（Christian Topalov）的中肯评价："开发商'创造'土地是不够的；他必须和国家一道'加工'它。"[①]在曼哈顿下城，贵族房地产投资者运用三个"加工"程序来增加供给。他们继续部分地使用在郊区和原始城市更新中发挥作用的那种高科技且昂贵的新开发模式。世贸中心的巨型双子楼和建造炮台公园城的哈德逊河填埋区便是例证。但是，城市贵族对空间的需求也溢流至邻近地区——苏荷和翠贝卡的阁楼以及哈德逊河对面霍博肯（Hoboken）、新泽西的褐石建筑。在那里，新的市场出现并改变了基础设施的现存用途，因此它补充了而非阻碍了贵族的计划。最后，通过策略性地为艺术给予少量的资助，尤其是在下西区资助艺术家的住房，城市贵族希望对抗由低租金社区稳定条例与低密度区划条例所设置的在该地区进行再开发的阻碍。的确，这两个阻碍被证明是如此难以对付，并且对西边高速沿线土地进行再开发被证明是如此具有价值，在过去的二十年中，它们使得西村成为纽约市房地产对抗中的"阿尔萨斯—洛林"。但是，这三个过程——高科技、资本密集型建设，替换用途以及作为降低社区稳定性工具的低成本艺术资助——并没有用尽贵族创造可利用空间供给的一切途径。作为城中最大的开发商，他们也影响了国家，让其去创造使这一空间变得可进入的基础设施。因此，

① 对于"中产阶级"经济学家对房地产开发商活动的描述，他说："房地产从业者对这些（将他们的盘算称为'边际主义'的）尝试一笑置之。他们自己知道，该假想市场真的只是通过'需求'不断创造出的永恒'供给'。"（《房地产开发商：对法国资本主义住房生产的分析》，巴黎和海牙：穆顿出版社，1974 年，第 283 页）

举例来说，贵族对苏荷的重新分区或可追溯至与复兴华尔街地区计划同一时期的曼哈顿至霍博肯的火车线路负有责任。

西村南侧的大型文化机构——纽约大学的作用也不应该被忽视。在市中心-曼哈顿下城计划被设想出来的那些年，纽约大学制订了自己的扩张计划。意味深长的是，该大学扩张计划中最易受到攻击的土地位于南部，处在制造业阁楼街区与邻近被称作南村的由意大利血统的工人阶级家庭所占据的旧式公寓楼地区。在20世纪50年代后期，该大学董事会主席身份传给了劳伦斯·狄徐(Laurence Tisch)，他是纽约市建设者家族王朝之一的成员，以及纽约大学法学院的毕业生。狄徐悄悄地拼攒了从华盛顿广场公园至休斯敦街、位于拉瓜地亚广场和百老汇之间的数个方形街区，并随后在无明显利润的情况下将这些房产转移给了纽约大学。在接下来的数年间，该大学在此地为教职工建造了两个高密度的住房项目。与建立城市区域间通常的制度障碍相反，这里所实施的建筑设计扫清了从休斯敦街南边至该村核心的道路。不论狄徐是否依旧是邻近该大学的房产的隐名所有者，重要的是即便在制造业阁楼需求攀高的时候，纽约大学的扩张还是减少了可用的阁楼空间总量。此外，通过在实体上将格林威治村和休斯敦街南部的阁楼街区整合起来，该大学使得该空间可以面向不同阶级的使用者。

曼哈顿下城的更高用途在地理上与形态上的扩张在霍博肯这一案例上表现得尤为有趣。在那里，空间在60年代早期的城市更新向60年代晚期的生产的艺术模式的根本性转变中被“解放”出来。最初，霍博肯依赖于来自联邦政府的反贫困资金来处理低收入人口的问题。当对“市中心”城市形态的需求溢流至小小的霍博肯地区的阁楼建筑与褐石房屋时——在1900年前后已经吸收了曼哈顿下城密集制造业工业需求的溢出——已经在那里的规划师顺应对增加已经开始形成的艺术和历史保护支持者的渴望。显然，这意味着策略和资金的改变，以及一定量的置换。这些变化与苏荷阁楼市场的崛起存在相似之处。霍博肯也在1966年左右开始吸引新的中产阶级居民，并且“至1973年”，根据一位在那里工作的规划师所说：

> 重点从社会项目转移至住房与资本改良，并且社区发展机构转向通过从曼哈顿和郊区引入的方式来增加当地中产阶级……该策略将坚定的公共关系运动、对急于欢迎新探索者的当地中产阶级支持者的动员与双管齐下的住房策略的制定结合起来。该住房策略中的一部分包含了供应中低收入者住房，另一部分包含了辅助向“像我们这样的人”——开发……机构的监管人员——营销褐石与联排住宅。[4]

无疑，只有当旺盛的需求存在时，生产的艺术模式才能实现这样的转化。虽然贵族开发商可以煽动这种需求，但是它反映了真正的中产阶级需要与愿望。的确，涉及城市改建的两个关键性社会群体——城市贵族与中产阶级——相互矛盾的利益由地方房地产市场进行调和。尤其是在生产的艺术模式、生活阁楼以及建立在对内在于阁楼的空间与时间价值的偏好基础之上的各种风格所创造的新市场中，房地产建立了这两个社会阶层所使用的积累与消费策略的相互依赖性。意味深长的是，希望再开发市中心的贵族房产持有者的积累策略是由各类较小的中产阶级投资者的积累策略所支撑的。由这些投资者供给经费的城市形态通常提供了贵族所需要的用于劳动力社会再生产的设施——19世纪的工业即今天的服务部门。正如在较早的城市时代，食品商、承包商和肉商的积蓄建造了欧洲和美国围绕工厂街区的廉价工人阶级住房，中产阶级阁楼开发商和褐石建筑业主也是这样为在填满今天市中心的办公大厦中工作的雇员、管理人员和专业人士提供住所的。

用于中产阶级社会再生产的对这一空间的占用是部分地从意识形态层面实现合法化的。中产阶级被认为欣赏那些要不然就会被视作物质上、经济上和社会上过时的形式背后的美感。然而，在他们的审美选择中，中产阶级并不是完全地自主。如同在贵族的计划中，在他们的生活中，艺术和房地产联结在一起。他们对保存或翻新的住房市场中的投资使艺术市场成为贵族财产增值的基础。简而言之，通过生产的艺术模式实现意识形态层面的渗透，新城市中产阶级成员成为为贵族再开发计划买单的城市空间和城市形态的消费者。因此看起来，新中产阶级的房地产市场的确增加了贵族领地的价值。这是通过生产的艺术模式而实现的城市改建的物质基础的建构方式。

成本

城市是被政治地建构起来并由社会来提供资金的，假装设立这样的一个基地并不会将成本强加于城市是徒劳的。基本上，“被改建”城市的经济地理发生变化以反映生产工人的缺席与对非生产性活动的依赖。在某种程度上，地方政府从前是回应低收入和被抚养人口的需求，现在地方政府则在相当不同的意义上变成了“被囚禁的城市”。补贴流向了服务部门。通过税收减免、地方激励和市级财政债务的偿还，城市预算损失收入并未被银行和大型房地产开发商的持续扩张“埋单”。银行和开发商通过更大量的中心城市空间而实现的体量扩张塑造了满足其需求的建成环境形式。同时，市政当局在创造符合服务部门之都形象的社会环境中提供了帮助。在思想上，城市政府掩饰了对这一新范式的“偏离”。它们对社会福利开支的削减鼓励了一种精神层面的城市清理。它们长期负债以此公然为促进贵族和公司中心城市计划的新基础设施——历史街区、高速公路和交通线路、办公室和宾馆的商业开发——提供资金。建立起来用于安抚城市居民诉求以进行社区控制的机构要么太孱弱以至于无法面对这一公共部门/私人部门开发策略，要么在更高层面的决策中被推翻。它们本来的协商能力被分区这类问题——这是对市场趋势的反映而非社会政策的实施，且常常使资本与人心势不两立——碎片化。社区和邻里街区缺少处理自身“保护”问题的制度基础，因此很容易成为声称代表公共利益的准公共机构的牺牲品。现实中，这些机构实现了开发成本的社会化以及利益从公共部门向私人部门的转移。在这些因素的共同作用下，“社区”从未真正拥有自主的自我再生产的机会。

由于是作为小规模投资者和小型企业主而整合进本地市场的，中产阶级支持者尤为容易受到这种操控的侵害。然而，他们为他们市场的成功付出了代价。房产市场的周转量影响了他们所追求的社区稳定。外来资本对他们所提供的特殊形式、服务或便利设施的吸引力超出了他们的承受能力。他们的小本生意很快就被高销量基于标准化产品的连锁店分店，或原本邻居无力光顾的高价商店所环绕。换句话说，在成功的地方服务市场中出现了向“麦当劳”或“迪士尼”的转变——这与城市地区向更高阶层用途的改建相辅相成。这两个极端之间的折中之道表现为公共补贴的私营商业开发项目的植入，如利用现存基础设施将郊区购物中心复制在城市中心的詹姆士·劳斯的法尼尔厅、港湾广场(Harbor place)

和南街海港。这一类型的市中心项目变得如此普遍，以至于《进步建筑杂志(*Progressive Architecture*)》的编辑把这称作为：美国的法尼尔化。正如他们所做的，提出这样的问题——城市是否继续为定位于中产阶级模式(如购物中心)的消费者提供其所需的充足社会基础——是有道理的。

显然，蓝领工人及其家庭不再提供传统生产或消费的城市群众基础。技工和手工艺工人越来越多地被他们所追求的便利设施的缺乏、他们所需的服务的减少，以及不得不居住在他们所工作的城市的必要性的消失而“推”出。同时，在改建后城市中找到工作的非技术工人与低薪服务业工人被“拉”入市区内普遍处于衰退中的半郊区社区。当手工艺工人计算城市郊区生活方式的成本时，这些低水平的服务业工人忍受着市政服务的衰退，包括公共交通、公立学校和公共卫生。在某种程度上，通过将其社区的房屋所有权成本交给他们，这一劳动力被稳定下来。因此，他们反过来成为“社区保护”的支持者。像中产阶级一样，他们在他们的信仰中受到鼓舞，只要他们所占据的空间不影响可变为更高用途的地带。

城市劳动力在地理上的分散反映了他们所被雇佣的多个劳动力市场的扭曲。在服务业部门，位于顶层的高薪工作和位于底层的低薪工作激增。在制造业，高技术含量和精准度的工作消失了，而血汗工厂出现了复兴。如果二元劳动力市场一开始就存在，那么建成环境的去工业化使其二元性偏态化为一对哑铃。此外，出现在营业额——例如，销售总额或附加价值——中的利润并未反映出更多数量的工作。的确，通过雇佣比以往任何时候更少的待遇且缺少技术含量的人员，城市被转化为“进口经济”。从这个意义上来说，艺术经济确实是城市改建的缩影。基于服务业中高水平和低水平工作的快速增加，它在老旧城市中复制了阳光地带城市的偏态化劳动力市场。的确，“随着现在艺术被视作一个产业，”一位城市规划师写道，“艺术家变成了新的产业工人，他们和对城市经济健康和发展的任何产业工人一样重要。”①

然而，当这些新“产业”取代了更具生产性的轻制造业活动时，它们给城市政治经济做出了什么贡献呢？这一追问是公平的。觉得它们有利可图的特定群体是谁？值得注意的是，在纽约，这一部门中扩张得最为猛烈的公司——银行服务——是生产的艺术模式增长潜力的狂热拥护者。例如，在《纽约时报》最近的一个整版广告中，花旗银行说道：“作为银行家，我们想要提醒你们两个事实：去年，艺术，尤其是表演艺术帮助吸引超过 1 600 万游客来到纽约；这些游客很多来自海外，为我们城市经济带来 1.5 亿美元的巨大收益。”令人好奇的是，对这座城市 1980 年旅游业美元价值的估算忽略了国际货币汇率，尤其是直到 1981 年的美元下跌对外国旅游业产生的推动作用。并且，1980 年的旅游业总量粗略等于 20 世纪 70 年代早期纽约制衣业中女性服装制造业的增加值。尽管如此，到了 1980 年，许多制造业工作消失了，许多的银行业工作被创造出来，以至于这座城市中更多的人就职于银行而非服装贸易。

此外，银行业、旅游业和艺术的振兴是和这座城市制衣业的振兴同时出现的。由于失业出现加速，城市当局颁发特别奖项并在

---

① 温克曼：《新的前沿》（*New Frontier*），第 49 页。根据美国劳工统计局 1981 年 3 月递交给美国财政部的报告中的数据，纽约依旧遭受就业岗位数的净减少，尤其是在制造业中，不过也出现在诸如零售业和建造业这类市政当局声称从房地产开发商的补贴中获益的领域中。1977—1981 年间，超过 1.2 万个服装与纺织品加工业中的就业岗位消失了，而同时，超过 7 000 个就业岗位增加在银行业中。见韦恩·巴雷特在《村声》（1981 年 3 月 11 至 17 日）中的分析，以及戴维·林道夫在《苏荷新闻》（*SoHo News*）（1981 年 2 月 4 日）中的分析。

服装街区周围举办仪式。此举显然不是为了颂扬。正相反，对于城市“复兴”努力而言，重要的是时尚而非生产。事实上，正是像卡尔文·克莱恩(Calvin Klein)和杰弗里·比尼(Geoffrey Beene)这样的人而非传统当地产业中的曼尼珠宝店(Mannys)和哈利鞋坊(Harrys)获得了尊敬。此外，样品间位于制衣中心的设计师的很多产品是在香港的工厂生产的，并且他们广受欢迎的手工高价毛衣开衫是在设置于劳动阶级家庭中的家庭手工业中制作的。家用与个人消费的高价手工产品的趋势鼓励制造商将生产移出工厂并回到工匠或编织工的家里。这座城市的营销主义将公众注意力从制造业的这些状况转移至经济活动迷人或非生产性的一面。尤其是在通货膨胀的经济体中，这将带来更高的利润和更高的社会地位。但是，这未能补偿工作总量的减少。[①]

此外，许多城市对生产的艺术模式的推进强调了将纽约或其他任一文化和金融中心与外围区域划分开来的不平衡发展水平。生产的艺术模式所依赖的艺术和资本的集聚依旧刺激着市场，并且这些市场的国际化继续以外围区域为代价丰富着都市核心。对于相当一部分城市而言，这表明经由补贴以及放弃的房产税所产生的费用，永远不会产生经济发展所预期的结果。事实上，随着更大的税收负担落在居民身上，开发商和公司就不会为了在此投资资本而费心费力。较小的公司和本地资本家没有选择的余地——的确，这是为何他们已经开始通过生产的艺术模式把重新估值的技术应用到他们自己的房产上——但是，每个城市想要的高级服

① 一个更好的例子是1980年城市当局公布设计展——为期一个月的特别活动与展览，以向室内设计与家具行业致敬——的决定。但是，纽约市在这一部门中没有生产性活动。生产性活动已经去中心化，大部分位于美国南部。在纽约，室内设计与家俱行业纯粹是服务部门产业。

务部门或行业在选址方法上主要是国际化的。世界范围内工业生产的去中心化，以及市场和职业的国际化，显示了取决于城市世界等级的经济活动隔离程度的不断增加。当城市像个人一样承担着更大的债务负担以在这一等级提升时，它们可能永远“走在前面”。相反，它们变成了高级房地产投机的迷恋者，反映出国际化而非地方乃至国家经济精英的投资策略。[①]

因此，国家在地方层面的传统功能——以这样一种方式安排财政结构与物质基础设施以此增进积累过程——现在变成了促进与生产性活动的分离。当然，城市政府希望以随之而来的服务业部门投资的上升来补偿这一损失。但是，城市愿意接纳企业撤资，这表明它们是多么彻底地依赖于完全在私营部门中所做的决定。同样，通过以税收优惠和直接补贴吸引新资本而实现的作为“公共企业家”的地方之间的竞争表明，地方政府将会承担对于私营部门而言进行服务产业扩张所必需的任何改建。这反过来表明了地方层面的企业精英和中产阶级业主的新联盟，包括大型房地产开发商和小规模投资者。这一联盟在当前纽约市的“融合”市长职位中得到了充分体现，在这里，政治意识形态遵从了基于保护房地产投资和服务部门利益的共同事业。这是后工业政治在城市里看上去的样子，这里并没有创造或再造工业经济的真正可能性，但却没有放弃经济增长的希望。对社区和历史建筑的“保护”很容易就会转变为去政治化的意识形态，这必然依赖于服务部门的蓬勃扩张。这并不是调和增加与积累减少所涉及的最微不足道的问题。然

① 这本质上与最近审视地方政府开发出的各种社会、金融和财政工具以通过吸引外界投资来弥补地方产业中的失业状况的一组研究者得出的结论是一样的，见罗伯特·罗斯、唐·M.沙科、保罗·苏斯曼：《地方规划师：全球约束》(*Local Planners-Global Constraints*)，《政策科学》(*Policy Sciences*)，1980 年第 12 期，第 1 至 25 页。

而，到目前为止，它的成本是边际性的，在没有增加社会抗议的情况下对低收入社会群体和艺术家的迁移产生了影响。

矛盾

在阁楼生活中寻找灵感，这一城市复兴的新策略旨在实现一种城市最近所了解的不太具有问题的融合之道。它渴求的是艺术和产业，或文化与资本的结合，其中多样性是被承认的，被约束的，甚至是被利用的。这一潜在的动机——多样性中的权力与多样性之上的权力——产生了矛盾。这样的矛盾在现代城市形式中最为明显。首先，承诺重构城市中产阶级的空间用途的改变的确对为上层使用者而夺回市中心产生了影响。第二，地方企业家所接受的用于与购物中心与全国连锁店竞争的历史保护将所有市中心变成了法尼尔厅的各种版本。第三，宣称区别性的复兴项目——由于具体的历史或美学特征——变成了对独特的拙劣模仿。

不过，由一群支持者所推动的"保护"变成了另一群支持者扩张的方式，这并不应当使我们感到吃惊。想法的内涵总会发生变化，当这些想法被不同社会群体所应用时。尤其是当这些想法由市场调节时，关于城市形式的想法为稳定化提供了工具。那么基本的问题并不如法兰克福学派(Frankfurt School)早在20世纪40年代所警告的——资本主义最终将所有想法都转化为商品崇拜。不如说，危险在于在城市空间中实现这些想法再造了这些想法所代表的利益的不平等分配。例如，振兴历史基础设施改变了城市空间的本质。通过为市中心邻近地区的老旧建筑赋予价值，保护使它们成为了稀缺商品并因此创造了垄断地租。或者，围绕着保护它们的不确定性——面对破坏和重建的主导性趋势——可以创造出投机盛行的风气。如此，振兴艺术基础设施也改变了城市空间的本质。艺术市场权力的转变改变了城市地形。

从地形和市场而非“生活方式”的角度来看待阁楼生活将建成环境中的变化与公共物品的集体占有联系起来。这完全符合政治经济的普遍利益。通过研究市场的形成，我们获得了关于广泛社会倡议的动机的更加独到的见解。特别是，对于资本主义城市危机的批判性分析，这一处理阁楼市场的路径做出了四个贡献。第一，它将注意力瞄准投资者而非消费者，视其为变化的来源。在阁楼市场的案例中，通过从“城市先锋”的角度而非像中产阶级投资者打开新房地产市场的角度来解释变化，这种分析令人费解。这一市场的创造反映了投资资本向服务业部门以及服务业部门内投资资本的大型转向。第二，房地产市场成为了资本主义互动的重要竞技场，并不仅仅是因为其中所涉及的生产与消费，还因为市场将社会阶层以及阶层的各个部分整合并分化在投资等级中。在现代城市中，阁楼市场相当不寻常，这是因为它的形成整合了除最大型开发商之外的所有层次的投资。第三，从房地产市场的角度研究资本主义城市，可以证实，人们就分配政治（distributive politics）进行谈判时，有时候会基于一些奇怪的产权概念。因此，保卫城市地形的真正意义既涉及了其他群体的中介以及这一中介所带来的非预期影响，也涉及了对市场中地位的协商。最后，通过关注房地产市场来研究国家干预阐明了“城市斗争”中的隐藏行动者。被争夺地形中并不直接与生产或消费有关系的群体在争端的解决及其决定因素的定义中发挥着至关重要的作用。在阁楼市场中，直接介入的群体是上层房地产投资者、小型开发商、政客、制造商和艺术家。但是重要的中介角色是由艺术和历史保护的贵族支持者和中产阶级业主支持者所扮演的。

如城市政府和房地产业所宣称的一般，纽约阁楼生活的兴起在许多方面都是一个没有规划的发展。但这几乎并不是“自发”的。早在1945年，将制造业阁楼改建为其他用途的先决条件就已经建立起来。从长远来看，它们是通过金融机构撤出用于轻工业的基础设施的投资而设定的；从短期来看，它们是通过使竞争资本已经不稳定的情况变得恶化的经济与政治因素而设定的——安顿于阁楼建筑之中的小型企业和小型制造商。从使得阁楼生活有价值的文化价值的角度来看，生活阁楼的房地产市场是为向70年代和80年代的中产阶级消费者兜售20世纪60年代的社会变迁。历史保护和艺术支持者的产生，将老旧建筑和艺术家工作室的魅力延续到对这些空间用作现代居住和商业用途的集体占用上。放长远看，阁楼生活给予了纽约这样的制造业基地城市致命一击，并将其转变的最后阶段带入了服务业之都。这一形式本身建立了一个积累与消费、文化表达与社会控制的矩阵，由此改变了城市空间的本质。同样作为房地产市场的阁楼生活发挥了使当地资本去工业化的作用，并且由此自相矛盾地发挥了使建成环境的特定历史遗产遵循世界市场趋势的作用。在这一过程中，每个城市中的上层阶级和中产阶级选民都为保护他们在城市地形上的财产权而游说。不过，他们不同的财产利益使他们在争斗中拥有不平等的机会。虽然中产阶级有时能够在房地产市场中保护其地位，贵族拥有改变地形之下土地的机会。这是阁楼生活所代表的城市复兴的意义所在。问题在于，我们当中的谁将会被留在城市并享受它，以及我们需要付出多大的代价？

平装本附言：更多的市场力量

阁楼生活之所以吸引了公众注意，是因为它强调了之前被淹没的问题，并以戏剧性且创造性的方式将它们结合在了一起。直到20世纪70年代末，纽约或其他都市的老旧建筑能否免遭拆除并进行有利可图的再利用都不得而知。艺术似乎是城市骄傲的象征或企业增长的集结点，这也是不得而知的。事后想来，在每一个城市人品尝到绅士化的酸甜苦辣后，不难理解阁楼生活所代表的文化与资本之间的"历史性妥协"。

如同绅士化，阁楼生活是对城市中心投资撤出的具有历史偶然性、文化特殊性的回应。它使城市中产阶级介入文化生产和消费的项目之中，并通过这些项目使其对城市空间的占用合法化。由于阁楼所具有的独特建筑遗产和用于制造业的历史用途，阁楼是去工业化和居住绅士化的特殊案例。所有这些过程针对的是社会与经济权力的空间中介，正如专业性商业城市扩张为商业服务之都。所有这些代表了基于市场的"土著"居民的被迫迁移。

在美学形式和地理形态上，曼哈顿下城的阁楼生活在所有利用城市过往迷人意象的中心城市重建中都拥有“兄弟姐妹”和“后代”。尽管在地方政治语境和国家政府支持上存在差异，这些创造（如纽约的苏荷和炮台公园城、伦敦的伊斯灵顿和道克兰）的直接结果是向更多市场力量打开内城房地产开发。

空间转型中对结构和象征性元素的强调加剧了当前的两个争论。一个争论是关于重组城市经济以支持服务业部门。一个特别引起社会科学家深思的更为广泛的问题是关于每一转型中经济结构和人力能动性的相对重要性。

具有讽刺意味的是，对阁楼现象的大部分兴趣集中在影响变化的自相矛盾的“无权者的权力”。艺术家——散乱的、收入过低的、高度个人主义的群体，将他们自己作为一个共同体动员起来，并声称在渴求空间的城市中具有拥有生活与工作空间的权利。他们所要求或改造的阁楼位于——既没有现代化为商业用途，也没有配备住宅设施的——具有100年历史的建筑中——以纽约标准来衡量的巨石建筑。谁能预料到他们贬值的社区会成长为商业天堂？谁能因他们有助于迁移适应中产阶级文化需求和为城市赋予诸多特色的印刷车间和制衣工厂而责怪他们呢？并且，谁能预测到仅仅在他们获得其所追求的法律保护的几年后，纽约阁楼住户的支持者会变得碎片化，数量开始减少且不再发声？

作为新贵唯意志论和贵族诉求的产物，阁楼生活让其自身为制度化和结构性变化所消耗。在进入高端市场中，阁楼生活被新的办公建筑所赶超。在进入低端市场中，它被无家可归之人和低收入人群迁移的严峻问题所淹没。当市政机构缓慢推进与居住阁楼租赁相关的新手续时，当选的官员用大型商业地产来争取开发商。

和其他国际商业城市一样，纽约在20世纪80年代曾有过一次房地产热潮——低空置率、共有公寓改建和昂贵的新建建筑。商业地产市场中熙熙攘攘的活动意味着居住阁楼依旧令人向往，但日趋短缺。许多阁楼的价格接近上东区公寓的价格，因此正如1980年所预期的，在曼哈顿，低成本的居住机会已所剩无几了。[1]

自1983年起，主要用于银行业和金融服务的新建办公楼高速推进。国外投资者大量储备了昂贵的公寓和商业地产，它们大多位于上东区、中城和华尔街金融街区。迁入的企业家变成了楼宇和商业的所有者，取代了大量来自曼哈顿中国城、小意大利、花市、中城和布鲁克林与皇后区等一些地区的传统商人。通过资助若干主要项目，日本、巴西和意大利的建筑公司与美国伙伴展开竞争，想从中分一杯羹。这些投资来源将阁楼社区导向了办公楼和商业开发。

现在，服装店在苏荷的主要街道西百老汇上占据优势。快速上涨的租金将艺术画廊推向了较小的路边街道，位于一楼以上，正如上麦迪逊大道上所发生的。在苏荷为数不多的空地上，一些小型新建筑拔地而起。一位开发商试图安抚当地社区，承诺向表演艺术群体提供低于市场的租金。将日渐稀少的制造业建筑改建为办公楼的开发商向现有权力平衡发起重点攻击。最近，一个经济担保人财团投资1 400万美元用于购买一栋20万平方英尺的建筑，还额外投资1 400万美元用于物质改造和装修翻新，同时拒绝与剩下的制造业租客续约。[2]在这样的改建中，制造商被法律事务所、小型出版公司、广告机构和其他非金融服务的租客所取代。一些被迫迁移的制造商正迁往布朗克斯的小型工业园区和老旧工业建筑。然而，最近那里房地产价值的上涨可能会限制制造商的选择。

寻找租金使曼哈顿中城一半的办公空间将商业服务导向了如苏荷和翠贝卡这样的“非传统”地区，这和 10 至 15 年前艺术专家在一样的建筑中寻找“另类空间”一样。夹在华尔街老旧办公建筑和炮台公园城金融企业新公司总部之间的翠贝卡继续专攻贵价居住阁楼。不过，在翠贝卡北部的偏远地区出现了变化，那里以前是印刷交易聚集的地带。基地位于伦敦的跨国广告公司萨奇广告(Saatchi and Saatchi)正在这一地区新“智能建筑”中建立起纽约办公点。拥有最新的电信技术以及位于下西区的区位，这栋建筑有效地将华尔街的商业客户和下城的创意人才联系在了一起。像往常一样，萨奇广告证明它们自己是文化与企业资本联系的象征。

阁楼生活与其高端市场“邻居”的关系也很微妙。因为在大多数地区，办公楼的开发受到对房产预期合法用途——被划分为商业用途——的影响，阁楼租客无力与其抗争。他们也无力与其竞争。办公楼租客仅仅是支付更高的租金。不过，城市区划调整和这座城市的建筑规范依旧使得阁楼居民与两位老对手进行对抗：房东与制造商。

在成立于 1983 年，作为城市当局监督管理生活阁楼的市政机构的纽约阁楼委员会中，房东、制造商和居住型租客的代表人数相同。[①] 目前，阁楼委员会经营着一个小小的官僚帝国，年预算在 150 万到 200 万美元。由于阁楼建筑的多户住房有资格从市房产局获得居住证，该委员会主要为合法身份的授予提供指导。虽然它是唯一能够进行这项工作的权力部门并在该地区拥有几乎无可

① 在纽约版本的社团主义代表中，阁楼委员的 9 位成员由市长委派并包括“一位公正的主席，一位阁楼制造业利益代表，一位房地产业代表和一位阁楼居住型租客代表……(以及)代表公众……房产局局长，依据职权行使职能，并且(该委员会)也包含其他一位依据职权行使职能的成员”(阁楼委员会，与阁楼委员会程序相关的规章制度……，1983 年 5 月 6 日)。

争议的权力，但是阁楼委员会口碑时好时坏。它的程序很慢，并且房东常常对它的审判提出异议。

在强迫建筑业主以多户住房将现有居民进行登记以服从于纽约州多户住宅法第70条条款的监管中，该委员会有过一段辛苦的时间。对于让房东服从而言，主要的障碍在于现已建立的对房租上涨和建筑改善的财政收益的限制。纽约州同意了阁楼租户争议较大的需求之一，不仅将生活阁楼合法化了，并且使它们处于租金控制的形式中。

在1982—1985年间，当该阁楼委员会编制复杂的用于允许房东获得改善成本的"合理回报"的方案时，被允许的最高租金增幅被限制在由现存租约或租赁合同所设定的总租金的7%以内。自1985年起，正如94.8万纽约城市公寓一样——它们的租金由纽约城市租金指南委员会(另一个被任命的由建筑业主、租户和公众代表所参与的第三方权威)来稳定，居住型阁楼的租金增长受制于每年同样的谈判过程。虽然这一协商的结果不能被预知，在租金稳定下所采纳的年增幅——考虑到迥然不同的基本租金——一般在7%左右徘徊。然而，在1987年，租金指南委员会通过了一年阁楼租约3%的增幅和两年阁楼租约6.5%的增幅——自从1969年成立以来该委员会所通过的最低租金增幅。对房东进行改善以使得阁楼建筑符合建筑规范标准的合理回报被设置在5%。①

这些规则的本质和内容触怒了阁楼建筑业主。他们当中的许

① 考虑到居住型阁楼租金从低起始基础的快速增加，该阁楼委员会1982年暂行的租金指南同意：1977—1979年间签订的租约，最高增幅可达租金总额的22%；1977年前签订的租约，最高增幅可达租金总额的33%。空置阁楼的租金是单独进行考虑的(见阁楼委员会，规则1，《暂行租金指南》，1982年12月21日，以及《规范合规工作的时间设置与执行相关的规则》……以及《租金调整的决定》……，1985年10月29日)。

多宁愿去吸引新的商业租户而不去安装多户住宅法所要求的居住设施。服从于阁楼委员会的权威,他们也并不乐意。此外,该委员会授予目前的阁楼租户评析和反对房东居住改善计划的权利。该委员会还决定,租户拥有从他们对其生活阁楼所做的改善的固定装置费用中获利的权利。在所有案例中,该委员会保有解决居住型租户和阁楼建筑业主之间争端的权力。

可以理解,至 1987 年,全部或部分用于居住的约 1 000 栋阁楼建筑中只有 12 栋获得了居住证——这是合法居住改建的先决条件。[①] 仅仅有 72 个居住单元获得了合法化——平均每栋建筑中有 6 个阁楼——因为最大的建筑从未用于居住用途。大体上,1 000 栋用于居住的阁楼建筑中有三分之二已由其业主向该阁楼委员会进行登记,这代表了合法化进程的第一步。这包括了约 4 200 个居住阁楼。该阁楼委员会的档案里积压了 18 个月的登记案件。

引起额外延误的纠纷在阁楼委员会的工作中很常见。400 个案件因房东未能遵守建筑规范而等待“讨论会”或听证会。在超过 100 个案件中,建筑业主就该委员会有利于租户要求——房东出租的至少 3 个阁楼单元用于居住用途——的判决提出异议。取决于分区区域和其他条件,这一数字足以触发合法的居住改建。

建筑业主抱怨该阁楼委员会横加干涉,居民则从其他问题进行指责。其中一些并不在阁楼委员会力所能及的范围内,但却反映出制度性权力主体的孱弱性。

举例来说,曼哈顿三个剩下的制造业地带——中城制衣中心、苏荷的部分以及肉食市场——的居住型阁楼租户在任何条件下都

① 与查克·德莱尼——阁楼董事会成立之初的代表与自 1977 年以来与曼哈顿下城阁楼租户联盟一起的活跃分子——的访谈,1987 年 5 月。

不能使其生活阁楼合法化。制造商不断减少的数量依旧对城市政府政策产生了特定的影响，并且评估委员会最近保护用于制造业用途的制衣中心的一些中段阁楼建筑的决定使居住型阁楼的租户觉得受到了威胁。① 此外，中国城制衣工厂的低空置率和上涨的租金表明了这些制造商所表现出的对曼哈顿下城阁楼的强力市场竞争。[3]

另一个问题关乎阁楼居民权利的行使。执法链条取决于阁楼委员会、城市规划委员会，以及州立法机构。对于租户的利益来说，该委员会并不是一枚橡皮图章。事实上，曼哈顿下城阁楼租户联合会因 1984 年进行的逐出而起诉了该委员会。并且，虽然这个案件拖延了两年时间，但法院最终支持了阁楼委员会的决定。其他两个机构也从未被认为是租户权利的坚定同盟者。目前，城市规划委员会主要采取临时行动，通常是对办公楼建筑的开发商进行激励并为他们进军城市新的地区提供便利。对他们来说，立法机关在全州范围内对租金行使管辖权是作为州北部共和党人和来自纽约市的主要民主党代表之间权力斗争中的一个杠杆。在大量竞选捐赠流进房地产部门且州北部立法人员对纽约市租赁人口存有偏见的情况下，租户并不能指望州立法机构的支持。

因此，尽管合法化进程已推进达五年，曼哈顿下城阁楼租户联合会组织的每周“住房诊所”还是唤起了对早些时候阁楼居民运动的记忆。对于来到市政厅附近的艺术家社区基金会办公室寻求建议的人们来说，绝望是唯一的凝聚力。一眼望去，他们是“中产阶级”——这一宽泛的术语依旧被毫不犹豫地用于指涉谈吐优雅的

---

① 当然，正如在萨维尔街(Savile Row)，制衣中心制造商面临的主要威胁是办公楼开发。

白种曼哈顿居民。然而，他们带着平静的绝望谈及拒绝将他们的建筑登记为合法居住改建的房东，房产局文件中关于建筑状况存在问题的文字记载，制造业地带生活阁楼的问题。

如果合法化未能满足居住型租户的需求，那么它失败的原因有很多。潜在办公室租户以及新的建筑业主所表现出的对阁楼建筑空间的竞争使得租赁生活阁楼成为了不太具有吸引力的市场。此外，随着合作所有权和区分所有权的普及，许多居民现在拥有其阁楼。这使得阁楼租户的支持者变得碎片化了。并且作为一个问题，阁楼被其他目标所取代。支持艺术家生活阁楼的艺术资助人、历史保护主义者和文化积极分子的联盟最近关注的是时代广场附近商业剧院街区的新办公楼开发，这带来了置换"艺术工匠"以及驱散不夜街(Great White Way)[①②]光辉的威胁。此外，艺术家也正在转移至其他地点，并不一定要在曼哈顿下城。[③]

在阁楼生活的各个方面中，艺术家住房造成的可能是最为棘手的问题。低收入人群被苏荷的成功以及绅士化的纲要——敬畏文化生产者这一存在，无论他们外表看起来多么奇特，或他们的作

① 在时代广场区域再开发的旷日持久的斗争中，熟悉的对手一方是纽约州城市开发公司、纽约市政府和房地产开发商。另一方是地标保护委员会、市艺术学会、合法剧院老板和演员与剧院工作人员联盟。例如，见艾伯特·史卡狄诺:《新的办公楼正在改变剧院街区》(*New Offices Changing the Theatre District*)，《纽约时报》，1987年6月13日；诺曼·费恩斯坦、苏珊·费恩斯坦:《经济重构与将纽约作为世界城市进行规划的政治学》(*Economic Restructuring and the Politics of Planning New York as a World City*)，《美国规划协会学刊》(*Journal of the American Planning Association*)，1987年春季卷，第237至248页。

② 在42街和53街之间的百老汇大街被称作"不夜街"，四周是著名的百老汇戏剧区。——译者注

③ 哈莱姆一家仓库的所有者最近在顶层建造了1 000平方英尺的艺术家工作室，布鲁克林一家废纸回收公司自1980年以来将两倍以上的工作空间租赁给艺术家。肯尼迪·G.肖恩:《艺术家的房地产低成本空间》(*Real Estate Low-Cost Space for Artists*)，《纽约时报》，1987年5月13日。

品一开始看起来多么的没有市场。东村拉丁裔人口的社区组织在很大程度上反对城市政府创造补贴性艺术家住房的计划。在他们看来,对这一地区低租金住房的存活来说,艺术家带来的风险要比靠使许多街区变得危险而谋生的毒贩更大。当然,艺术家仅仅是高收入、年轻的非小众居民的先驱。但是在艺术家之后,高租金和产权公寓改建的涨潮看起来势不可挡。[4]

在20世纪80年代早期,提出这一居民和空间使用的进展为生产的艺术模式做好了准备是具有讽刺意味的。[5]艺术提供了太少的工作以至于无法构建社会变迁模式,或纽约市在其艺术市场和创意生产者中并不具有典型性——这很有可能遭到反对。然而,大量的迹象将艺术生产和文化消费与房地产市场的变化联系起来。在美国,国家艺术基金会(National Endowment for the Arts)的一项研究发现,劳动力中艺术家比例最高的城市市中心绅士化和产权公寓改建的比例也最高。[6]此外,在过去的数年中,越来越多的城市开始转向艺术策略以援助经济再开发。[7]在许多小型与中型城市中,艺术取代了工业,不是作为雇主,而是作为潜在雇主的诱饵。艺术尤其与大型服务企业的商业活动相处和谐。在它们提供了很大就业份额的城市中,它们的文化资助强化了它们争取文化霸权的努力。

协同效应暂时地将新的商业服务集群与艺术家和迎合艺术家的专业人士对低成本社会再生产的需求捆绑在一起。论及绅士化时,达默里斯·罗斯(Damaris Rose)呼吁对通常必须支持位于中心城市区位的艺术家的社会再生产的低收入群体进行关注。出于同样的原因,即便是成功的专业人士也不得不定期寻找新地带。"'阁楼是建筑家最后的希望,'罗伯特·A. M.斯特恩对其位于曼哈顿的60个员工的办公室产生了这样的感受,'它们充满了阳光,视野开阔，当它们不在中城时，也是经济实惠的。’”一个新“景象”就这样产生了。它的生命周期依赖于创造性活力和市场力量。[8]

生产与社会再生产中的变化之间的诸多联系构成了纽约和伦敦这样的全球城市金融专业化的基础。[9]未经计划，甚至也在意料之外，阁楼生活、绅士化和历史保护仍然在这些城市中为受雇于私人和公共部门的管理人士、专业人士和各种类型的交易商开创了飞地。实际上，再次利用贬值和废弃的街区变得如此独特且高档以至于看起来不可避免地带来了资本流入、国际商业活动和整个金融中心的新商业开发。然而，当高端金融服务的新城市空间的生产在伦敦道克兰和纽约炮台公园城这类独特的项目中到达顶峰的时候，保护和修复在这一过程的早期发挥了重要作用。

虽然苏荷的开发是出乎意料、有如神助的，并且是通过社会动员的偶然成功而实现的，道克兰和炮台公园城却是被重点计划的。此外，它们是为金融界而筹划的，并不是为艺术家——他们的工作室正好在附近的贬值地区。在国家对迅速发展的劳动力群体提供交通基础设施——延伸至犬岛（Isle of Dogs）的铁路，至炮台公园城的西边高速的重建（因生态和联邦补助金的原因而具有争议性的高速项目）——关注中，这些项目的重要性是显而易见的。对于将艺术家或游客引入苏荷，则并没有相应的关注。不管怎样，不同于英国首都的道克兰。苏荷位于由两条地铁线服务的街区的中心。

虽然道克兰和炮台公园城在重构金融部门中有着共同基础，但这两者是在不同的社会与政治语境中产生的。

至少自 1975 年纽约财政危机起，一个惊人的共识支持了市政当局对改善商业环境的感知性需求。这里和其他地方一样，这一改善是通过对财政上的不负责任的表达忏悔——在缩减社会预算的过程中——和满足私营市场部门的特定需求而实现的。市政府负责的主要群体包括市政债券持有人、企业雇主、房地产开发商和金融界。后者成为全部利益相关者的代表，主要通过篡夺政府功能。自从这座城市在1975年面临了债券支付违约的风险后，主要金融机构的领导者创造并垄断了取代地方权威和市议会开支权力的非选举产生的行政委员会。对于所有的财政和金融运作而言，必须获得金融管制董事会（Financial Control Board）的批准。①

对这些安排的民粹主义批评几乎难以察觉。相反，它倾向于关注集体消费的问题，尤其是市政府在“负担得起的”住房建设中能动性的缺乏。当炮台公园城开发的主管——一位高级公共行政官员提出，参与该项目的开发商在这座城市的其他地区为低收入群体建造了相应数量的公寓时，许多人对此进行了具有讽刺意味的评论，但很少提出了负面性的批评。②

这一真空状态应当围绕在金融部门权力扩张的周围，这反映了通常政府对增长联盟的追求。[10]不过，它也反映了当地的制度史：

——扩展至紧急金融管制董事会（Emergency Financial Control Board）和市政援助公司（Municipal Assistance

① 这样的金融机构施加于市政府之上的外在且显性的控制是罕见的。在美国，只有纽约州的扬克斯和俄亥俄州的克利夫兰在20世纪70年代加入了纽约市，并采取了这种类型的正式安排。（克利夫兰的政府管辖之外的监管在1987年结束了）虽然如此，市财政对于私营市场决策的孱弱性普遍地限制了所有美国城市的社会开支和市政服务，并且将所有的市长（包括少数种族与民族的代表）更近地带到大规模投资者身旁。见马克·戈特迪纳编：《压力中的城市：重新审视城市危机》（*Cities in Stress*：*A New Look at the Urban Crisis*），《城市事务年度评论30》（*Urban Affairs Annual Reviews, 30*），比弗利山：赛奇出版社，1986年。

② 从税收中创造低收入和中等收入群体住房“银行”的想法，实际上，开发商建造新的办公空间源自旧金山市政当局在20世纪80年代所采取的方案。

Corporation)，以及日益具有权威性的菲利克斯·罗哈廷(Felix Rohatyn)——拉扎德公司(Lazard Freres)的金融家，纽约人——和同为民主党人的市长科赫；

——公共开发机构的非凡权力，从纽约城市开发公司到较新近的向私营部门输送土地和津贴的纽约市公共开发公司(Public Development Corporation)，包括为炮台公园城的办公楼建筑和高档公寓以及位于布鲁克林的金融公司的储备办公空间进行土地填埋；

——并且，时间进一步往后推移，在市工会协助下自20世纪40年代晚期开始持续控制当地和全市民选机构的民主党所有左翼替代的根除和去激进化(deradicalization)。

因此，大伦敦议会(Greater London Council)在其被废前所表现出的对道克兰的反对在纽约并没有相对应的制度性力量。联邦政府也没有在扩张华尔街的本地领土中像英国政府为伦敦市规划道克兰那样发挥作用。然而，另一个差异是关乎对于金融资本生存空间构成潜在障碍的空间现有用途。到目前为止，华尔街在纽约的扩张空间包含少量的住房。留下来的小资本基地——主要是商店或小工厂，遵循自愿或强制搬迁的通常模式；在没有经济补偿的情况下移居。再次与道克兰形成对比，曾经阻碍曼哈顿下城和布鲁克林市中心商业开发的工人阶级社区很久之前就被定期的"更新"计划和以市场为基础的动迁甩到一边了。

尽管如此，像道克兰和炮台公园城这样的项目依然有共同的特征。在这两个案例中，公共权威(半官方机构和开发公司)促进了私营部门的建设。以城市过往的戏剧性意象来重建内城需要减少城市产业劳动力并使其浪漫化。此外，空间与城市形态用途的地方变化直接与全球市场的形成相关。因此,不同社会群体在新的空间与政治经济中找到一个地方的能力依赖于他们对主导部门的房地产与劳动力市场策略的"适应程度",以及他们对文化实践与符号高度因情况而异的挪用。

因此,纽约和伦敦提供了两种新城市增长模式的变体。建筑存量可能是新的或旧的,但新用途是从有计划和计划外的方式嵌入建成环境的。苏荷的成功使得计划外艺术家区的再次出现变得不太可能。现在,各类苏荷是在以文化为基础的经济再开发策略中制造的,而非天生的——无论它是位于塞纳河(Seine)还是哈德逊河。出于同样的原因,苏荷散发着如诗如画的历史距离感的老旧铸铁和红砖阁楼建筑的建成环境和有计划的基于历史保护的商业街区有许多共同之处。

出于完全偶然的原因,同样的老旧城市形态为金融公司所规划的新建筑提供了入口或背景——思想上的合法化。道克兰直接纳入了旧仓库和工业建筑;炮台公园城使用附近苏荷和翠贝卡阁楼建筑的外溢。这些项目的普遍性仅仅受限于金融服务扩张与去中心化的速率。

这些模式都没有解决有着长期工作经验但资本匮乏的城市人口的问题。按照地方政府对稳定这一人口的感兴趣程度,它们寻求了私人—市场的解决方法,尤其是为私房房主寻找替代性融资。艺术家是优先的目标群体,因为他们吸引了中上层阶级,不过他们并没有从补贴性阁楼—共有公寓的销售中广泛受益。[11]

《阁楼生活》一书的论点主张变迁过程中结构性因素的重要性。这并没有对文化在新中产阶级建构中的中心性与扩张的敏感度造成阻碍。它也并不倾向执着于将重点更多地放在出于经济原因的城市空间生产而不是由占主导地位且具有统治性的社会群体制定的社会再生产策略。这一路径强有力地支持了社会学家的坚决主张：市场是一种社会建构。正如绅士化研究现在纳入了城市社会阶层中潜在绅士群体的形构、被低估的内城块状土地中潜在可绅士化房产的出现以及对空间与时间文化层面的重新评估，因此任何试图理解城市重塑的尝试都必须纳入多维度的社会视角。

然而，在阁楼这一特例中，以一种折中的方式去赞美人的能动性因素是困难的。阁楼租户的确顺利实现了定义自身在中心城市的房地产市场中点位的有限目标。但是，尽管他们对长期重建做出了贡献，但他们并不能将自身与以服务业为基础的新空间经济中市场需求的变化隔绝开来。

阁楼租户与绅士群体在同一波浪潮中激流勇进，指明了将自身与城市贫困群体或制造商、战后时期的郊区中产阶级区分开来的文化建构方式。他们有助于建构与将文化资本与经济资源同等对待的市场力量进行斗争的一种皮埃尔·布迪厄对连贯社会空间的感知中的“习惯”[12]。在这一关系的建构中，他们当中加入了——自相矛盾而且不切实际，或是处于工具理性——一部分贵族精英和关键的设计专业人士。和大多数绅士化不同，阁楼生活依赖于使市政机构乐于接受空间用途的变化和主导性城市形态的变化。然而，和绅士化一样，阁楼生活是一个市场现象。在纽约，这通过艺术家阁楼居民对城市经济做出了重要贡献这一论调而予以强调。不过，由下层开启的市场现象的表面成功依旧是呼唤私有化城市再开发的不变主题。

《阁楼生活》可能是第一本对这些变化进行论述的书籍，试图将文化市场与城市政治经济结合起来处理。本书强调了在任何对现代——越来越多地意味着“后现代”——社会——进行分析时必须顾及的几个过程。第一，任何资本主义经济的结构性常数，如资本积累和价值探寻，采取了各种文化上予以认可的形式。第二，至少从 19 世纪起，积累方式越来越多地纳入了消费文化。在某一层面上，品位和风格的变化对于总体选择而言具有重要的经济意义；在另一层面上，审美和感官偏好的满足将其他顽抗群体捆绑到相互耦合的积累体制中。这些过程的重要性随着 1973 年左右开始的城市与产业的再结构而增加。

本书出版于文化领域出现明显斗争的时刻。苏荷、哈克尼(Hackney)、道克兰和空间分异其他变体的共同命运指出了这一斗争中的两个元素。一方面，文化挪用支持了中产阶级中的扩张群体——绅士、游客、房地产开发商和金融家——与由于内城社会隔离而倾向于分享工人阶级或少数种族文化的原住居民所提出的空间诉求。另一方面，占主导地位的、以市场为驱动的文化挪用行为将贫困人口连根拔起，并使他们被文化和金融市场的参与者的取代合法化，这种文化挪用行为以一种全新的方式利用了文化生产者。

大多数艺术家、演员、作家、教师和其他在文化市场中谋生的人赚不了多少钱。至少在他们的事业开端，他们和贫困群体有着类似的体制性缺陷：失业或未充分就业；对公共财政补贴的周期性依赖，直接或间接；在扎根于接近工作和销售他们作品的市场出路的特定地点与他们的工作和文化/职业社群之间摇摆不定，以及没有稳定工作的男男女女的典型的漫游癖。自 20 世纪 60 年代起，艺术家能够形成——并且努力保持——自己的当地社群，这指向了他们结构性位置日益增强的稳定性。然而，这一稳定性几乎完全依赖于与艺术并不相关的因素。

第一，文化资本成为几类经济资本扩张的必要组成部分，尤其是在处理建筑周期最低点的萧条期和在再开发项目(否则,这些项目将是完全以市场为基础的)中提供一份体面和公共责任。[①]

第二,第四章所描述的艺术的"家庭化"带来了艺术生产者和艺术消费者的大量增加,这反过来使得针对他们进行营销和他们本身的营销成为有利可图的事业。对维多利亚时代的迷恋——与绅士化的住房存量相关的文化消费体制——迎合了相当大的细分市场。它将作为房地产投资者的受过教育的中产阶级私房房主与19世纪后期手工艺品的消费者,填充《乡村生活》掩盖下的城市民主空洞的杂志出版商和自由作家,翻新并开设"乡村旅馆"的企业家,以及售卖恰当时期的建筑装饰品的拾荒者和工匠与如罗兰爱思(Laura Ashley)、拉夫劳伦(Ralph Lauren)这类印花棉布和佩斯利印花的跨国巨头联系起来。

第三,文化生产者的可及性出现了显著增加——他们数量的增加、他们的可见性、他们适应市场压力的意愿,以及正如我在第三章结尾所简要论证的,他们作品之间的共鸣,无论多么卓越或多么讽刺,还有现代中产阶级的对超然的追求见证了这一切。市场约束之下艺术生产者不断增加的专业性——具有讽刺意味地——这使得他们与传统资助人、暴发户投资者和艺术大众消费者这些受众之间的联系日益紧密。这当然带来了关于艺术中的权威是依旧衍生于边缘性,还是市场力量的根本性焦虑。曼哈顿下城艺术家多次成功地对抗城市政府和房地产业强大势力以保护自身进入阁楼空间的权利,这提供了其中所包含的矛盾的有说服力的

① 这指涉了大卫·哈维称作"弹性积累"的这一类型的扩张。见大卫·哈维:《通过城市化实现弹性积累:对美国城市中"后现代主义"的反思》(*Flexible Accumulation Through Urbanization: Reflections on 'Post-Modernism' in the American City*),出席"美国城市发展:区域城市中的社会与建筑"研讨会的论文,耶鲁建筑学院,1987年2月。

早期案例。[①]

然而，我之所以没有开始研究阁楼，并不是因为我对文化生产的地位有什么宏大的想法，也不是因为“解读”后现代城市。因为我对阁楼和绅士化的研究作为文化研究而获得了一些关注，然而，我认为追溯其思想根源是值得的。

这一研究受到了大卫·哈维《社会公正与城市》(*Social Justice and the City*)一书的启发。[②] 大卫·哈维对物质不平等与空间贫困化互联性的把握，以及传达社会所认可的学识的激情与严谨的能力，在尼克松—福特总统任期的强加秩序中如晴天霹雳般给予一击。他的研究更有价值，因为它考察了美国金融机构及其对当地房地产市场的影响——就像它最初在左翼时那样不入流，然后研究了银行体系，而不是穷人。因此，20 世纪 70 年代初，穆顿(Mouton)出版社出版的法国社会学家关于城市的系列研究也给我留下了深刻的印象，尤其是克里斯蒂安·托巴罗夫对巴黎房地产开发商的独特研究。[13] 房地产开发商可以实实在在地制造城市空间并逆转标准的供求关系，这一认识点亮了一片黑暗且稠密的田野。

与当前城市社会学中高度偏态化的自由主义分析不同，尤其是在美国，新城市社会学对马克思主义城市经济学投入颇多。北美学者会立即放弃由法国城市社会学者提出的“国家垄断资本”理论，因为它与我们所了解的现实关系甚少。(法国左翼花费了数年时间——以及在大量地方和国家选举中失败——来抛弃这一概

---

① 我以不同的方式来处理这些过程，即置于全球经济变迁的框架下，在我即将出版的《美国市场/地方》(*American Market/Place*)(加州大学出版社)一书中。

② 大卫·哈维：《社会公正与城市》(巴尔的摩：约翰·霍普金斯大学出版社，1973 年)；另见本书参考文献第 1 章节注释 7 引用的他的其他作品。

念）不过，哈维、托帕罗夫（Topalov）及其同事曼纽尔·卡斯特（Manuel Castells）的研究中的共同探索是真正有价值的——城市是一个不断使多面且常常是分化的资本力量（可以这么说）与较低社会阶层进行竞争的结构化环境。简而言之，城市是资本积累斗争的空间与经济的、物质与符号的矩阵（matrix）。如果一些研究者强调金融机构的投资或房地产开发商对城市形构的操纵，而其他研究者关注围绕集体消费的空想"城市社会运动"，尽管如此，他们都在寻找使得现代城市充满活力又存在退化、拥有自由又存在社会控制的整个矩阵。[①]

那些没有年长到在那些年代阅读《资本论》的人无法想象用这些前—后现代概念进行讨论是多么的自由。确实，有一些像美国的赫伯特·甘斯（Herbert Gans）和英国的雷·帕尔（Ray Pahl）这样打破旧习的人，他们并不相信政治经济学但仍旧围绕城市分异进行批判性写作。虽然城市政治经济学家/新城市社会学家因忽略"社会"因素以及政治机构的细微差别与相对自主性而遭受批评，对于我们中的许多人来说，他们的研究看起来是把握城市与资本主义本质最有希望取得成功的方式。事实上，从概念上将城市与资本主义联系起来，挽回了城市研究的知识完备性。它也允许城市研究者与其他当代生活的左派学者联合起来。可以说，这一时期城市社会学的发展为对地方力量机制的后结构关注铺平了道路。

不过，回到这项研究的起源，我对生活阁楼最初的兴趣是物质层面的，虽然并没有现成的对生活阁楼房地产市场崛起的物质层面的自洽解释。正如我所说的，我尤为感兴趣的是房地产市场的

① 我在《新城市社会学的十年》（*A Decade of the New Urban Sociology*）一文中论述了这些研究，见《理论与社会》（*Theory and Society*），1980 年第 9 期，第 575 至 601 页。

创造。然而,生活阁楼中的这一市场大致是整个“后工业”转型基体的组成部分。正如在绅士化中,对老旧城市形态和处于地理中心位置的空间的文化挪用是和城市、国家和国际经济的结构性变迁联系在一起的,即将城市从制造业中心改建为商业服务中心,以及相关的文化与社会再生产模式的变化。由于我拥有城市政治经济学的背景,以及自身对政治与美学的偏好,我自然地将城市空间的改建和老旧城市形式的保护视作去工业化相当暴力的示例。纽约和伦敦——之前的商业城市,现在是金融之都,代表了从布拉德福德(Bradford)或匹兹堡开始的产业重组范围的不同类型。尽管如此,我从一开始就相信,对作为去工业化空间的阁楼的需求是被力量而非需求所操控的。

阁楼的特性将这一分析推向了两个方向。第一,生活阁楼市场崛起的较后阶段与对工业考古学、生态博物馆和历史保护的兴趣的扩散同时发生。话语和技术都将工业定义为手工艺品,至少在发达资本主义世界中的一些最大城市里是这样的。仅仅这一点就鼓励我从现在看起来天真的方式来看待对建筑的认知——将对阁楼的废用/再利用与早前的拟古主义的文化表征相联系。尽管我雄心勃勃,我也没有一直追寻到维奥莱·勒·杜克(Viollet le Duc),甚至是皮拉内西(Piranesi)作品的废墟,这只能怪我不想夸夸其谈。

阁楼的其他需要进行文化分析的特征是它们与艺术家生活的亲密联系。虽然我进入阁楼市场(作为研究者和居民)的时间足够晚以至于能够了解到并非所有的阁楼居民都是艺术家,但目前生活阁楼和阁楼社区的文化表征是被艺术家/先锋的意象所主导。我并没有陷入政治经济学的怀疑论取向常常带来的盲从,并且我强调的是哈维的政治经济学,而非卡斯特尔的。我考虑的是可能间接地从阁楼街区的活化中获得利益的一流房地产投资者,而非将艺术家(他们因阁楼而进行的斗争在第 5 章中进行了描述)视为一种城市社会运动。我也在访谈的基础上发现,居住在阁楼的艺术家拥有一大批有趣的保护者。他们的主顾扭曲土地分配的政治体系以使其有利于艺术家对阁楼的使用。由于对文化生产存在普遍的重新估值,艺术家对城市空间的主张得以强化。另一方面,他们的成功取决于艺术市场的通货膨胀和城市土地价值的损失——最终必然将他们驱逐出去的组合。我必须说,我被鼓励去沿着比尔·多霍夫(Bill Domhoff)的这一方向进行研究,他对艺术家商业支持的研究向我指出更多的东西牵涉其中,而非仅仅是好的品位。此外,在经验层面,我不得不去考虑纽约艺术市场中的全球角色的开端——谢尔盖·吉尔伯特(Serge Guilbaut)随后出版的著作进行了确认。[14]

然而,我还是强调我在借鉴相关研究中的选择性。与多霍夫不同,我对精英分析不感兴趣。与哈维不同,我不讨论资本的多元回路。而且,与我的社会解构主义者朋友不同,我屏蔽了所有将城市视作奇观的参考文献,因为我并不相信这样的分析能增进我们对城市形态的社会生产的理解。(我排除了蒂莫西·克拉克对巴黎奥斯曼大改造的令人着迷的研究——该研究并没有"重手"地大肆渲染这一奇观[15])并且,我高兴的是我在 1980 年进行本书写作的时候,我对皮埃尔·布迪厄的著作并不熟悉,要不然我的研究可能会淹没在文化资本的浓重气息中。任何关于城市形构的专题研究必须考虑到文化与资本,以及管理土地用途而因此发挥着重要中介作用的政治机构。我的研究单单要求对城市形态中空间与实践的文化表征进行分析;它也提出了关于文化生产者和消费者奇怪的结构性位置的迫切问题。

当然,任何对城市变迁的结构性分析必须融入制度选择与个体选择。长期去工业化的第一阶段(19世纪90年代至20世纪40年代)创造了在对港口和制造业经济的空间弃置中寻找一席之地的结构性机会。但是,该经济却不能或不愿意有组织地使空间与时间相抗衡。直到20世纪70年代,对于工会与雇主而言,城市房地产市场只是没有成为一个问题而已。在那时,制造业部门中有限的总体增长的空间维度变得清晰。对服务业中大型企业雇主日益增强的依赖促使了城市空间向消费地景和荒废地景的转化。一方面,地方政府机构的缺失已经表明将经济增长利益转回内城存在困难。另一方面,新的对个体消费的偏好——以及促进新的性别角色生长的社会自由——使得相对较小的城市人口组成部分成为有微弱争议的城市土地权利的高度可见的受益人。绅士化在城市中所体现出的社会分异与在全球尺度发生的资本的空间再分异同时发生。[16]

现在对非经济因素的显著开放性为社会科学吸入了新鲜空气,不应该将注意力从根本的结构变迁中转移出来。作为全球层次体系中的行动者,城市在安放与体制化反对一种生产方式的新需求中发挥着独立的作用。此外,随着关于资本的地区不平等的加剧,城市变成了特权的软肋。这些替代了政治与社会阶层分化的空间构造持续反映并掩盖着经济力量。

这本书的开头和结尾都是关于市场的。第1章节和最后一章节略为提及的“地带”指涉了市场位置现在所假定的生死攸关的重要性。尽管服务业导向的城市转型带来了富足,但城市正被不充分就业和社会再生产所压倒。作为地方福利制度最后的保护者,在与市场力量的关系中,城市的角色并不值得羡慕。理解文化如何在现代城市中面临被资本淹没的风险——即便是在文化最具煽动性的时候——提出了一项具有挑战性的智识与政治任务。

参考文献

1: LIVING LOFTS AS TERRAIN AND MARKET

1. Kristina Ford, *Housing Policy and the Urban Middle Class* (New Brunswick: Center for Urban Policy Research, 1978), pp. 6–7.

2. Ibid., pp. 100–105; New York City, City Planning Commission, "Residential Re-use of Non-residential Buildings in Manhattan," 1977.

3. Ford, *Housing Policy*, pp. 9, 60.

4. Ibid., p. 9.

5. Paul Goldberger, "Housing in Loft Buildings Key to New Urban Vitality," *New York Times*, June 15, 1977. Also the following *Times* articles: Alan S. Oser, "Zoning Revisions to Expand Loft Conversions Are Urged by New York Real Estate Board," Oct. 29, 1975; idem, "Former Army Induction Center to Become a Health Club," Mar. 1, 1976; idem, "Trials and Rewards of Building Conversion," Oct. 22, 1976; Carter B. Horsley, "A Push for a Residential Midtown," Dec. 12, 1976; Alan S. Oser, "Largest Split-Level Duplex Conversion," Feb. 4, 1977; Dena Kleiman, "The Bowery Would Be Chic, They Said – Ha!" May 29, 1977; "Mercantile Traders Move to Trade Center," July 2, 1977; Donald G. McNeil, Jr., "Nursing Homes in Conversion," July 17, 1977; Alan S. Oser, "Improving Greenwich Village Buildings," Oct. 12, 1977.

6. Francis Godard et al., *La Rénovation urbaine à Paris* (Paris and The Hague: Mouton, 1973).

7. David Harvey, "The Political Economy of Urbanization in Advanced Capitalist Societies: The Case of the United States," in *The Social Economy of Cities*, ed. Gary Geppert and Harold M. Rose (Beverly Hills: Sage, 1975), chap. 3; and idem, "The Urban Process under Capitalism: A Framework for Analysis," *International Journal of Urban and Regional Research* 2, no. 1 (1978): 101–31.

8. Eleanor L. Brilliant, *U.D.C. and the Conversion Process: Planning in the American Context* (Lexington, Mass.: Lexington Books, 1975); and Jane Jacobs, *The Death and Life of Great American Cities* (New York: Vintage, 1961).

9. Jim Stratton, *Pioneering in the Urban Wilderness* (New York: Urizen, 1977).

10. Carter Ratcliff, "SoHo: Disneyland of the Aesthete?" *New York Affairs* 4, no. 4 (1978): 64–72; and Michael Winkleman, "The New Frontier: Housing for the Artist-Industrialist," ibid., pp. 49–57.

2: INVESTMENT AND POLITICS

1. *United States Census*, 1950, 1960, 1970; Daniel Creamer, *Changing Location of Manufacturing Employment*, pt. 1, *Changes, by Type of Location, 1947–1961* (New York:

National Industrial Conference Board, 1963); New York City, City Planning Commission, "Planning for Jobs," 1971. Cf. Peter D. McClelland and Alan L. Magdovitz, *Crisis in the Making: The Political Economy of New York State since 1945* (New York: Cambridge University Press, 1981).

2. City Planning Commission, "Planning for Jobs."

3. Robert Fitch, "Planning New York," in *The Fiscal Crisis of American Cities*, ed. Roger E. Alcaly and David Mermelstein (New York: Vintage, 1977), chap. 16.

4. City Planning Commission, "Planning for Jobs," p. 4.

5. U.S., Congress, Joint Economic Committee, *Central City Businesses—Plans and Problems*, 95th Cong. 2d sess., Jan. 14, 1979.

6. David L. Birch, "The Job Generation Process," mimeographed (Cambridge, Mass.: M.I.T. Program on Neighborhood and Regional Change, 1979).

7. City Planning Commission, "Planning for Jobs."

8. Michael R. Greenberg and Nicholas J. Valente, "Recent Economic Trends in the Major Northeastern Metropolises," in *Post-Industrial America: Metropolitan Decline and Inter-Regional Job Shifts*, ed. George Sternlieb and James W. Hughes (New Brunswick: Center for Urban Policy Research, 1975), pp. 77–99.

9. "Business in the Region: Structure and Performance in the Region's Producer Economy in 1972–75," *Regional Plan News*, no. 103 (April 1979): 6, 8.

10. Alan S. Oser, "Zoning Revisions to Expand Loft Conversions Are Urged by New York Real Estate Board," *New York Times*, Oct. 29, 1975; also New York City, Department of City Planning, Zoning Study Group, "Technical Paper: Industrial Activity in Manhattan's C6 Zones," 1977.

11. *New York Times*, July 19, 1978.

12. Chester Rapkin, "South Houston Industrial Area: Economic Significance of Structures in a Loft Section of Manhattan" (Study prepared for New York City, City Planning Commission, 1963), pp. 225–28.

13. Ibid., pp. 122–23.

14. Ibid., p. 262; also *Regional Plan of New York and Its Environs. Economic and Industrial Survey: The Clothing and Textile Industries in New York and Its Environs* (New York: Regional Plan Association, 1925), p. 621.

15. Rapkin, "South Houston Industrial Area," pp. 252–56.

16. Fitch, "Planning New York."

17. Rapkin, "South Houston Industrial Area," pp. 237–39.

18. Samuel B. Kuckley, "Rebuilding Manhattan: A Study of New Office Construction" (New York: Real Estate Board of New York, 1972).

19. *Plan for Rezoning the City of New York* (New York: Harrison, Ballard and Allen, 1950).

20. *Zoning New York: A Proposal for a Zoning Resolution for the City of New York* (New York: Voorhees, Walker Smith and Smith, 1958).

21. City Planning Commission, "Planning for Jobs."

22. Jack Newfield and Paul DuBrul, *The Abuse of Power: The Permanent Government and the Fall of New York* (New York: Viking, 1977), p. 144.

23. Ibid., p. 89; also Maynard Robison, "Rebuilding Lower Manhattan: 1955–1974" (Ph.D. diss., City University of New York, 1976).

24. Caroline F. Ware, *Greenwich Village 1920–1930* (1935; reprint ed., New York: Harper and Row, 1965).

25. Newfield and DuBrul, *Abuse of Power*, p. 89.

26. Ibid., and Robison, "Rebuilding Lower Manhattan."

27. Rapkin, "South Houston Industrial Area," pp. 286–87.

28. Ada Louise Huxtable, "Good Buildings Have Friends," *New York Times*, May 24, 1979.

29. Constance Perin, *Everything in Its Place: Social Order and Land Use in America*

(Princeton: Princeton University Press, 1977), chap. 4.

30. Willkie Farr and Gallagher, "Housing for Artists: The New York Experience" (Study prepared for Volunteer Lawyers for the Arts, New York, 1976).

31. New York City, City Planning Commission, "Lofts: Balancing the Equities," 1981; Julia Vitullo-Martin, "The Real Sore Spot in New York's Economy," *Fortune*, Nov. 19, 1979, pp. 92–105; and "New York Banks are Found to Lag in Lending under Federal Program," *New York Times*, Mar. 17, 1980.

3: THE CREATION OF A "LOFT LIFESTYLE"

1. Jane Jacobs, *The Death and Life of Great American Cities* (New York: Vintage, 1961); Marc Fried and Peggy Gleicher, "Some Sources of Satisfaction in the Residential Slum," *Journal of the American Institute of Planners* 72, no. 4 (1961): 305–15; Herbert Gans, *The Urban Villagers* (New York: Free Press, 1962); Nathan Silver, *Lost New York* (New York: Schocken, 1967); James Biddle, Foreword, in Constance M. Greiff, *Lost America* (Princeton: Pyne Press, 1971).

2. Calvin Tompkins, *Off the Wall: Robert Rauschenberg and the Art World of Our Time* (Garden City: Doubleday, 1980), pp. 83, 211.

3. "Nine Artists/Coenties Slip," Whitney Museum, New York, 1974; Tompkins, *Off the Wall*, pp. 175–76.

4. Dore Ashton, *The New York School* (New York: Viking, 1972), p. 299.

5. "Living Big in a Loft," *Life*, Mar. 27, 1970, pp. 62–63.

6. "SoHo Artists' Bohemia Imperiled," *New York Magazine*, Aug. 24, 1970, p. 46.

7. "A Very Lofty Realm," *Progressive Architecture*, October 1974; Norma Skurka, "Landmark Loft in SoHo," *New York Times Magazine*, Nov. 24, 1974; *New York Magazine*, May 20 and Sept. 30, 1974.

8. *New York Magazine*, Mar. 8 and Oct. 11, 1976.

9. Bernardine Morris, "Built for Healthy Living: A Loft With Splash," *New York Times*, Mar. 9, 1978.

10. Mary Russell, "At Home in a French Factory," *New York Times Magazine*, Dec. 10, 1978.

11. *New York Times*, July 10, 1980.

12. Gaston Bachelard, *The Poetics of Space*, trans. Marie Jolas (New York: Orion Press, 1964), p. 72.

13. Harbison, *Eccentric Spaces*, pp. 22, 33; Burton J. Bledstein, *The Culture of Professionalism* (New York: Norton, 1976), p. 61.

14. Orrin E. Klapp, *Collective Search for Identity* (New York: Holt, Rinehart and Winston, 1969), pp. 23–28; Yi-Fu Tuan, *Space and Place: The Perspective of Experience* (Minneapolis: University of Minnesota Press, 1977); Dean McCannell, *The Tourist: A New Theory of the Leisure Class* (New York: Schocken, 1976); Kenneth Frampton, "The Aura of the Past," *Progressive Architecture*, July 1974, pp. 48–79; Ada Louise Huxtable, "The Troubled State of Modern Architecture," *New York Review of Books*, May 1, 1980, pp. 22–29.

15. Philip Slater, *The Pursuit of Loneliness: American Culture at the Breaking Point* (Boston: Beacon Press, 1970).

16. Siegfried Giedion, *Space, Time and Architecture* (Cambridge, Mass.: Harvard University Press, 1941), pt. 5; Thoreau, quoted in August Heckscher, *The Public Happiness* (New York: Atheneum, 1962), pp. 258–59.

17. Gustav Stickley, "Simplicity and Domestic Life" (1909), reprinted in *Roots of Contemporary American Architecture*, ed. Lewis Mumford (New York: Grove Press, 1959), pp. 302–3.

18. Siegfried Giedion, *Mechanization Takes Command* (New York: Norton, 1969), pt. 6; idem, *Space, Time and Architecture*, p. 289; Delores Hayden, *The Grand Domestic*

Revolution: A History of Feminist Designs for American Homes, Neighborhoods and Cities (Cambridge, Mass.: M.I.T. Press, 1981); "A Romantic Solution," *Progressive Architecture*, November 1967.

19. Giedion, *Space, Time and Architecture*, pp. 265–66.

20. Stephen Koch, "Reflections on SoHo," in *SoHo: Anderson and Archer's Essential Guide to Art and Life in Lower Manhattan* (New York: Simon and Schuster, 1970), p. 16.

21. Harbison, *Eccentric Spaces*, p. 53.

22. "Spaze insoliti: Dean & DeLuca," *Abitare*, March 1979.

23. K. G. Pontus Hulten, "The Machine As Seen at the End of the Mechanical Age" (New York: Museum of Modern Art, 1968), p. 3. Cf. Harold Rosenberg, "Past Machines, Future Art," in *The De-definition of Art* (New York: Collier, 1972).

24. Giedion, *Space, Time and Architecture*, pp. 130–35; see also James Bogardus, *Cast Iron Buildings: Their Construction and Advantages* (New York: T. B. Harrison and Co., 1858).

25. Greiff, *Lost America*, pp. 6, 11–12; Alan Gowans, "On Preservation," *Journal of the Society of Architectural Historians*, October 1965, pp. 25–26; Arthur Cotton Moore, Foreword, in Diane Maddox, *Historic Buildings of Washington, D.C.* (Pittsburgh: Ober Park Press, 1973).

26. Charles B. Hosmer, Jr., *The Presence of the Past* (New York: Putnam, 1965), pp. 24 ff.; Biddle, Foreword; Frampton, "Aura of the Past," pp. 47–48.

27. Walter Muir Whitehill, "The Right of Cities to Be Beautiful," in *With Heritage So Rich: A Report of a Special Committee on Historic Preservation under the Auspices of the United States Conference of Mayors with a Grant from the Ford Foundation* (New York: Random House, 1966), p. 54.

28. Silver, *Lost New York*, Preface and Introduction.

29. Ralph Andrew Luken, *Preservation versus Development: An Economic Analysis of the San Francisco Bay Wetlands* (New York: Praeger, 1976); and idem, *Here Today: The Historic Sites Project of the Junior League of San Francisco* (San Francisco: San Francisco Chronicle Press, 1968).

30. Eric Hodgins and Parker Lesley, "The Great International Art Market: Art – Great Art – Can Be the Most Lucrative Investment in the World," *Fortune*, December 1955, pp. 119 ff.; Ashton, *New York School;* Lee Seldes, *The Legacy of Mark Rothko* (New York: Holt, Rinehart and Winston, 1978), pp. 19–62.

31. Harold Rosenberg, "American Action Painters," in *The Tradition of the New* (New York: McGraw-Hill, 1965), pp. 25, 28–30, and idem, "Icon Maker: Barnett Newman" and "Rothko" in *The De-definition of Art;* cf. a "revisionist" interpretation of cold-war-era art in Peter Fuller, "American Painting since the Last War," in *Beyond the Crisis in Art* (London: Writers and Readers Publishing Cooperative, 1980), pp. 70–97; Tom Wolfe, *The Painted Word* (New York: Farrar, Straus and Giroux, 1975), p. 55.

4: ART IN THE ARMS OF POWER

1. Dore Ashton, *The New York School* (New York: Viking, 1972); Lee Seldes, *The Legacy of Mark Rothko* (New York: Holt, Rinehart and Winston, 1978); or Tom Wolfe, *The Painted Word* (New York: Farrar, Straus and Giroux, 1975).

2. Calvin Tompkins, "The Art World: A Thousand Flowers," *New Yorker*, May 19, 1980, p. 136; Harold Rosenberg, "The Art Establishment," *Esquire*, January 1965, reprinted in *The Sociology of Art and Literature*, ed. Milton C. Albrecht et al. (New York: Praeger, 1970); see also Tompkins's profile of Leo Castelli, *New Yorker*, May 26, 1980.

3. Meyer Shapiro, "The Introduction of Modern Art in America: The Armory Show," in *Modern Art, Nineteenth and Twentieth Centuries: Selected Papers* (New York: George Braziller, 1978).

4. Tompkins, profile of Castelli, p. 51. Tom Wolfe implies a somewhat different inter-

pretation of the establishment of a museum like MOMA, "founded," as it was, "in John D. Rockefeller, Jr.'s living-room" (*Painted Word*, p. 38). Wolfe emphasizes the original commitment of the museum's patrician founders to modern art.

5. Ad Reinhardt, "Timeless in Asia," *Art News*, January 1960, p. 33.

6. Calvin Tompkins, *Off the Wall: Robert Rauschenberg and the Art World of our Time* (Garden City: Doubleday, 1980), pp. 133, 143–44; Tompkins, profile of Castelli; and Harold Rosenberg, "Young Masters, New Critics: Frank Stella," in *The De-definition of Art* (New York: Collier, 1972). MOMA's effort to collaborate with galleries is drawn from Marcia Bystryn's archival research in the correspondence of several New York galleries.

7. "The Museum World," *Arts Yearbook*, no. 9 (1967): 13–15.

8. Tompkins, profile of Castelli; and idem, "The Art Incarnate," *New Yorker*, May 5, 1980, pp. 114–18.

9. Rosenberg, "The Art Establishment," p. 394. Cf. the career of art dealer Sam Koontz outlined in Marcia Bystryn, "Art Galleries as Gatekeepers: The Case of the Abstract Expressionists," *Social Research* 45 (1978): 402–7.

10. Sally O. Ridgeway, "When Object Becomes Idea" (Ph.D. diss., City University of new York, 1975), pp. 115 ff.

11. "De-aestheticization," in *De-definition of Art*, p. 38.

12. Rosenberg, "On the De-definition of Art," in *De-definition of Art*, p. 13.

13. Tompkins, *Off the Wall*, pp. 74–75. See also ibid., chap. 15, "Towards Theater"; and Susan Sontag, "Happenings: An Art of Radical Juxtaposition" (1962), in *Against Interpretation* (New York: Farrar, Straus and Giroux, 1966).

14. Sontag, "Happenings," p. 268; issue devoted to the Fluxus Movement, *Lightworks*, 11-12 (1979): 26.

15. Andy Warhol and Pat Hackett, *POPism: The Warhol '60s* (New York: Harcourt Brace Jovanovich, 1980), pp. 132–33.

16. Clement Greenberg on Parsons' gallery, in Bystryn, "Art Galleries," p. 399; Gregory Battcock, "The Downtown Ten," *Arts Magazine*, April 1968.

17. *Lightworks*, 11-12 (1979): 29, 30.

18. James Gahagan, quoted in Gilbert Millstein, "Portrait of the Loft Generation," *New York Times Magazine*, Jan. 7, 1962. This fundamental change is the real basis of many of the art world phenomena that Tom Wolfe describes so graphically in *The Painted Word;* but Wolfe, who continues to depict the 1960s artists as "boho," completely misses the point.

19. Rosenberg, "Frank Stella" and "Educating Artists," in *De-definition of Art;* Larry Rivers and Carol Brightman, *Drawings and Digressions* (New York: Clarkson N. Potter, 1980), p. 114.

20. Balzac, quoted in Arnold Hauser, *The Social History of Art*, 4 vols. (New York: Vintage, n.d.), vol. 4, p. 191.

21. Sontag, "One Culture and the New Sensibility," in *Against Interpretation*, p. 296.

22. Ronald Berman, "Art vs. the Arts," *Commentary*, November 1979, p. 48.

23. Wolfe, *Painted Word*, pp. 96–97.

24. Joseph Bensman and Arthur S. Vidich, *The New American Society* (Chicago: Quadrangle, 1971), p. 125.

25. *New York Times*, Sept. 4, 1977.

26. Peter Fuller, "Fine Art after Modernism," in *Beyond the Crisis in Art* (London: Writers and Readers Publishing Cooperative, 1980), p. 60.

27. Netzer, *Subsidized Muse;* Javits in *Congressional Record*, June 19, 1963, p. 11134.

28. Keynes, quoted in John B. Harris, *Government Patronage of the Arts in Great Britain* (Chicago: University of Chicago Press, 1970), and in Fuller, "Fine Art after Modernism," p. 60; and August Heckscher, "The Arts and the National Government," May 28, 1963, in *Congressional Record*, June 17, 1963, pp. 10939 ff. Cf. Arthur M. Schlesinger, Jr., on the similarities in art and the liberal state, in Serge Guilbaut, "The New Adventures

of the Avant Garde in America," *October* 15 (Winter 1980): 76.

29. August Heckscher, *The Public Happiness* (New York: Atheneum, 1962), pp. 206–10, 223.

30. Personal interview, June 1980; *Public Happiness,* pp. 226–27.

31. *Public Happiness,* pp. 211–12.

32. Ibid., p. 222; Rockefeller and Dillon in *Business and the Arts: An Answer to Tomorrow,* ed. Arnold Gingrich (New York: Paul S. Eriksson, 1969); Alvin H. Reiss, "The Unlikely Alliance of Business and the Arts," *The American Way,* January 1973, p. 13.

33. Reinhardt, "Timeless in Asia," p. 33.

34. *Congressional Record,* Apr. 4, 1963, p. 5815; Heckscher, "The Arts and the National Government."

35. *About Looking* (New York: Pantheon, 1980), p. 66.

5: FROM ARTS PRODUCTION TO HOUSING MARKET

1. Michael Winkleman, "The New Frontier: Housing for the Artist-Industrialist," *New York Affairs* 4, no. 4 (1978): 49; Dick Netzer, "The Arts: New York's Best Export Industry," ibid., 5, no. 2 (1978): 51.

2. *New York Times,* Mar. 19, 1973; also see *Wildflowers: Loft Jazz in New York* (Douglas Records, 1977).

6: DEMAND AND DEVELOPMENT IN THE LOFT MARKET

1. Reyner Banham, *Theory and Design in the First Machine Age,* 2d ed. (Cambridge, Mass.: M.I.T. Press, 1980), p. 216.

2. James K. Glassman, "Prisoners of Real Estate," *New Republic,* June 17, 1980.

3. *New York Times,* Jan. 23, 1977, and Dec. 17, 1978.

7: SPECULATION AND THE STATE

1. Ada Louise Huxtable, "The Problems of Zoning," *New York Times,* July 13, 1980. See also Constance Perin, *Everything in Its Place: Social Order and Land Use in America* (Princeton: Princeton University Press, 1977), chap. 4; Richard F. Babcock and Fred P. Bosselman, *Exclusionary Zoning: Land Use Regulation and Housing in the 1970s* (New York: Praeger, 1973); Richard F. Babcock, *The Zoning Game* (Madison: University of Wisconsin Press, 1966); and Mark Gottdiener, *Planned Sprawl: Private and Public Interests in Suburbia* (Beverly Hills: Sage, 1977).

2. Zoning Committee, Community Board 2, Manhattan, September 1980; Anna Quindlen, "John Zuccotti: Out of Office, Still in Power," *New York Times,* Apr. 29, 1980. As the *New York Times* says, "Mr. Zuccotti remains a formidable behind-the-scenes figure in the world of the city's power elite."

3. Obituary, Abraham M. Lindenbaum, *New York Times,* July 5, 1980.

4. New York City, Board of Standards and Appeals, *Dockets,* 1969–79; Community Board 2, Manhattan, *Minutes,* 1969–79.

5. New York City Council, Int. No. 179, Feb. 10, 1978.

6. Peter Eilbott and William Kempey, "New York City's Tax Abatement and Exemption Program for Encouraging Housing Rehabilitation," *Public Policy* 26 (1978): 571–97.

7. George Sternlieb, Elizabeth Roistacher, and James W. Hughes, *Tax Subsidies and Housing Investment: A Fiscal Cost-Benefit Analysis* (New Brunswick: Center for Urban

Policy Research, 1976).

8. City of New York, President of the Council, "J-51 Draft," February 1981.

9. Sternlieb, Roistacher, and Hughes, *Tax Subsidies and Housing Investment*, p. 60.

10. Eilbott and Kempey, "New York City's Tax Abatement," pp. 588–89.

11. Daniel R. Mandelker, Gary Feder, and Margaret P. Collins, *Reviving Cities with Tax Abatement* (New Brunswick: Center for Urban Policy Research, 1980), esp. pp. 47, 65.

12. See T. D. Allman, "The Urban Crisis Leaves Town," *Harper's Magazine*, December 1978, p. 54.

13. Susan S. Jacobs and Elizabeth A. Roistacher, "The Urban Impacts of HUD's Urban Development Action Grant Program, or Where's the Action Gone in Action Grants?" in *The Urban Impacts of Federal Policies*, ed. Norman J. Glickman (Baltimore: Johns Hopkins University Press, 1980), pp. 348–49, 356.

14. New York City Council, J-51 Hearings, Apr. 6, 1978.

15. Mayor Abraham H. Beame to GSA, July 15, 1976.

16. Ross Wetzsteon, "A Sense of Loss in Dubrovnik," *Village Voice*, Sept. 3–9, 1980. On the emergence of tourism as a key new urban "industry," see D. R. Judd and M. Collins, "The Case of Tourism: Political Coalitions and Redevelopment in the Central Cities," in *The Changing Structure of the City*, ed. G. A. Tobin (Beverly Hills: Sage, 1979), pp. 201–32.

8: CAPITAL SHIFTS AND THE CULTURAL AVANT-GARDE IN URBAN AMERICA

1. Eloise Spaeth, speaking in June 1951 to members of the American Federation of the Arts, in Frances K. Pohl, "An American in Venice: Ben Shahn and United States Foreign Policy at the 1954 Venice Biennale, or Portrait of the Artist as an American Liberal," *Art History* 4 (1981): 85.

2. *New York Times*, Aug. 14, 1980.

3. Michael Winkleman, "The New Frontier: Housing for the Artist-Industrialist," *New York Affairs* 4, no. 4 (1978): 52–53.

4. Ralph Seligman, "Hoboken Rediscovered Yet Again," *New York Affairs* 5, no. 4 (1979): 30–31, emphasis added.

POSTSCRIPT

1. See above, ch. 6 and Michael de Courcy Hinds, "Manhattan's 'Fringes' Getting Voguish; Loft Prices Often Match East Side's", *New York Times*, June 21, 1987.

2. Mark McCain, "Office Tenants invading an Encalve of Electicism." *New York Times*, April 26, 1987.

3. Mark McCain, "A New Zoning Shelter for Harried Manufacturers," *New York Times*, April 5, 1987: "Too Fashionable for the Fashion Industry?" *Metropolis*, May 1987, p. 22; and Roger Waldinger, "Tattered and Torn: The Garment Industry Hangs On," *New York Affairs* (Fall 1987, forthcoming).

4. Lisa W. Foderaro, "Will It Be Loisaida or Alphabet City?" *New York Times*, May 17, 1987.

5. See above, chapter 8.

6. Dennis E. Gale, *Neighbourhood Revitalization and the Postindustrial City: A Multinational Perspective* (Lexington, Mass.— Lexington Books, 1984), p. 155.

7. J. Allen Whitt, "Mozart in the Metropolis: The Arts Coalition and the Urban Growth Machine," *Urban Affairs Quarterly* (September 1987, forthcoming).

8. D. Rose, "Rethinking Gentrification: Beyond the Uneven Development of Marxist Urban Theory," *Society and Space* 1 (1984): 47–74: "Postmodern paradox (Offices of Robert A. M. Stern Architects, New York City)," *Architectural Record*, June 1987, p. 102: Michael Musto, "The Death of Downtown," *Village Voice*, April 28, 1987, pp. 15–20.

9. D. Klausner, "Beyond Separate Spheres: Linking Production with Social Reproduction and Consumption," *Society and Space* 4 (1986): 29–40; Nestor P. Rodriguez and Joe R. Feagin, "Urban Specialization in the World System," *Urban Affairs Quarterly* 22 (1986): 187–220.

10. "The City as a Growth Machine" in John R. Logan and Harvey L. Molotch, *Urban Fortunes: The Political Economy of Place* (Berkeley and Los Angeles: University of California Press, 1987).

11. "Boston Artists See End for Real Estate Wars," *New York Times*, August 9, 1987; cf. Lisa W. Foderaro, "Harlem's Hedge Against Gentrification: Many Residents Finding Key is Home Ownership," *New York Times*, August 16, 1987.

12. Pierre Bourdieu, *Distinction: A Social Critique of the Judgement of Taste*, tr. Richard Nice (Cambridge, Mass.: Harvard University Press, 1984). For discussions of gentrification in this light, see Neil Smith and Peter Williams, eds., *Gentrification of the City* (Winchester, Mass.: Allen and Unwin, 1986) and Patrick Wright, "The Ghosting of the Inner City," in *On Living in an Old Country: The National Past in Contemporary Britain* (London: Verso, 1985). For a different view of long-term aesthetic trends toward theatricalization of the urban environment that culminte today in postmodernism and historic preservation, see M. Christine Boyer, *The City of Collective Memory* (forthcoming).

13. Christian Topalov, *Les Promoteurs immobiliers: Contribution à l'analyse de la production capitaliste du logement en France* (Paris and The Hague: Mouton, 1974).

14. Serge Guilbaut, *How New York Stole the Idea of Modern Art: Abstract Expressionism, Freedom, and the Cold War*, tr. Arthur Goldhammer (Chicago: University of Chicago Press, 1983).

15. T. J. Clark, *The Painting of Modern Life* (New York: Knopf, 1985).

16. Neil Smith, *Uneven Development* (Oxford: Basil Blackwell, 1984) and "Of Yuppies and Housing: Gentrification, Social Restructuring, and the Urban Dream," *Society and Space* 5 (1987): 151–72.

14. Serge Guilbaut, *How New York Stole the Idea of Modern Art: Abstract Expressionism, Freedom, and the Cold War*, tr. Arthur Goldhammer (Chicago: University of Chicago Press, 1983).

15. T. J. Clark, *The Painting of Modern Life* (New York: Knopf, 1985).

16. Neil Smith, *Uneven Development* (Oxford: Basil Blackwell, 1984) and "Of Yuppies and Housing: Gentrification, Social Restructuring, and the Urban Dream," *Society and Space* 5 (1987): 151–72.

《城市研究系列》总目

☑ 已出版，☐ 待出版

- ☑ 马克思主义与城市
- ☑ 保卫空间
- ☑ 城市空间的社会生产
- ☑ 城市：非正当性支配
- ☑ 现代性和大都市
- ☑ 驱逐：全球经济中的野蛮性与复杂性
- ☑ 浮现的世界：21世纪的城市与区域
- ☑ 空间问题：文化拓扑学和社会空间化
- ☑ 文化崩溃：创意阶层的衰落
- ☑ 城市的视角
- ☑ 世界城市网络：一项全球层面的城市分析
- ☑ 社会理论与城市问题
- ☑ 全球城市政治：国家的非正规化
- ☑ 城市理论与城市经验：遇见城市
- ☑ 未来是什么？
- ☑ 贫困资本：小额金融与促进发展
- ☑ 在线游戏的社会与文化意义
- ☑ 新国家空间：城市治理与国家形态的尺度重构
- ☑ 阁楼生活：城市变迁中的文化与资本
- ☐ 城市发展的基本趋势
- ☐ 大都市与精神生活
- ☐ 新城市空间：城市理论与尺度问题
- ☐ 城市发展史
- ☐ 空间、城市和社会理论
- ☐ 全球资本主义中的城市
- ☐ 边缘处的地方：现代性的另类地理
- ☐ 拱廊街计划
- ☐ 支离的都市
- ☐ 伍尔芙与伦敦：城市的性别政治
- ☐ 郊区化的世界：自外向内打造世界城市